JN422227

성서사십주간

영원한도움 성서연구소 편저

성경지도

성서사십주간

영원한도움 성서연구소 편저

성경지도

성서와함께

편집

책임편집 최안나, 영원한도움 성서연구소 소장

편집 김영자, 성서와함께 편집인

한소춘, 가톨릭성서모임 본부대표

감수

구약

이기락, 로마 성서대학 구약학, 가톨릭대학교 신학대학 교수, 한국천주교중앙협의회 사무총장 겸 한국천주교주교회의 사무처장

최승정, 로마 성서대학 구약학, 가톨릭대학교 신학대학 교수

최안나, 로마 그레고리오대학교 신학대학 구약신학, 영원한도움 성서연구소 소장

신약

김영남, 로마 성서대학 신약학, 가톨릭대학교 신학대학 교수

백운철, 프랑스 파리가톨릭대학 신약신학, 가톨릭대학교 신학대학 교수

안병철, 프랑스 파리가톨릭대학 신약신학, 가톨릭대학교 신학대학 교수, 서울대교구 사무처장

필진

지도

최안나

기타

성서연구소 전임 연구원 – 곽해순, 권영랑 / 이영숙, 이성은 / 성정흔

표지 및 지도 그래픽디자인 – 김보람, 배윤경, 김순희 / 본문 편집 디자인 – 배준희

사진 출처 : 김재준, 서정대, 최안나

격려사

"너희는 온 세상에 가서 모든 피조물에게 복음을 선포하여라"(마르 16,15).

성경은 주님의 가르침을 들려주며 우리를 진리의 길, 생명의 길로 인도합니다. 그렇기에 우리는 늘 성경 말씀을 읽고, 주님께서 친히 모세와 모든 예언자로부터 시작하여 성경 전체에 걸쳐 당신에 관한 기록들을 설명해 주시기를(루카 24,27 참조) 청하며, "주님, 당신의 자애가 땅에 가득합니다. 당신의 법령을 저에게 가르치소서"(시편 119,64)라고 외치며 자비를 구합니다. 또한 말씀은 무엇보다도 우리 구원이기에 말씀이신 주님을 증언하고 선포합니다.

우리 수도회가 주님의 말씀인 성경을 믿고 기도하고 생활하고 선포한다는 가톨릭성서모임의 정신에 따라 말씀 선포의 소명을 해 온 지 어언 40년입니다.

30년 전에 편찬했던 성서사십주간 교재를 개정한 전정판을 2006년부터 출간하기 시작하여 초급 교재 3권, 심화 교재 7권을 출간하고, 이제 보조 자료인《성경지도》를 출간하게 되었습니다. 전정판 작업을 하는 동안 함께하시면서 영감을 주셨던 하느님께 찬미와 영광을 드립니다.

또한, 말씀의 봉사자로서, 하느님께서 주신 모든 지식과 지혜를 말씀을 향한 체험과 사랑과 열정으로 봉헌하며 교재 작업에 임했던 성서연구소 수녀들과 작업팀 여러분께 깊은 감사를 드립니다. 아울러《성경지도》는 전정판 출판을 위해 영육으로 협조를 아끼지 않은 가톨릭성서모임 말씀의 봉사자와 성서와함께 가족들, 복음 말씀을 보다 깊이 알려는 수도공동체 전 회원의 염원과 기도의 열매입니다.

이 책이 널리 읽히고 확산되어,
하느님 백성이 말씀을 더 깊이 이해하는 데 도움을 주고
하느님 계시의 보화를 한층 편하고 쉽게 접할 수 있게 하며,
성령의 열매로 충만하게 되길(계시헌장 6장) 기도합니다.

영원한 도움의 성모님과 함께 주님을 찬미하며
2010년 6월 27일
영원한 도움의 성모 수도회
총원장 한 살레시아 수녀

《성경지도》를 펴내면서

성경 말씀을 따라 성경의 땅을, 지도 속을 걸었습니다. 성조들이 걸었을 길을 작은 지도 안에서 더듬어 보며, 광활한 땅과 무한한 시간과 그들의 부르튼 발과 땀을 생각했습니다. 지리적으로 먼 고대 근동, 중동 지역이라는 땅을 한참 들여다보니 우리 삶이 펼쳐지는 땅, 우리 신앙이 가는 길과 닮아 있었습니다.

하느님의 말씀이 자라고 퍼지며 엮어 가는 이야기들의 터전은, 삶의 어려운 조건과 외세의 침입으로 인한 유혹과 시련들 안에서 토양과 기후에 관계 없이 주님의 말씀을 따라 길을 가는 여정의 터전이며, 모두 우리 삶의 터전입니다.

우리는 성경을 읽어 나가며 말씀을 알아듣는 데에 도움이 되고자 성경 지도를 만들었고 길을 기본 개념으로 하였습니다. 말씀이신 우리 주님은 길이십니다. 《성경지도》는 길 이야기입니다. 거룩한 땅에는 길이 많습니다. 광야길, 바닷길, 물길, 산길, 들길, 넓고 큰 길, 작고 좁은 길, 그리고 길이 없어 보이는 곳에도 길은 있었습니다. 성경 말씀은 아무리 어려운 곤경 속에서도 주님께 의탁하고 주님께 바라면 길이 열린다고 우리에게 이야기해 줍니다. 눈을 열어 주시어 보게 해 주십니다. 성경을 읽으며 함께 펴 놓고 읽는 이 보조 자료가 모쪼록 도움이 되기를 바랍니다.

《성경지도》 작업을 하는 긴 시간에, 주님께서 좋은 분들을 만나게 해 주신 복을 누렸습니다. 제일 먼저, 팀으로 작업을 한 김보람 자매님, 디자인팀, 교정팀 동료 수녀님들께 정말 마음 다해 감사드립니다. 이들은 밤새워 가며 몸과 마음을 다해 봉사를 하였습니다. 이 동료들이 없었더라면 이 지도는 나오지 못했을 것입니다.

또한 격려와 도움과 기도로 《성경지도》가 나오도록 해 주신 분들을 기억합니다. 특별히 한 살레시아 총원장 수녀님을 비롯한 수도 공동체의 지원과 격려, 성서영적여정 길벗님들의 기도, 가톨릭성서모임 수녀님들의 격려와 배려, 성서와함께의 협력에 진심으로 감사드립니다. 그리고 이스라엘 고고학 사진 자료 촬영을 위해 희생적인 봉사로 도움을 주신 현지 가이드 김재준 리노 형제님께 정말 감사를 드립니다. 마지막으로 연구소의 작업이 늘 잘 되도록 지켜봐 주시고 기도해 주시며 아껴 주시는 신부님들, 수녀님들, 성서가족 모든 분께 진심으로 감사드립니다.

예수님의 어머니 성 마리아의 도움에 힘입어
이 책을 살아 계신 하느님의 아드님 그리스도, 예수님께 봉헌합니다
2010년 7월 26일
최안나 수녀

차 례

1. 성경의 세계로 들어가며(지도 1–20) · 13

2. 창세기–말라키서(지도 21–129) · 43

3. 구약과 신약 사이(지도 130–133) · 197

4. 마태오 복음서–요한 묵시록(지도 134–162) · 227

1. 성경의 세계로 들어가며 (지도 1-20)

지도 1 | 현대 이스라엘

성경의 세계가 펼쳐졌던 땅, 현대 팔레스티나 땅, 이스라엘을 보자.

1 서안 지역(웨스트 뱅크)

성경에서 유다와 사마리아라고 불리던 곳의 상당 부분이 동예루살렘을 제외한 지금 현재의 서안 지역이다. 요르단 강 서쪽에 있어 서안 지역이다. 1967년 이스라엘이 점령했으며, 아랍과 이스라엘이 계속 접전 중이다.

1967년 6일 전쟁 중에 서안 지역은 이스라엘군에게 점령당했다. 이스라엘은 동예루살렘을 제외한 전 지역에 군정을 시행하다가, 동예루살렘을 영토의 일부로 편입해 시민권을 주고 이스라엘 법률을 시행했으며 민정을 실시했다.

1970년대 말에서 1980년대 초 이스라엘은 방어 진지를 구축하고 농업 경제를 확장하기 위해 정착촌을 세우기 시작했다. 1948년과 1967년의 전쟁을 피해 이 지역을 떠난 아랍인 주민들의 토지·사업·건물 등이 몰수되었고, 아랍 팔레스타인인의 시민생활을 제한하는 이스라엘 정부의 조치도 점점 늘어났다. 1979−1983년 정착촌의 수는 3배 이상 늘어났으며, 이스라엘인 정착민은 5배 이상 늘었다. 2009년 현재 168곳에서 약 40만 명의 유다인이 살고 있다.

서안 지역의 영토 문제에는 역사·종교·법·민족·언어·지역 또는 국제 정치적 요소들이 얽혀 있다. 서안 지역의 주요 팔레스타인 도시로는 예루살렘 북쪽의 예닌, 나블루스, 라말라와 예루살렘 남쪽의 베들레헴(바이트람), 헤브론(알칼릴) 등이 있다. 예리코(아리하)도 요르단 강 유역의 주요 도시다.

2010년 최근에 이스라엘이 동예루살렘에 1600채의 주택을 짓겠다고 밝혀 갈등을 빚은 바 있으나 세계 각지의 반대와 중재로 전격 중단했다.

2 가자 지구

1948년 3월 15일, 영국의 통치가 종료되는 바로 그날 아랍-이스라엘 전쟁이 발발했으며, 이집트의 군대가 가자시로 들어와 이곳을 자국의 팔레스타인 원정군 사령부로 삼았다. 1948년 가을 치열한 싸움 끝에 이집트가 관할하는 영토는 가자시를 중심으로 길이 40km, 너비 6~8km의 좁고 긴 지역으로 줄어들었다. 지금의 가자 지구로 알려진 이 지역의 경계는 1949년 2월 24일의 이집트-이스라엘 휴전협정으로 확정되었다. 가자 지역은 1949년부터 1967년까지 이집트의 군사 통치를 받았다. 이 지역이 처음 형성될 때부터 안고 있었던 주요 경제·사회적 문제는 수많은 팔레스타인 아랍 난민의 존재였다. 이들은 불결한 수용소에서 극빈 생활을 했다. 이집트는 이 지역을 자국의 영토로 간주하지 않았기 때문에 피난민들이 자국의 시민이 되거나 이집트 본토로 들어오지 못하게 막았다. 또한 그들이 주민으로 정착할 여지가 있는 다른 아랍 국가로 이주하는 것도 금지했다. 한편 이스라엘은 이곳 난민들이 그전에 살던 곳으로 돌아오는 것을 허락하지 않았다. 난민들은 근동의 팔레스타인을 위한 UN 구제사업국의 도움으로 근근이 살아갔다.

가자 지구는 6일 전쟁(1967. 6)중 이스라엘에 재점령당한 후 1994년까지 이스라엘군의 지배를 받았다. 1987년 12월 가자의 팔레스타인인과 이스라엘 군대가 거리에서 격렬하게 충돌했다. 이 사건을 계기로 팔레스타인인의 '인티파다'(intifadah : 봉기)가 생겨났다. 1994년 이스라엘은 이스라엘과 팔레스타인 해방기구(PLO)가 서명한 오슬로 협정에 따라 가자 지구에 대한 통치권을 단계적으로 팔레스타인 자치정부에 넘기기 시작했다. 그러나 자치정부가 이 지역의 경기 침체를 제대로 해결하지 못하면서 지지율이 떨어졌고, 이스라엘군 철수와 자치 영토의 확대를 주된 내용으로 하는 이스라엘과의 협상도 교착상태에 빠졌다. 이에 따라 이스라엘에 대해 평화 공존보다 테러 투쟁을 중시하는 하마스나 지하드와 같은 이슬람 무장조직의 위상이 높아졌다.

3 골란 지역

이곳은 서쪽으로 요르단 강 상류 계곡이 내려다 보이는 고원 지역이다. 지명은 성경에 나오는 바산 지방의 도피 성읍인 골란에서 유래한다(신명 4,43; 여호 20,8). 학자들은 성경의 성읍 골란이 현대의 골란 지역 서쪽의 하우란 지방에 있었다는 데 대체로 동의한다. 본래 시리아의 영토이나, 이스라엘 군이 1967년에 이 지역을 점령한 뒤 이 지역의 통신과 금융 등을 이스라엘 체제로 편입하였다. 1970년대 후반까지 유다 정착촌이 30여 곳 세워졌으며, 이스라엘은 1981년 일방적으로 이 지역을 자국에 합병하였다. 1973년의 아랍-이스라엘 전쟁 이후 유엔은 이곳에 시리아와 이스라엘 완충 지대를 두었다. 전체 인구 가운데 이스라엘인이 6,800명 정도, 나머지는 드루즈인이다.

1987년과 2000년에 벌어진 팔레스타인인의 1차, 2차 이스라엘 점령 반대 투쟁(인티파다)으로 팔레스타인인 약 6천 명과 이스라엘인 1천 명 이상이 희생되었다. 1995년에서 1997년까지 수차례 교전이 이어졌다. 2008년 시리아와 이스라엘 사이에 평화 협상이 재개되었으나, 2000년 이스라엘이 골란 고원 지배권의 반환을 보류하면서 대화가 중단되었다.

4 유엔분리감시군 지역

1973년 10월 6일, 중동의 수에즈 운하 지역과 시나이에서 이집트와 이스라엘, 골란고원에서 이스라엘과 시리아 사이에 전쟁이 발발했다. 싸움이 심각한 단계에 이르자 10월 24일에 유엔안전보장이사회는 유엔비상군을 파견하였다. 이에 수에즈 운하 지역은 안정되었으나 시리아 전선에서는 계속 긴장이 고조되었다. 유엔은 1974년 5월 31일 안전보장이사회 결의안 350에 의해 유엔분리감시군(UNDOF -

지도 2 | 한국과 이스라엘의 위치와 영역

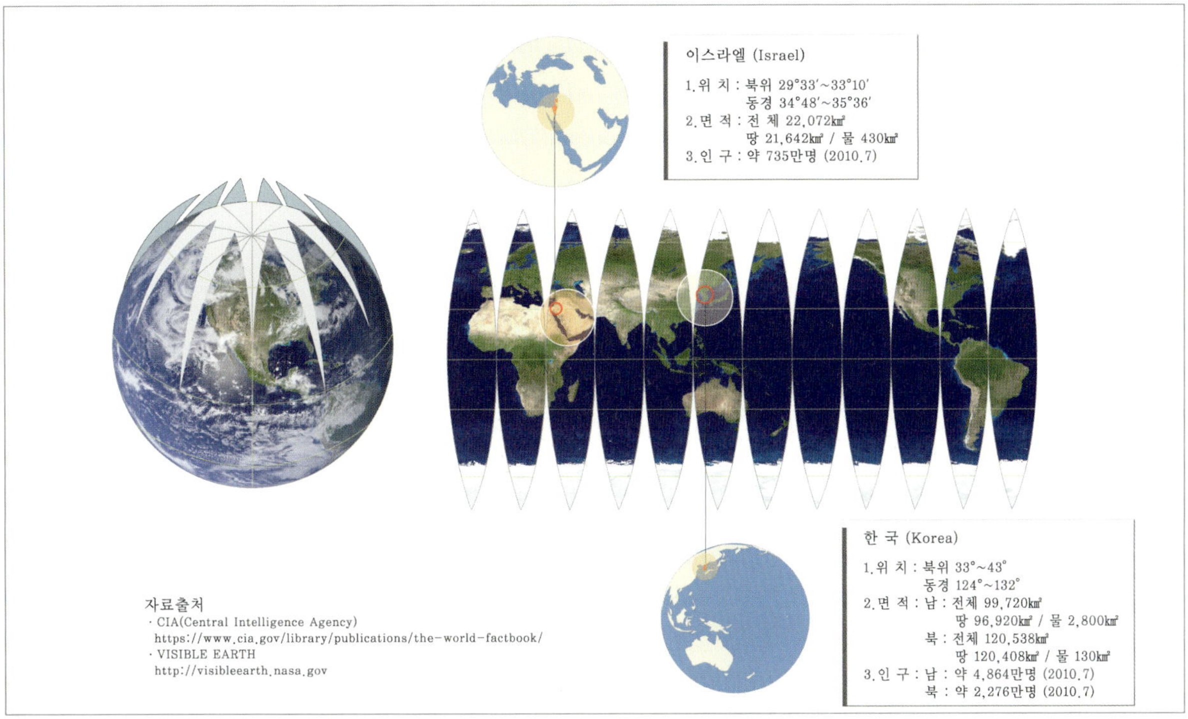

United Nations Disengagement Observer Force)을 설립하여, 골란 고원에서 이스라엘과 시리아 군의 분리 협약을 체결시켰다. 이때부터 유엔분리감시군은 그 지역에서 이스라엘과 시리아 군 사이의 휴전을 유지하고 분리 협약의 이행을 감독하고 있다(유엔분리감시군 공식홈페이지 http://www.un.org/en/peacekeeping/missions/undof).

이스라엘과 우리 나라의 위도와 경도를 비교해 보며 위치를 확인한다. 적도를 기준으로 남쪽과 북쪽의 위치를 나타내는 위도는 비슷하다. 위도는 식생, 기후 등에 영향을 주며 위도에 따라 열대, 온대, 냉대, 한대 기온이 나타난다. 하지만 수륙 분포나 해발 고도에 따라 같은 위도에서도 기온과 식생이 다르게 나타난다. 영국의 그리니치 천문대를 본초 자오선으로 삼아 서쪽과 동쪽의 위치를 정하는 경도에 따라 시간대가 달라진다. 예루살렘이 서울보다 6시간 늦다.

지도 3 | 고대 근동의 자연(창세 15,1 – 21)

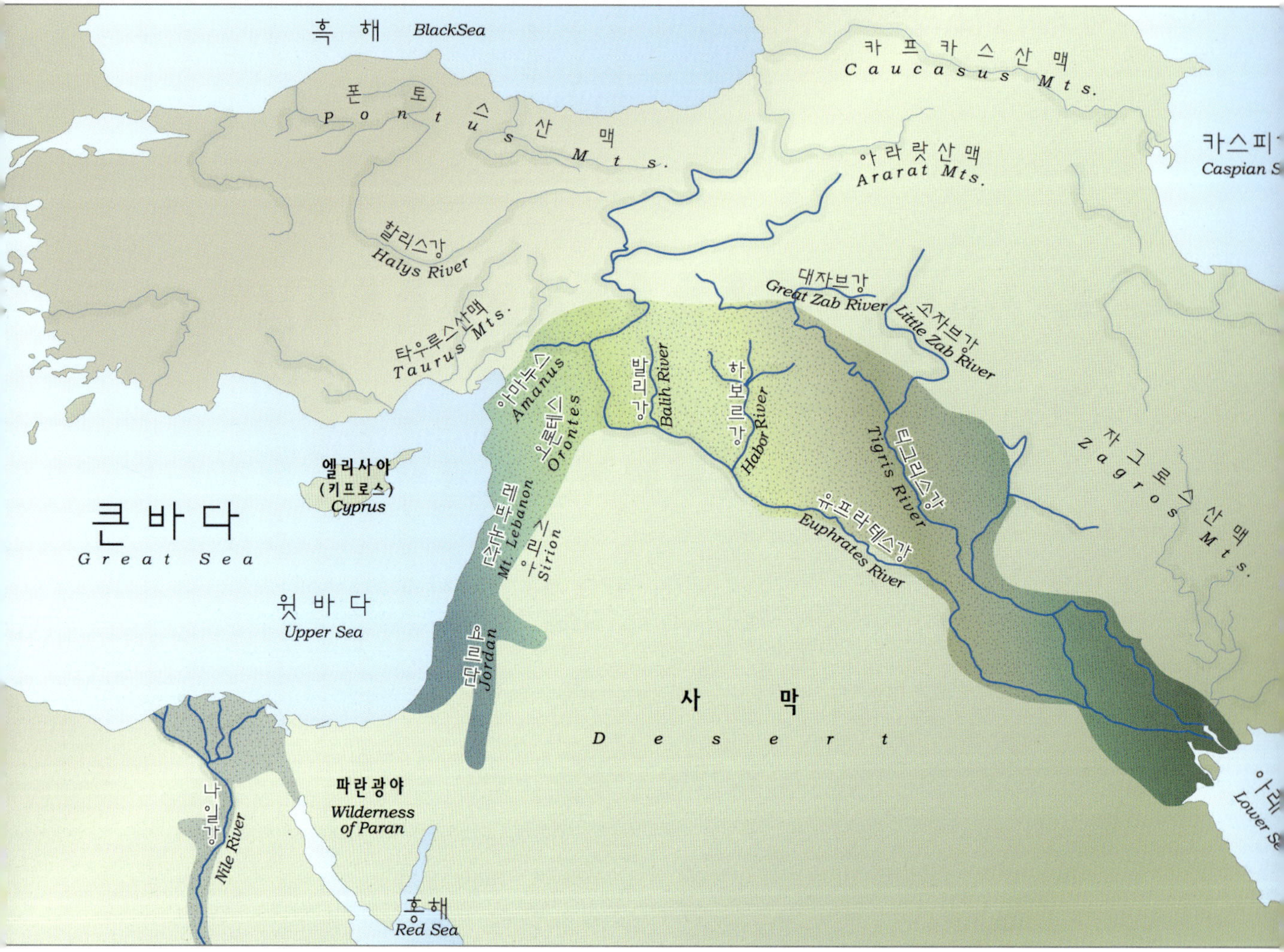

창세 15,18: 그날 주님께서는 아브람과 계약을 맺으시며 이렇게 말씀하셨다. "나는 이집트 강에서 큰 강 곧 유프라테스 강까지 이르는 이 땅을 너의 후손에게 준다."

근동(Near East)이란 일반적으로 북동 아프리카, 서남 아시아, 때에 따라 발칸 반도까지 포함하는 지중해 동쪽 연안 지역을 가리키는 말이다. 현대의 서구 지리학자들이 동양에서도 서양에 좀 더 가까운 지역을 가리키는 용어로 처음 사용하였다. 당시 그 지역은 오스만튀르크 제국이 지배했던 지역과 대략 일치했다. 제2차 세계대전 이후 근동이라는 지명은 중동(Middle East)으로 바뀌었지만 때로는 혼용된다. 성경 이야기가 펼쳐지는 터전은 고대의 이 근동 지방이다. 이집트의 고대 문명과 메소포타미아 문명이 자리한 곳, 그 한가운데에 있는 가나안 지역의 산야와 강이다.

지도 4 | 팔레스티나 지형도(신명 1,1–3,29)

일반적으로 팔레스티나는 북쪽의 단에서 남쪽의 엘랏까지 410km를 가리킨다.

그중 단에서 브에르 세바에 이르는 220(혹은 250)km에만 영구적으로 정착할 수 있었다. 지형은 특이하게도 남북으로 길게 네 지역으로 나뉜다.

신명 1,7: '이제 발길을 돌려 떠나라. 아모리족의 산악 지방, 그리고 그 부근의 모든 지역, 곧 아라바, 산악 지방, 평원 지대, 네겝, 해안 지대로 가거라. 가나안족의 땅, 그리고 레바논과 큰 강 유프라테스 강까지 가거라.'

신명 3,25: '부디 저를 건너가게 해 주시어, 제가 요르단 건너편에 있는 저 좋은 땅, 저 아름다운 산악 지방과 레바논을 보게 하여 주십시오.'

참조: 《전정판 오경》, 29–32쪽.

산악 지대

평원 지대(세펠라)

갈릴래아

요르단 강

유다 광야

지도 5 | 팔레스티나 산과 강(여호 3,1–21,45)

팔레스티나 고도 (미터)	
· 사해	-394
· 킨네렛 호수	-209
· 할락산	500
· 기브아 하모르	515
· 길보아산	530
· 카르멜산	546
· 타보르산	588
· 느보산	802
· 바알 하초르	1016
· 헤브론	1020
· 라몬산	1035
· 하아리산	1047
· 메론산	①1204
· 아비탈산	②1204

한국 고도 (미터)	
· 백두산	2744
· 한라산	1950
· 지리산	1915
· 설악산	1708
· 금강산	1638
· 태백산	1567

막테쉬 라몬

길보아 산

타보르 산

신명 3,9:
헤르몬을 시돈인들은 시르욘이라 하고,
아모리족은 스니르라고 하였다.

여호 20,7:
그리하여 그들은
납탈리 산악 지방에서는
갈릴래아의 케데스를,
에프라임 산악 지방에서는 스켐을,
유다 산악 지방에서는
키르얏 아르바 곧 헤브론을 성별하였다.

민수 21,13:
아르논 강은 모압과 아모리인들
사이에 있는 모압의 경계다.

여호 12,2:
헤스본에 살던 아모리족의 임금 시혼은
아르논 강 가에 있는
아로에르에서 시작하여,
그 강 중간에서부터
암몬 자손들의 경계인 야뽁 강까지
길앗의 절반을 다스렸다.

지도 6 | 팔레스티나의 길(민수 20-21장; 신명 2,1-3,29)

참조: 《전정판 오경》, 33쪽

1 바닷길

- 에즈 3,7: 레바논에서 향백나무를 베어 바닷길로 야포까지 가져오게 하였다.

2 임금의 큰길과 그 외

- 창세 16,7: 주님의 천사와 하가르, 수르로 가는 길 가에 있는 샘
- 민수 20,17: 임금의 큰길
- 민수 21,33: 바산 가는 길
- 신명 2,8: 아라바 길, 모압 광야 길
- 2열왕 3,8: 에돔의 광야 길

3 족장의 길과 그 외

- 여호 10,10: 벳 호론 오르막길
- 1사무 6,12: 벳 세메스 쪽으로 난 길

족장들의 길 : 북으로, 베텔(실로)을 향해

족장들의 길 : 실로에서 본 스켐 가는 길

지도 7 | 고대 근동의 길(탈출 13,17－22)

길: 고대 근동의 주요 도로는 거룩한 땅의 역사에서 중요한 부분이다. 정착지는 주로 주요 도로의 교차로에 위치했다. 메소포타미아에서 이집트에 이르는 주요 도로는 지도 7에서 볼 수 있다. 그 길을 끼고 고대의 주요 중심지가 세워졌다. 주요 도로는 무역과 사업, 그리고 군사 원정과 정복이 이루어지는 통로였다. 이 시대의 제국들은 주요 도로를 장악하고자 애썼다.

탈출 13,18: 하느님께서는 갈대 바다에 이르는 광야 길로 돌아가게 하심

1마카 11,59: 시몬을 '티로의 사닥다리 길'에서 이집트 국경까지 이르는 지역의 총독으로 임명

에즈 3,7: 레바논에서 향백나무를 베어 바닷길로 야포까지 가져오게 함

마태 4,15: 즈불룬 땅과 납탈리 땅 바다로 가는 길, 요르단 건너편 이민족들의 갈릴래아

주도로 :

1 필리스티아인들의 땅을 지나가는 길, 해변 길

주요 도로는 팔레스티나 땅의 지형적 특성에 따라 형성되었다. 이집트의 북쪽에서 시리아와 메소포타미아를 연결하는 주요 국제 도로는 남에서 북까지 팔레스티나를 가로지르며 나할 카나에 이를 때까지 남쪽에서 해안선을 따라 나 있으며, 동쪽에서 벗어나 아펙으로 돌아갔다(지도 6 참조). 그러고 나서 그 길은 북쪽 사론 평야 북부의 동쪽 언저리를 지나 이즈르엘 계곡을 통과하여 아루나 계곡 혹은 도탄 계곡을 경유하여 므기또에 이르렀다. 거기서부터 벳 스안을 지나, 하초르 북쪽과 레바논의 베카까지, 혹은 요르단을 지나 다마스쿠스까지 나 있다(지도 6 참조). 이집트인들은 이집트에서 시나이를 가로지르는 길을 "호루스 신의 길"이라 불렀고, 한때 그 길은 "필리스티아인들의 땅을 지나는 길"(탈출 13,17)로 불렸다. 그러나 성경 밖의 다른 고대 자료에는 이 대단한 국제 간선 도로의 이름이 나오지 않는다.

2 두 번째 국제적 도로는 "임금의 큰길"(민수 21,22)인데, 사막에 가까운 요르단 건너편의 산악 지역을 지나갔다. 다마스쿠스와 이집트를 잇는 두 번째 도로이며, 아라비아로 가는 길이 이 도로에서 갈라져 나갔다. 그 밖의 여러 지방 도로는 대개 지방의 교통 수단으로 쓰였고, 필요한 경우 국제 교역을 하는 대상들의 대안 도로로 이용되었다. 지도 7에서는 좀 더 중요한 도로, 특히 성경에 언급된 길만 제시한다.

지도 8 | 고대 국가

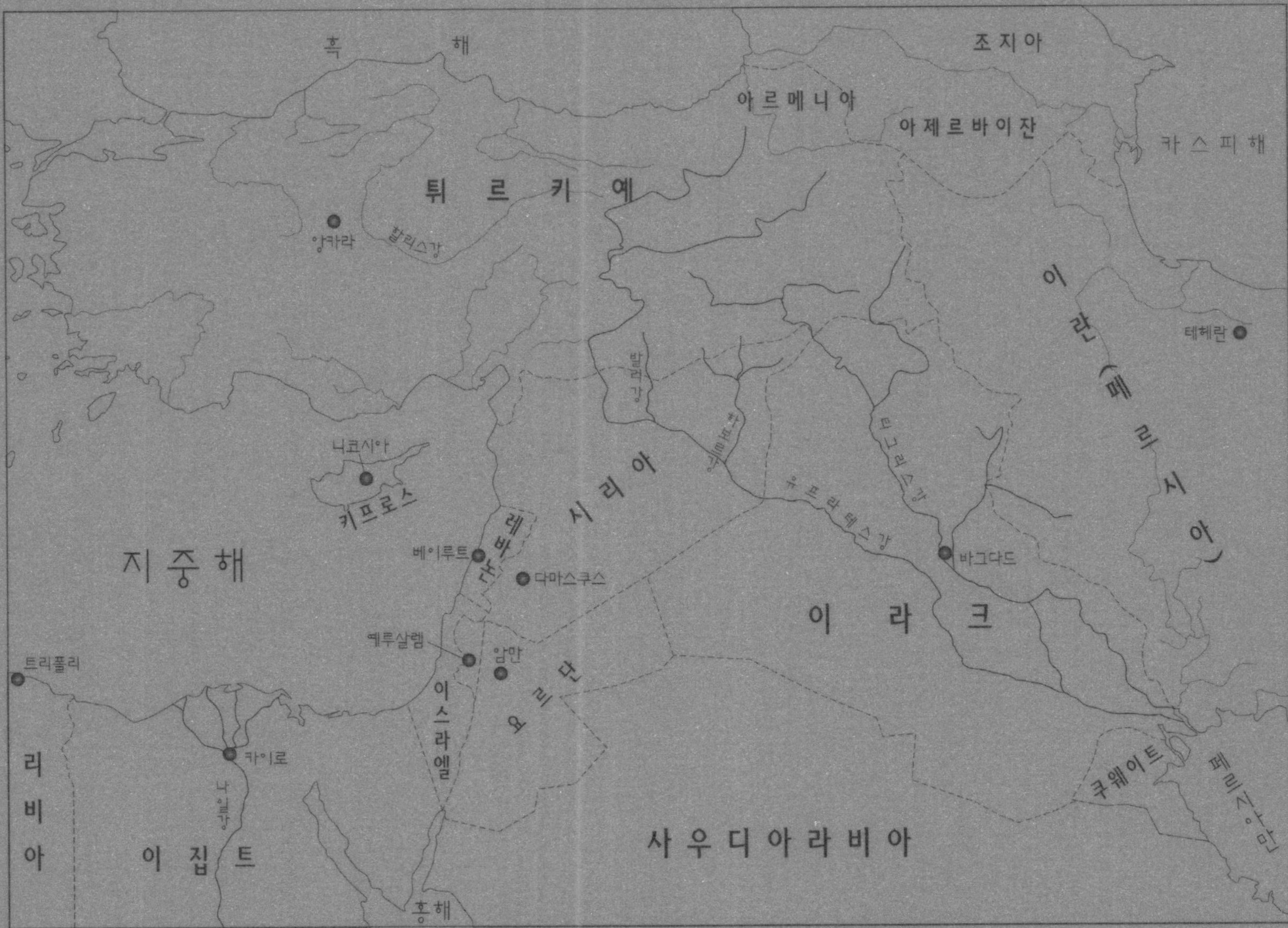

흑 해
조지아
아르메니아
아제르바이잔
카스피해
튀르키예
앙카라
할리스강
이란(페르시아)
테헤란
발리강
하보르강
티그리스강
유프라테스강
시리아
니코시아
키프로스
레바논
베이루트
다마스쿠스
바그다드
지중해
이라크
예루살렘
암만
요르단
트리폴리
이스라엘
카이로
나일강
쿠웨이트
페르시아만
리비아
이집트
사우디아라비아
홍해

지도 8 | 고대 근동

지도 8 | 고대 국가

흑해
카프카스 산맥
카스피 해
폰토스 산맥
아라랏 산맥
우라르투
아라랏
히타이트
하티
할리스강
리디아
대자브강
소자브강
타우루스 산맥
미타니
하란
발리강
아시리아
니네베
메디아
아람 나하라임
하보르강
아수르
티그리스강
자그로스 산맥
엘리사아
(키프로스)
큰바다
아람
(시리아)
가나안
(페니키아)
블레셋
유프라테스강
아카드
카드몬족 땅
윗바다
바빌론
바빌로니아
엘람
수메르
우르
멤피스
나일강
애굽
케다르
아라비아
아래바다
홍해

지도 10 | 이집트 · 이란 · 이라크

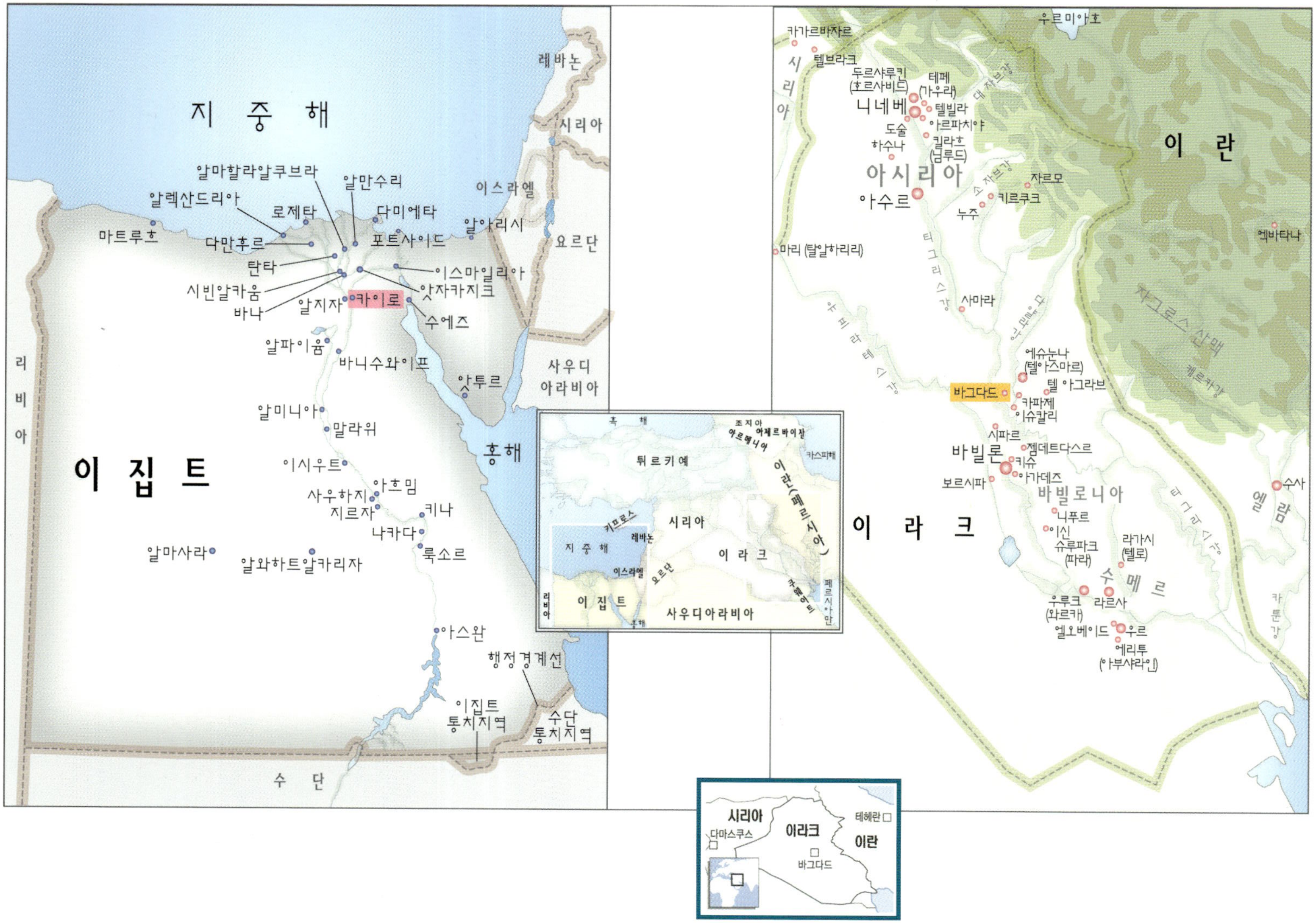

지도 11 | 고대 근동 세계

1. 하투사
2. 메르신
3. 타르수스
4. 신지르리(사말의 수도)
5. 카르크미스
6. 하란
7. 고잔(텔 할라프)
8. 알라라크
9. 알레포
10. 에블라(텔 마르디크)
11. 에마르(텔 메스케네)
12. 우가릿
13. 하맛
14. 카트나
15. 카데스(텔 네비민드)
16. 엔코미
17. 키티온
18. 타드모르(팔미라)
19. 마리
20. 비블로스
21. 베이루트
22. 시돈
23. 티로
24. 다마스쿠스
25. 하초르
26. 므기또
27. 예루살렘
28. 가자
29. 니네베
30. 아수르
31. 누지
32. 바빌론
33. 니푸르
34. 에쉬눈나
35. 수사
36. 우르
37. 텔 엘 다바(아바리스, 피 라메세스)
38. 멤피스
39. 사카라
40. 텔 엘 아마르나
41. 테베

팔레스티나는 지형상 위치 때문에 근동사에서 중요한 역할을 담당한다. 이 지역은 비옥한 초승달 지역의 두 끝인 남쪽의 이집트와 북쪽의 시리아와 메소포타미아 사이를 잇는 다리이자, 서쪽의 지중해와 동쪽의 사막을 연결하였다. 고대 세계의 어떤 지역보다도 팔레스티나는 근동 및 동지중해 연안과 직접 또는 간접적으로 늘 연관되어 있다. 이집트, 시리아와 가장 밀접하지만, 메소포타미아, 아나톨리아, 키프로스, 에게 해, 그리고 아라비아의 문화에서도 큰 영향을 받았다. 팔레스티나는 사실 '레반트'라고 알려진 광범위한 지역의 일부로 다뤄야 한다. 레반트는 다양한 지형과 기후 특성을 공유한 팔레스티나, 레바논 그리고 시리아의 지중해 연안 지역(오론테스 언덕과 알레포 지역)을 가리킨다.

지도 12 | 엘 아마르나 시대 가나안 성읍과 도시 국가

참조: 《전정판 오경》, 63–65쪽.

가나안 교량 역할

《엘 아마르나 편지》: 이집트 아케나톤 왕 치세 동안 수도였던 텔 엘 아마르나의 왕실문서고에서 발견된 서판 편지들이다. 350개의 편지 가운데 가나안 도성의 왕들이 이집트 임금에게 보낸 것들이 있다. 이것들을 통해 예루살렘, 스켐, 아마도 베들레헴에도 도시 국가가 형성되어 있었다고 본다. 지도 13과 지도 14는 엘 아마르나 서간들에 기록된 (특별히 서간 No. 290) 산악 지방의 연결 상태를 보여 준다. 엘 아마르나 문서를 통해 이집트와 가나안의 관계를 볼 수 있다. 가나안은 이집트에서 상업용 육로와 해로의 다리 역할을 했다.

이집트는 기원전 15–13세기에 걸쳐서 비교적 안정되게 가나안을 통치하였다. 이집트의 주요한 행정 중심지는 남쪽의 가자, 북쪽 해안의 수무르, 레바논 베카 계곡의 쿠미디였다. 이에 더해 남쪽의 야포와 북쪽의 울라사 등의 항구와 벳 스안, 므기또와 같은 주요 교차로에는 요새를 세워 이집트 기지로 만들었다. 이집트는 지역 도시 국가의 통치자에게 상당한 자유를 허용했다. 엘 아마르나 문서는 대부분 가나안과 시리아 중심부 도시의 통치자들이 아멘호테프 4세에게 보낸 편지다. 이러한 지역 간의 교류를 통해 가나안의 여러 도시 국가와 이집트 군 사이에 얽힌 사회 정치적 관계를 많이 알게 되었다.

지도 13 | 스켐(엘 아마르나 편지: 창세 12,6)

참조: 《전정판 오경》, 65–66쪽

엘 아마르나 서판 : 이집트의 텔 엘 아마르나의 문서고에서 설형문자로 쓰인 350통의 편지가 발견되었다. 사진의 서판은 우루살림의 통치자가 이집트의 임금들에게 보낸 6개의 서판 가운데 하나이다.

예루살렘의 초기 역사는 분명하지 않다. 도성은 기원전 2000년에 처음 언급되는데 성전 산의 남쪽 기혼 샘에 위치한 작은 성읍이었다. 기원전 2000년대 후반부에 이집트의 파라오가 가나안을 통치하였고 예루살렘의 임금은 봉신이 되었다. 이스라엘인들이 가나안을 정복하였을 때(기원전 1200년경), 예루살렘의 통치자는 아도니 체덱이었는데 동맹자들과 함께 여호수아에게 패배하였다. 아무튼 다윗 시대까지 그곳은 이스라엘의 지배하에 있지 않았다.

지도 14 | 예루살렘(엘 아마르나 편지)

엘 아마르나 문서에서 스켐과 예루살렘은 도시 국가로 나오는데, 이들을 통해 청동기 시대에 팔레스티나 중앙 산악 지대가 나뉜 상태를 알 수 있다. 스켐은 북부, 예루살렘은 남부의 중심지로 초기부터 북부(뒤에 이스라엘)와 남부(뒤에 유다)는 늘 구분이 되고 경쟁 관계에 놓인 영토로 드러난다. 팔레스티나의 이 두 산악 지방이 서로 다른 국가 조직으로 발전한 것은 자연스러운 발달 과정으로 보인다. 북부와 남부는 지형, 암반 형성, 기후, 지표 식물, 잠재적 경제 자원 등 생태환경이 현저하게 다르다. 남부의 유다는 지형과 기후에서 주변과 고립된 고원의 오지였으나, 북부 지방은 비옥한 계곡이었다.

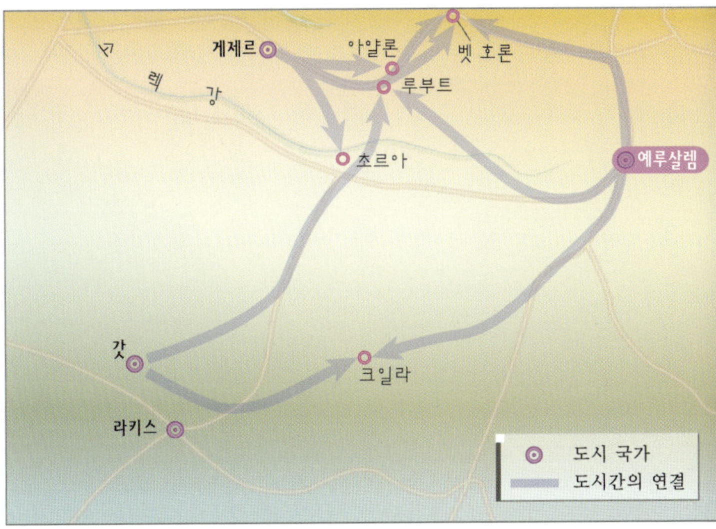

지도 15 | 기원전 13세기의 주요한 고고학 유적지

참조: 《전정판 오경》, 70–71쪽.

지도 16 | 메르넵타 원정

참조: 《전정판 오경》, 76–77쪽.

메르넵타 석비,
이집트 카이로 박물관.

기원전 1207

1500 1400 1300 1200 1100 1000 900 800 700 600 500

67년을 통치한 라므세스 2세의 뒤를 이은 아들 메르넵타는 재위 7년에 가나안의 반란을 진압해야 했다. 그의 승전비의 일부에 다음과 같은 내용이 새겨 있다. "가나안은 온갖 악으로 노략질을 당하였다. 아스클론은 약탈당하고, 게제르는 포획당했으며, 야노암은 존재하지 않는 것처럼 되었다. 이스라엘은 황폐해져 그 씨도 없어졌다." 아스클론 등 세 도시에는 도시 국가를 뜻하는 표준 부호가 붙어 있지만, 이스라엘에 붙은 부호는 분명히 도시에 살지 않은 종족을 표현한다.

지도 17 | 라므세스 2세 시대의 가나안

기원전 1270년 이전

텔 아라드 / 아랏(Arad)

가나안 시대와 이스라엘 시대에 네겝 광야에 있던 중요한 도시. 브에르 세바의 동북쪽에 위치한다. 5개의 주요 지층이 발견되었다(민수 21,1; 33,40; 여호 12,14; 판관 1,16; 4,11).

마레사 기름집

지도 18 | 유적지 – 가나안 시대(기원전 3150–1200, 청동기 시대: 민수 21,1; 판관 4,11)

텔 아라드

텔 벳 스안 모형

구약 지도 18과 19를 함께 보면서, 청동기 시대와 철기 시대 유적지의 분포와 수를 비교해 보면 가나안의 인구 변화를 알 수 있다. 철기 시대에 중앙 산악 지대의 유적지가 증가했다. 또한 요르단 건너편 지역의 유적지가 증가한 것도 알 수 있다.

산악 지대의 시대별 정착 물결

연대(기원전)		특징	
기 청동기 시대	3500–2200	1차 정착 물결	대략 100곳의 유적지가 발견됨
간 청동기 시대	2200–2000	정착의 위기	대부분의 거주지가 버려짐
기 청동기 시대	2000–1550	2차 정착 물결	대략 220곳의 유적지가 기록됨
기 청동기 시대	1550–1150	정착의 위기	대략 25곳의 유적지가 기록됨
기 시대 1기	1150–900	3차 정착 물결	대략 250곳의 유적지가 기록됨
기 시대 2기	900–586	정착 체제가 발전하고 유적지가 대략 500곳에 이름	

텔 브에르 세바

텔 단

텔 하초르의 가나안 시대 궁전 우측

텔 므기또 저수 굴 내부

지도 19 | 유적지 – 이스라엘 시대(기원전 1200–587, 철기 시대: 여호 13,8–19,48; 1사무 30,27–31)

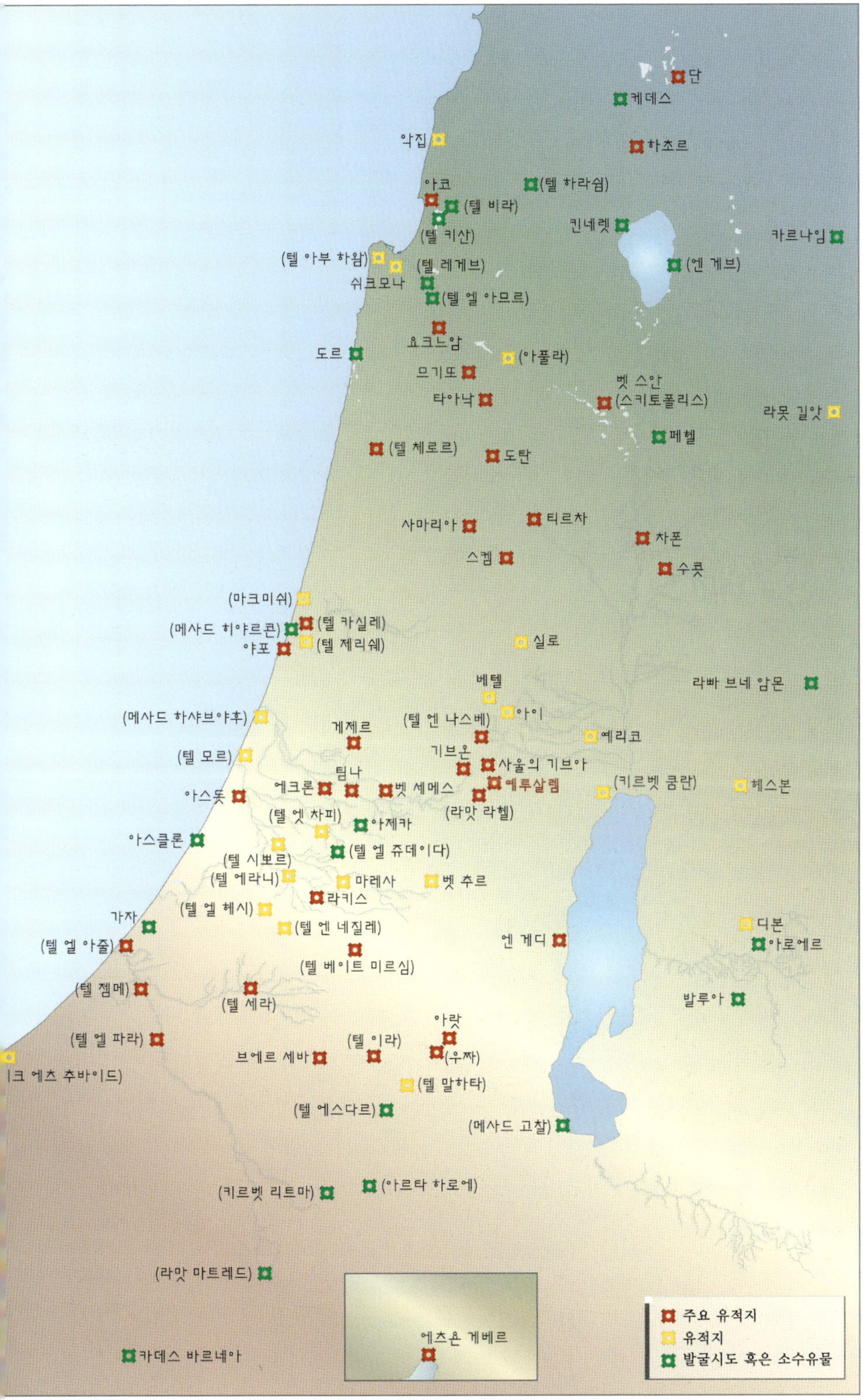

브에르 세바 계곡의 정착지는 1951–1960년 장 페로(Jean Perrot)가 이끄는 이스라엘 소재 프랑스 고고학 미션(French Archaeological Misson)에 의해 발굴되었다(브에르 마테르Be'er Mater는 1951–1954년에, 브에르 차파드는 1954–1959년). 1952–1954년 M. 도탄(M. Dothan)이 이스라엘 고고학국의 원조로 호르밧 바타르(H. orvat Batar)에서 세 번째 거주지를 발굴했다. 나머지 유적은 비르 이브라힘(Bir Ibrahim)과 브에르 세바 시장 근처에서 발견되었다. 1982년에 I. 엘다르(I. Eldar)와 Y. 바움가르텐(Y. Baumgarten)이 브에르 차파드를 다시 발굴했다. 거주지의 층위학은 복잡하지만 알아볼 만하다. 발견된 도자기류는 거의 동질의 것이며, 탄소 14 연대 측정법은 300년이라는 오차 범위에서 일관성 있는 시기를 제시한다. 브에르 세바 문화는 보통 금석병용기 시대로 본다.

참조: 《전정판 오경》, 68–69쪽, 79–80쪽.

지도 20 | 왕조 시대의 주요 유적지

참조: 《전정판 오경》, 82-85쪽; 《전정판 역사서 1》, 77-81쪽.

아제카

그리짐 산 유적

스켐

그림 1 | 지형 단면도(신명 1,7)

벳 세메스

지중해

세펠라

평원 지대(세펠라)

이즈르엘

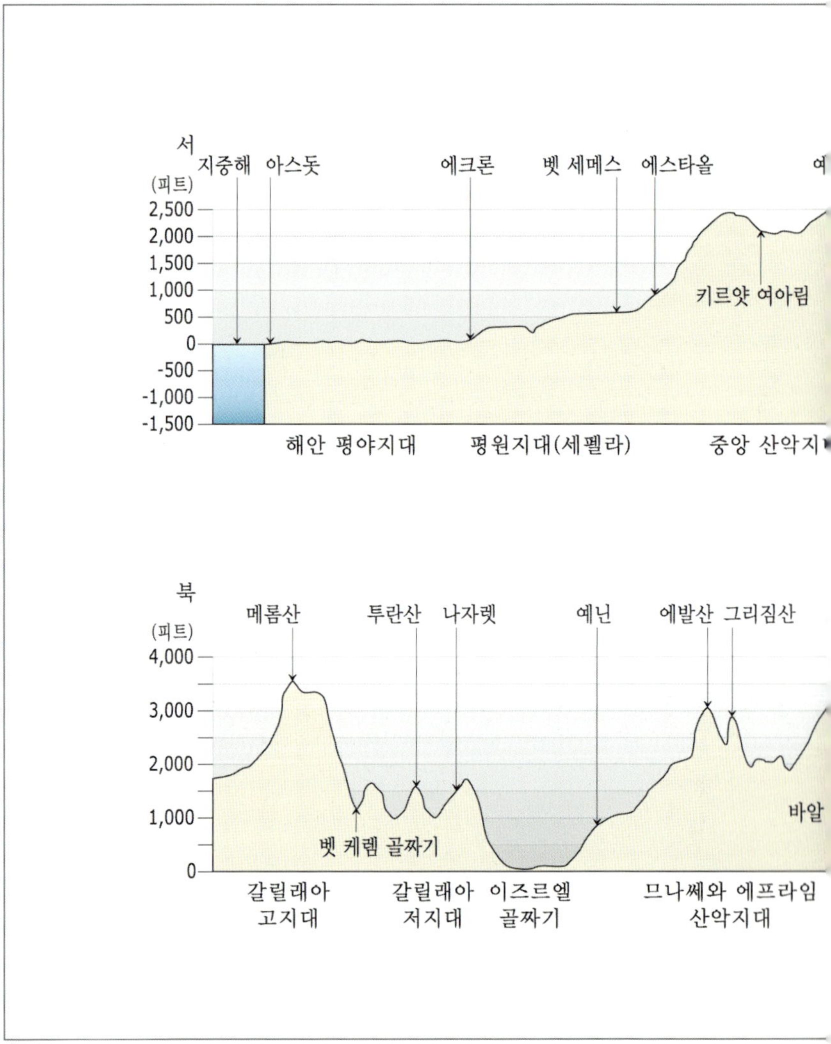

갈릴래아 고지대

나자렛

라바

사해

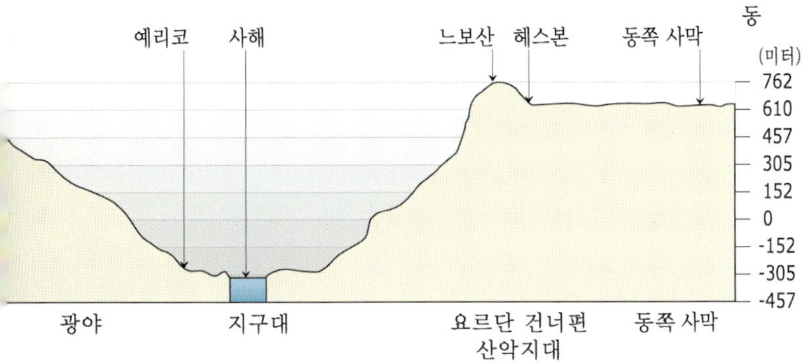

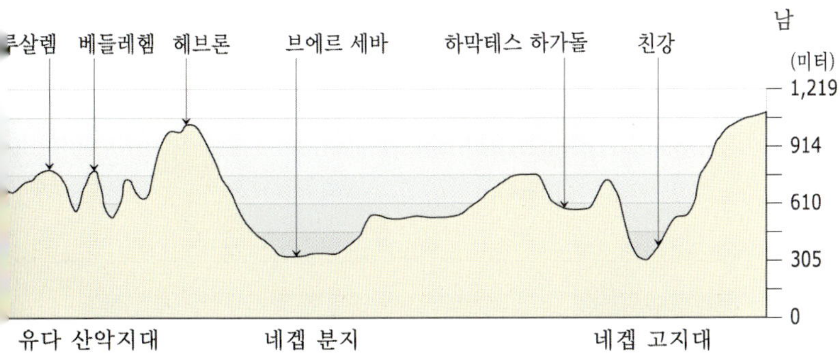

헤르몬 산

바산

가믈라

벳 스안

네겝

브에르 세바

막테쉬 라몬

그림 2 | 텔

텔 므기또

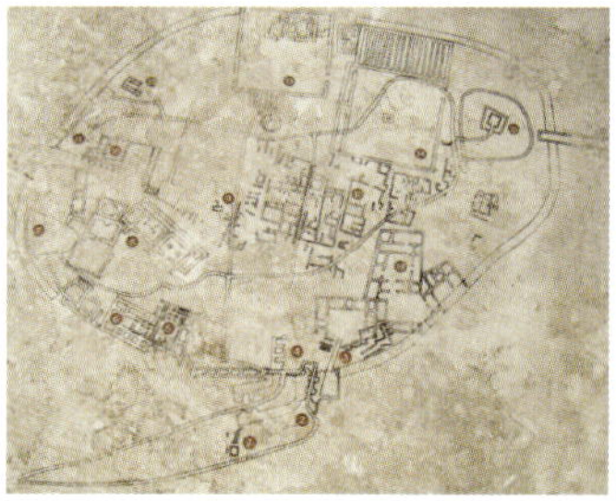
므기또 배치도

텔 므기또

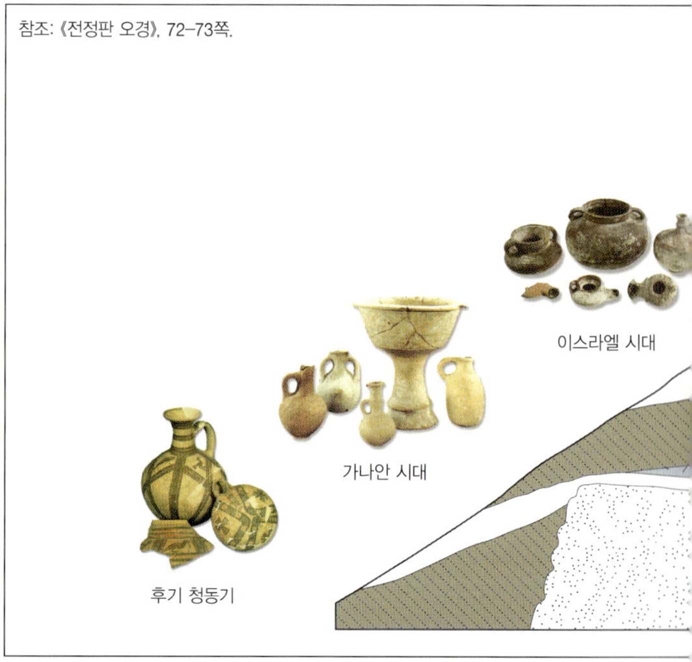

텔 예리코

텔 에스 술탄

텔 벳 스안

텔 브에르 세바

벳 스안 도자기

나자렛 도자기

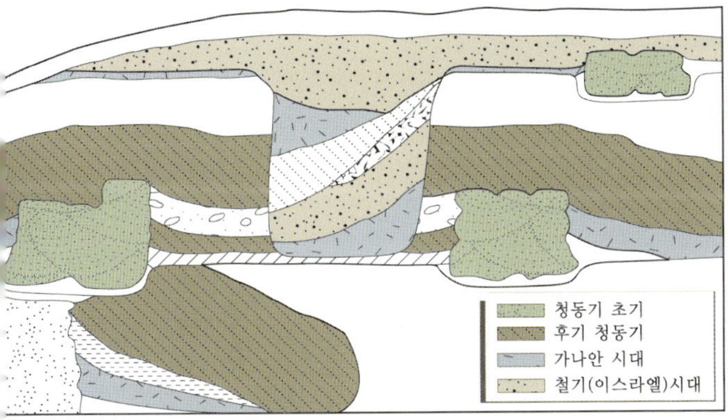

텔 하초르

텔 하초르의 저수 굴

텔 단

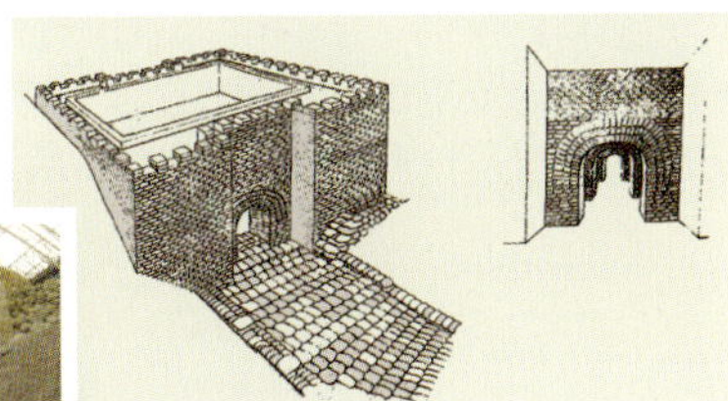

단의 세 아치 문

텔 단의 가나안 문

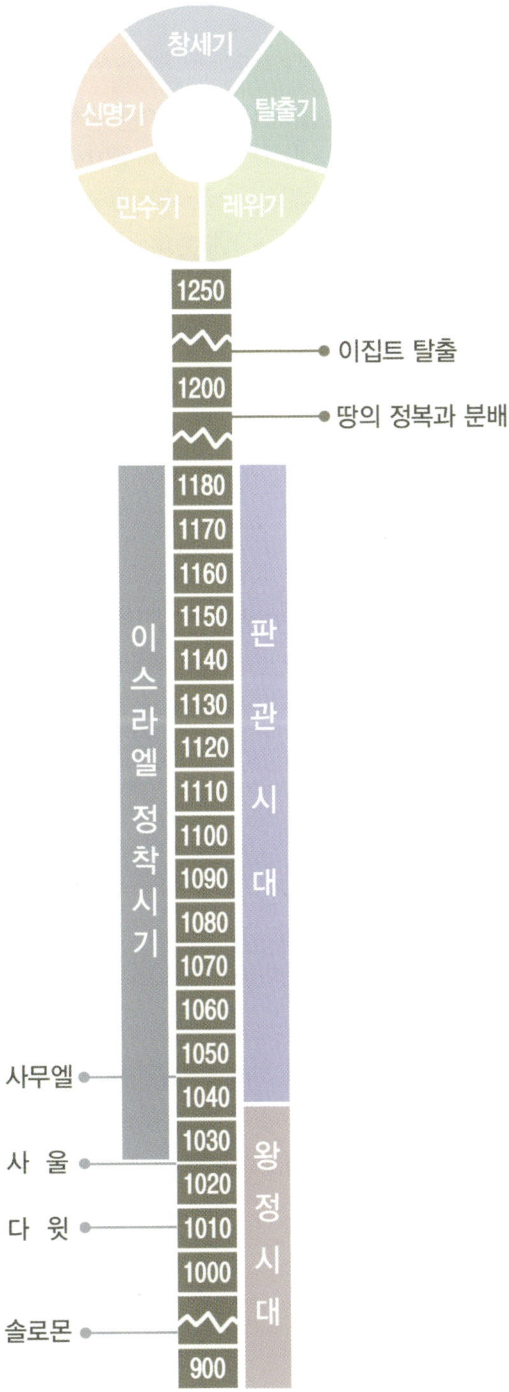

2. 창세기-말라키서 (지도 21-129)

창세기(지도 21-29)

탈출기(지도 30-31)

민수기(지도 32-33)

신명기(지도 34)

여호수아기 (지도 35-42)

판관기 · 룻기 (지도 43-51)

사무엘기 (지도 52-68)

열왕기 (지도 69-93)

지도 21 | 창세 2,10 – 14 에덴 동산의 강들

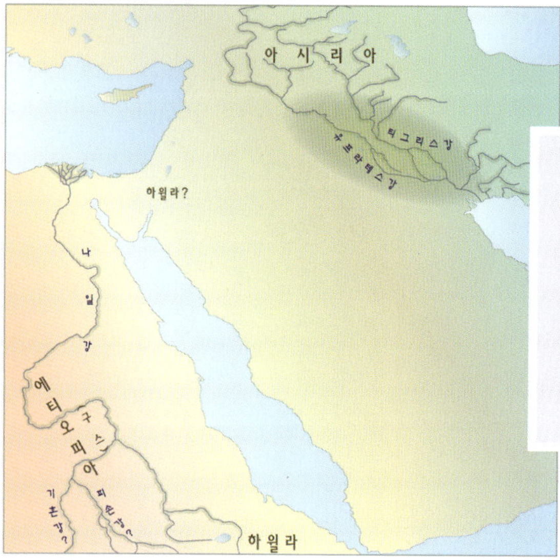

창세 2,10-14: 강 하나가 에덴에서 흘러나와 동산을 적시고 그곳에서 갈라져 네 줄기를 이루었다. 첫째 강의 이름은 피손인데, 금이 나는 하윌라 온 땅을 돌아 흘렀다. 둘째 강의 이름은 기혼인데, 에티오피아 온 땅을 돌아 흘렀다. 셋째 강의 이름은 티그리스인데, 아시리아 동쪽으로 흘렀다. 그리고 넷째 강은 유프라테스이다.

참조: 《전정판 오경》, 117쪽.

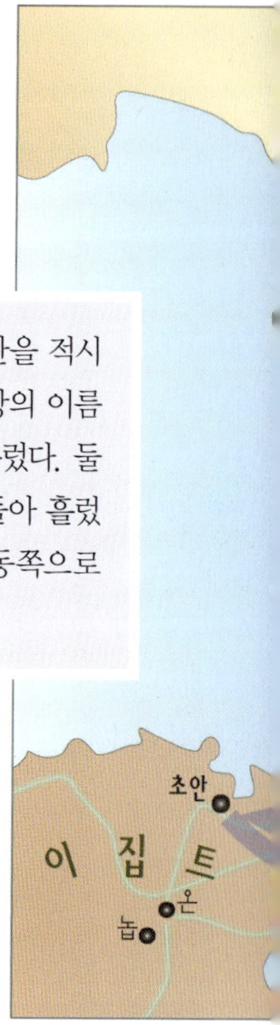

지도 22 | 창세 10,1–32 노아의 자손들

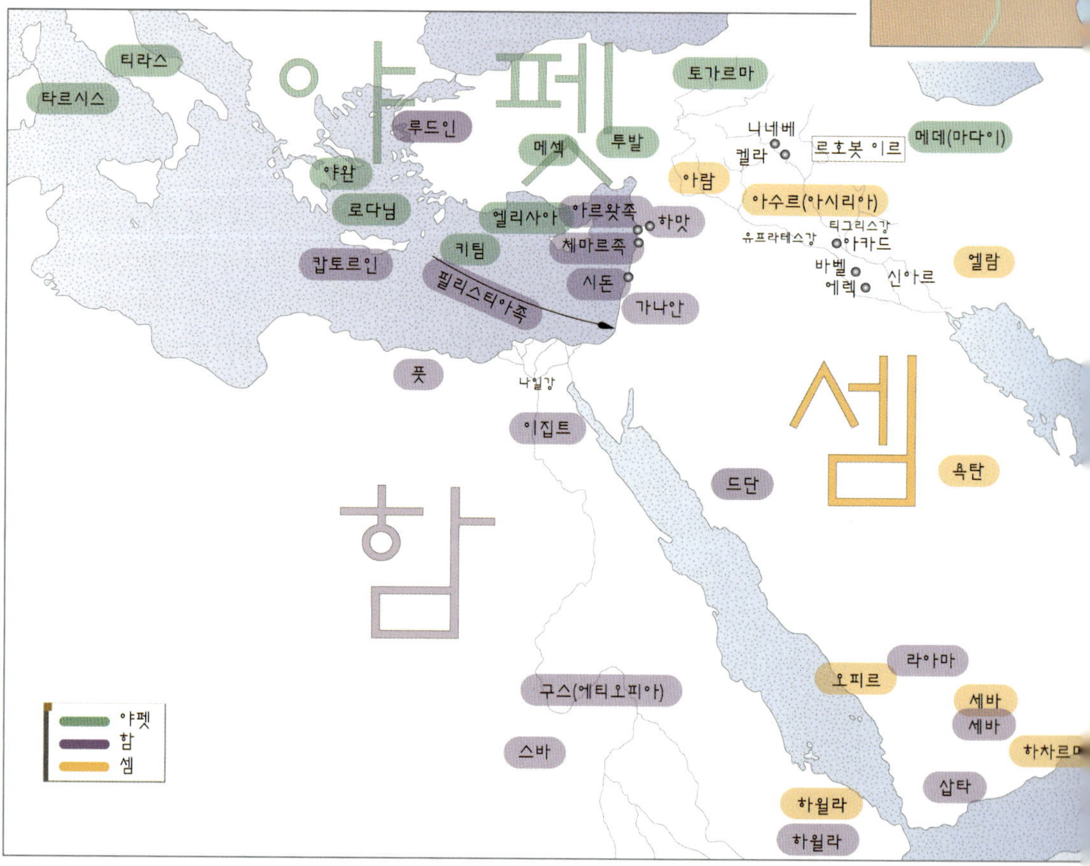

지도 23 | 창세 11,31–13,1 아브라함의 이주 경로 |

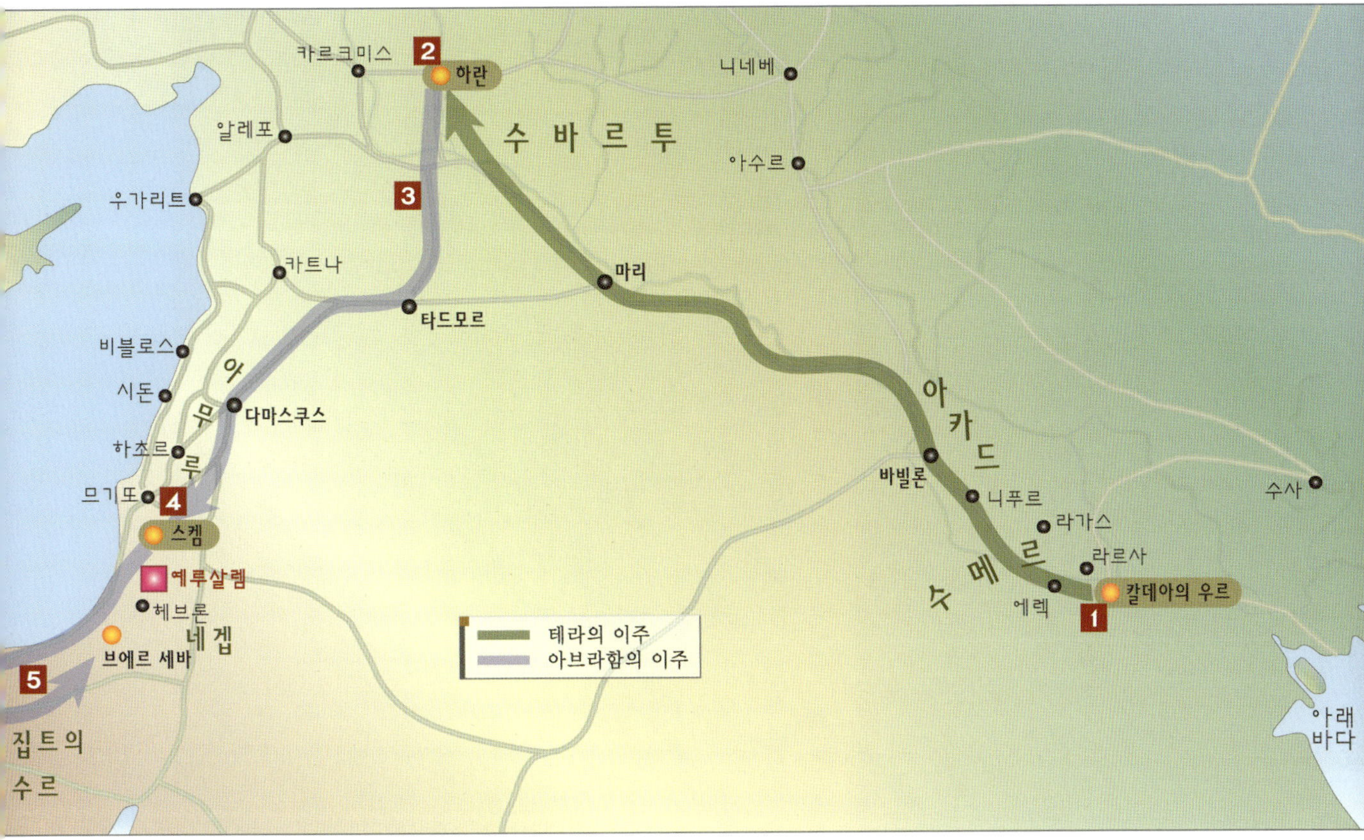

1 창세 11,31: 테라는 아브람, 롯, 사라이를 데리고 가나안 땅으로 가려고 칼데아의 우르를 떠났다.

2 11,31–32: 하란에 자리 잡고 살았다.

3 12,1: 내가 너에게 보여 줄 땅(가나안 땅)으로 가거라.

4 12,5–6: 가나안 땅을 가로질러 스켐의 성소 곧 모레의 참나무가 있는 곳에 다다랐다.

5 12,10: 이집트
13,1: 네겝

상수리 나무

◀ 지도 22

창세 10,1; 1역대 1,4: 노아, 셈, 함, 야펫

성경에는 민족들의 고유한 명단이 보존되어 있다. 세계의 땅과 민족들은 세 계열로 나뉜다. 셈의 아들들은 메소포타미아와 아라비아 지역, 함의 아들들은 이집트와 그 영향권 내에 든 지역, 야펫의 아들들은 지중해 북쪽과 서쪽 지방이다. 비옥한 초승달 지역의 신아르 지방(메소포타미아 남쪽)과 가나안 지방과 같은 중요한 지역과 중심지 역시 그 명단에 포함되어 있다. 비록 모든 장소가 확실하게 밝혀지지 않았지만, 일반적인 구분은 확실하다. 땅과 민족은 셋으로 구분되고, 그 경계선은 거룩한 땅에서 만난다.

지도 24 | 창세 12,6–22,19 아브라함의 이주 경로 II

1 창세 12,6: 스켐
2 12,8: 베텔 동쪽의 산악 지방
3 12,9–10: 네겝
4 13,1: 이집트, 네겝
5 13,3: 베텔과 아이 사이
6 13,11: 요르단의 온 들판(동쪽)
7 13,18: 헤브론, 마므레의 참나무들 곁
8 20,1: 네겝, 카데스와 수르 사이, 그라르
9 22,19: 브에르 세바

네겝 지역의 도마뱀

네겝

텔 벳 알파 회당의 바닥 모자이크. 이사악 제헌 장면

지도 25-1 | 동맹국 임금들의 움직임

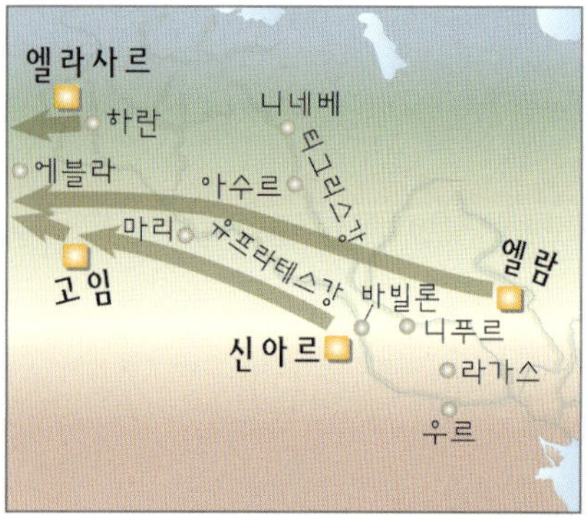

롯의 아내

아브라함과 멜키체덱

지도 25 | 창세 14,1-16 아브라함이 롯을 구하다

지도 26 | 창세 25,11 - 26,33; 35,27 이사악의 여정

1 창세 25,11: 브에르 라하이 로이

2 26,6: 그라르

3 26,16-17: 그라르 골짜기

4 26,23; 32-33: 브에르 세바

5 35,27: 키르얏 아르바, 헤브론

브에르 세바 주변의 양 떼

지도 25-2 | 사해

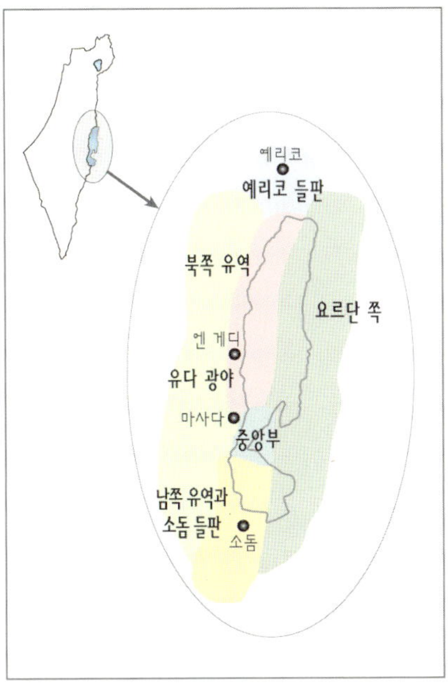

지도 27 | 창세 28,10 – 31,21 야곱의 도주와 귀환

라헬의 무덤

1 창세 28,10–11: 브에르 세바, 하란
28,16–19: 베텔(루즈)
2 29,1: 동방인들의 땅
31,18: 가나안 땅
3 31,21: 길앗 산악 지방

베텔(야곱이 꿈을 꾼 장소)

지도 28 | 창세 31,48 – 35,27 야곱의 귀환

1 창세 31,48–49: 갈엣(미츠파), 라반과 계약

2 32,2–3: 마하나임

3 4 32,4.7: 에돔 지방 세이르 땅

5 32,23: 야뽁 건널목

32,31: 프니엘

6 33,16–17: 세이르, 수콧

7 33,18: 파딴 아람, 스켐 성읍

8 35,1: 베텔

9 35,16.19: 에프라타 곧 베들레헴 가는 길

10 35,27: 마므레 곧 키르얏 아르바, 헤브론

지도 29 | 창세 37,14-50,13 요셉이 이집트로 팔려감과 야곱 가문이 이집트로 들어감

참조: 《전정판 오경》, 60-62쪽.

1 창세 37,14: 헤브론 골짜기, 스켐
2 37,16-17: 도탄
3 37,28: 이집트로
4 37,36; 39,1; 41,46: 이집트
5 42,3: 이집트에서
6 46,3-7: 브에르 세바, 이집트
7 50,12-13: 막펠라 밭에 있는 동굴 (마므레 맞은쪽)

스핑크스

피라미드 돌

나일 강

지도 30 | 탈출 1,1 – 19,2 이집트 탈출

참조: 《전정판 오경》, 62–63쪽, 156쪽.

베두인 여자와 나귀

1 탈출 13,20: 수콧을 떠나 에탐에 진을 침

2 14,2: 믹돌과 바알 츠폰 앞 바다 사이에 있는 피 하히롯 앞에 진을 침

3 15,22–23: 갈대 바다, 수르 광야, 마라

4 15,27: 엘림에 진을 침

5 16,1: 엘림과 시나이 사이에 있는 신 광야

6 17,1: 르피딤에 진을 침

7 8 19,1.2: 시나이 광야에 진을 침

그림 3 | 탈출 25,1-31,11 성막

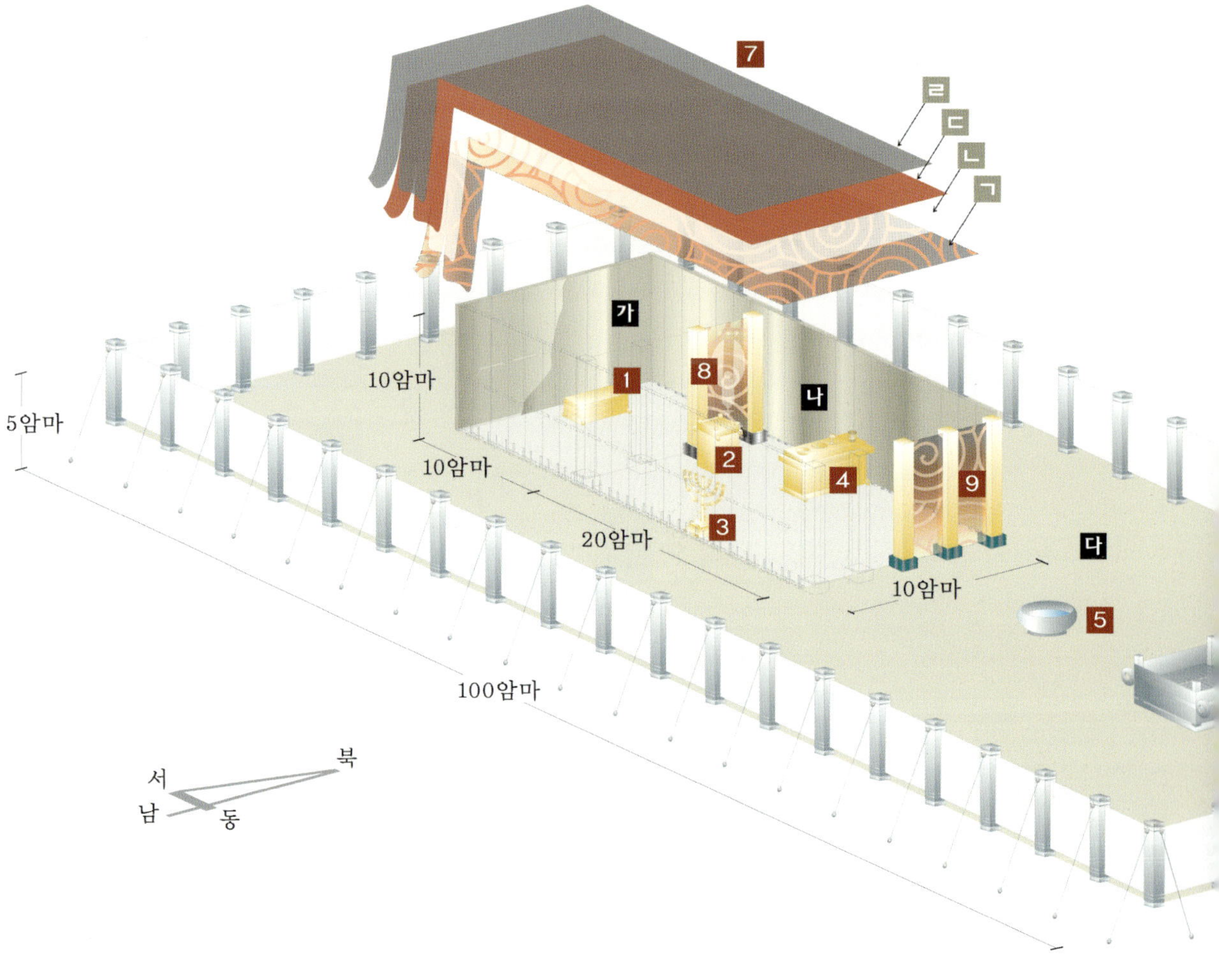

참조: 《전정판 오경》, 163-167쪽. 201쪽.

성막 모형

탈출 25,8: "그들이 나를 위하여 성소를 만들게 하여라. 그러면 내가 그들 가운데에 머물겠다."

단위 : 암마(1암마 = 44.8㎝)
폭(1폭 = 30 × 4암마)

- **1** 계약궤(2.5 × 1.5 × 1.5)
  속죄판(2.5 × 1.5)
- **2** 분향 제단(1 × 1 × 2)
- **3** 등잔대
- **4** 제사상(2 × 1 × 1.5)
- **5** 물두멍
- **6** 번제 제단
- **7** 성막
- **8** 휘장 : 자주+자홍+다홍+아마실
  커룹을 수놓음
  성소와 지성소 사이
- **9** 휘장 : 천막 어귀
- **ㄱ** 아마실 성막 덮개 : 10폭
  (자주+자홍+다홍+커룹수)
- **ㄴ** 염소털 천막 덮개 : 11폭
- **ㄷ** 숫양 가죽 천막 덮개
- **ㄹ** 돌고래 가죽 덧씌울 덮개

가 지성소
나 성소
다 성막뜰

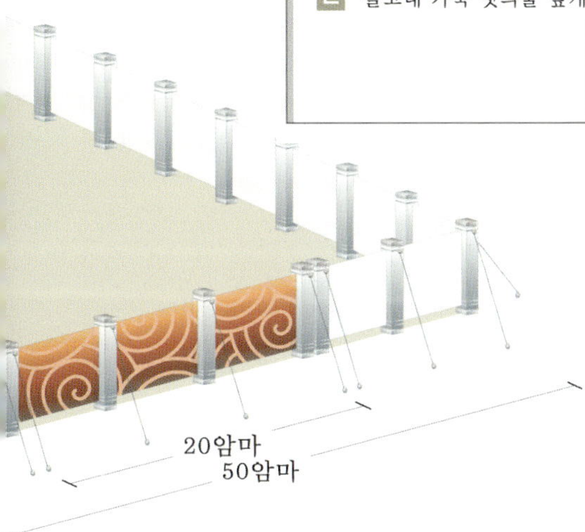

번제 제단

계약 궤 행렬

지도 31 | 탈출 24,1-2.18; 31,18; 민수 9,5; 10,12; 11,34-35; 12,16; 32,8 광야 여정 |

참조: 《전정판 오경》, 205-207쪽.

탈출 40,36-38: 이스라엘 자손들은 그 모든 여정 중에, 구름이 성막에서 올라갈 때마다 길을 떠났다. 그러나 구름이 올라가지 않으면, 그 구름이 올라가는 날까지 떠나지 않았다. 그 모든 여정 중에 이스라엘의 온 집안이 보는 앞에서, 낮에는 주님의 구름이 성막 위에 있고, 밤에는 불이 그 구름 가운데에 자리를 잡았다.

1 탈출 24,18; 31,18: 시나이 산에서 증언판 받음
민수 9,5: 시나이 광야에서 파스카 축제 지냄
2 민수 10,12: 파란 광야
3 11,34: 키브롯 타아와
4 11,35: 하체롯
5 12,16: 파란 광야
6 7 32,8: 카데스 바르네아

시나이 산

신 광야

엘림 샘과 야자나무

광야 르피딤

아카시아 나무

지도 32 | 민수 20,1-21,35 광야 여정 II

시나이 광야

신 광야

파란 광야

홍해 건너편 에돔 지역

시나이 산 일출

1 민수 20,1: 친 광야, 카데스

2 20,13: 므리바

3 13,25-26: 파란 광야, 카데스

4 33,37: 에돔 땅 언저리 호르 산

5 21,1-3: 아타림 길, 호르마

6 21,4: 에돔 땅, 갈대 바다로 가는 길

7 33,41: 찰모나

33,42-44: 푸논, 오봇, 이예 아바림

8 21,12: 제렛 개천

9 21,13: 아르논 강 건너편, 모압의 경계

10 33,46: 디본 가드, 알몬 디블라타임

11 33,47: 느보 앞 아바림 산

12 33,48-49: 예리코 앞 요르단 강 가의 모압 벌판, 벳 여시못에서 아벨 시팀까지

13 21,21-23: 시혼의 영토, 야하츠

14 21,25: 헤스본

15 21,24: 아르논에서 야뽁까지, 곧 암몬 자손들의 영토

16 21,32: 야제르

17 21,33-35: 바산 가는 길, 에드레이

지도 33 | 민수 13,2-26; 34,3-12 가나안 정찰 경로

1 민수 13,2: 가나안 땅을 정찰

2 13,22: 네겝, 헤브론

3 13,21: 친 광야, 하맛 어귀 르홉

4 13,25-26: 파란 광야 카데스

5 남쪽 경계 34,3-5: 친 광야, 소금 바다 동쪽 끝, 아크라삠 오르막, 카데스 바르네아 남쪽, 하차르 아따르, 아츠몬, 이집트 마른내, 바다

6 서쪽 경계 34,6: 큰 바다와 그 해변

7 북쪽 경계 34,7-9: 호르 산, 하맛 어귀, 츠닷, 지프론, 하차르 에난

8 동쪽 경계 34,10-12: 하차르 에난, 스팜, 아인 동쪽의 리블라, 킨네렛 호수 동쪽 비탈, 요르단, 소금 바다

지도 34 | 신명 34,1-3 모세, 느보 산에서 바라봄

1 신명 1,5: 요르단 건너편 모압 땅

2 34,1-3: 모압 평야, 예리코 맞은쪽에 있는 느보 산 피스가 꼭대기

3 34,5-6: 모압 땅, 벳 프오르 맞은쪽 골짜기

지도 35 | 여호 1,1-8,35 가나안 땅으로: 예리코와 아이 점령

1 여호 2,1: 시팀

2 3,14-16: 요르단, 예리코 맞은쪽

3 4,19: 길갈

4 6,2,20: 예리코

5 7,2; 8,3-4,11: 예리코, 아이 북쪽

ㄱ. 8,3-4,9

ㄴ. 8,5,11

6 8,30: 에발 산

사해 북쪽으로 10km쯤 있는 예리코는 요르단 계곡의 넓은 평원에 위치한다. 해저 250m로 지표 위에서 가장 낮은 도시이다. 동서로 산이 벽처럼 둘러막고 있어서 여름에는 열대 기후, 겨울에는 온화하다. 강우량은 연 140mm로 적다. 농작물은 엘리사의 샘(Elisha's well) 혹은 술탄의 샘(Ein es-Sultan)이라고 알려진 샘에 의존한다.

엘리사의 샘

유혹의 산

지도 36 | 여호 10,1-43 가나안 남부 성읍 점령

1 여호 10,9: 길갈

2 10,10: 기브온, 벳 호론 오르막길, 아제카와 마케다

3 10,11: 벳 호론 내리막길, 아제카
10,12: 기브온, 아얄론 골짜기

4 10,28: 마케다

5 10,29: 마케다, 리브나

6 10,31: 라키스

7 10,33: 게제르 임금 호람이 라키스를 도우러 올라왔지만, 여호수아는 그와 그의 백성도 쳐서 생존자를 하나도 남기지 않았다.

8 10,34: 에글론

9 10,36: 헤브론

10 10,38: 드비르

지도 37 | 여호 11,1-15 가나안 북부 점령

참조: 《전정판 역사서 1》, 68-69쪽.

가나안 시대 궁전(여호 11,10)

하초르에서 기원전 14-13세기에 존재했던 가나안 임금의 궁전이 발견되었고, 궁전 문 앞에서 산당(바마*bamah*)이 발견되었다. 궁으로 들어가는 계단 위에서 두 개의 큰 기둥을 볼 수 있다. 궁전 동쪽 앞뜰에 뜰을 따라 세운 큰 돌담을 볼 수 있는데, 그것은 마리(Mari)에서 발견된 문서에서 언급된 이브니 앗두(Ibni-Addu)의 궁전으로 추정되는 초기 건축물의 기념비적 유적이다. 이 사람이 여호수아기 11장 혹은 판관기 4장에 나타나는 야빈일 수 있다. 가나안의 하초르 시대에 이브니/야빈(Ibni/Jabin)은 흔한 이름일 수 있다. 이 담 남쪽에서 돌기둥들을 볼 수 있고 그다음에 봉헌대가 있다. 중기 청동기 시대의 성역이다.

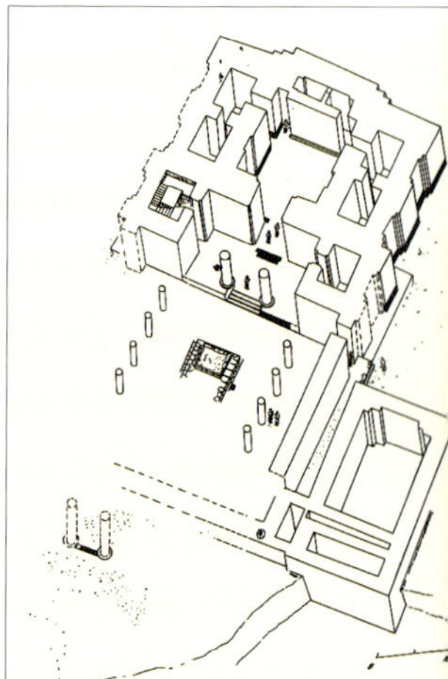
가나안 시대 궁전 구조

1 여호 11,5-6: 메롬
2 11,7: 메롬 물가
3 11,8-9: 미스르폿 마임, 큰 시돈
4 11,10-11: 하초르

텔 하초르의 가나안 시대 궁전과 산당(기원전 14–13세기)

텔 하초르의 가나안 시대(기원전 18–16세기) 유적

텔 하초르의 가나안 시대 이브니 앗두의 궁전 유적, 기원전 18세기

기원전 14세기.
인부들 급파에 대한 문서

기원전 18세기.
하초르 임금 이브니 앗두
이름이 나온 문서

지도 38 | 여호 12,1-24; 13,1-7.31 가나안에서 정복한 임금들과 점령하지 못한 지역

참조: 《전정판 역사서 1》, 69-71쪽, 75-77쪽.

그리짐 산과 에발 산

점령하지 못한 지역

1. 여호 13,2-3: 필리스티아인들의 온 지역, 시호르, 에크론 경계 – 가자, 아스돗, 아스클론, 갓, 에크론 제후들
2. 13,2: 그수르족의 온 땅
3. 13,4: 아라에서 아펙까지, 곧 아모리족의 경계까지
4. 13,5: 그발족의 땅, 헤르몬 산 아래 바알 가드에서 하맛 어귀까지 이르는 온 레바논
5. 13,3: 아와인들의 땅

점령 지역

i 여호 12,1: 아르논 강, 헤르몬 산, 아라바

ii 12,7–8: 레바논 골짜기, 바알 가드, 세이르 쪽으로 솟은 할락 산

여호수아가 지파별 구분에 따라 그 땅을 이스라엘 지파들에게 소유지로 나누어 주었는데, 산악 지방, 평원 지대, 아라바, 비탈 지대, 광야, 네겝으로서, 히타이트족, 아모리족, 가나안족, 프리즈족, 히위족, 여부스족의 땅이다.

ㄱ 12,2: 아르논 강 가, 아로에르, 야뽁 강까지 길앗의 절반

ㄴ 12,4–5: 아스타롯, 에드레이, 헤르몬 산, 살카, 바산, 길앗의 절반

가 나 12,7: 요르단 건너편 서쪽, 레바논 골짜기, 바알 가드, 세이르 쪽으로 솟은 할락 산

좌측(앞 그리짐 산, 뒤 에발 산), 우측 스켐

그리짐 산 유적

스켐에 있는 야곱의 우물 성당

지도 39 | 여호 13,8 – 19,51 이스라엘 지파별 영토

지파별 상징 – 야곱의 축복에서 각 지파의 상징이 나타난다. 야곱은 열 두 아들을 축복할 때 각 아들을 표현한 상징을 말하며 축복해 주었다(창세 49,1–28).

여호 13,7: 이제 이 땅을 아홉 지파와 므나쎄 반쪽 지파에게 나누어 주어라.

13,8: 므나쎄 반쪽 지파와 함께 르우벤인들과 가드인들은, 모세가 요르단 건너편 동쪽에서 준 상속 재산을 이미 받았다.

14,3–5: 레위인들에게는 상속 재산을 주지 않았다. 요셉의 자손들은 므나쎄와 에프라임 두 지파가 되었다. 레위인들에게는 거주할 성읍들, 그리고 소 떼와 양 떼를 기를 목초지 외에는 이 땅에서 어떤 몫도 주지 않았다.

18,8: "가서 저 땅을 두루 돌아다니며 지도를 그려 나에게 돌아오너라. 그러면 내가 여기 실로에서, 너희를 위하여 주님 앞에서 제비를 뽑아 몫을 정하겠다."

지도 39-1 | 여호 13,8-33 요르단 동쪽 지역

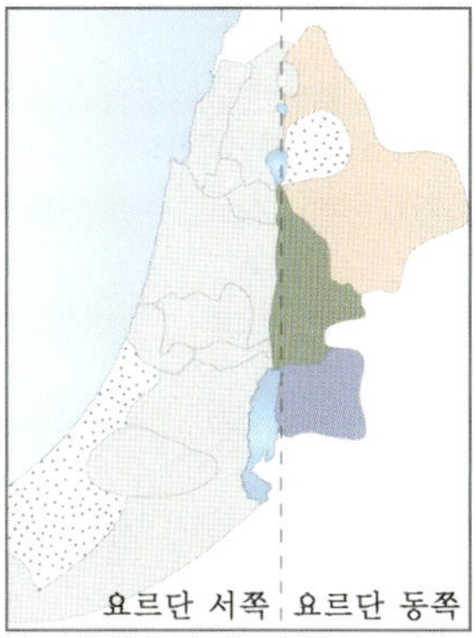

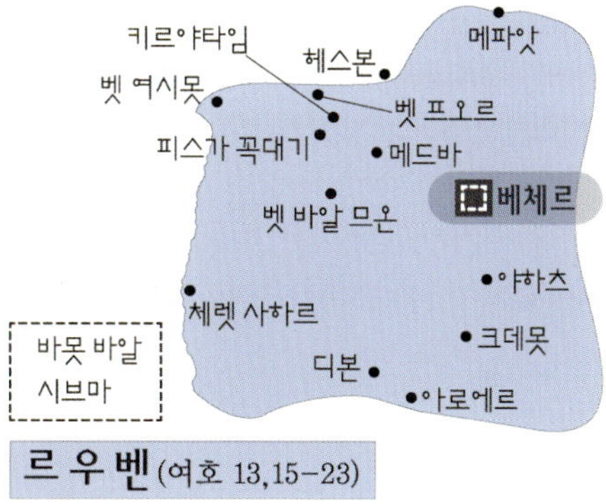

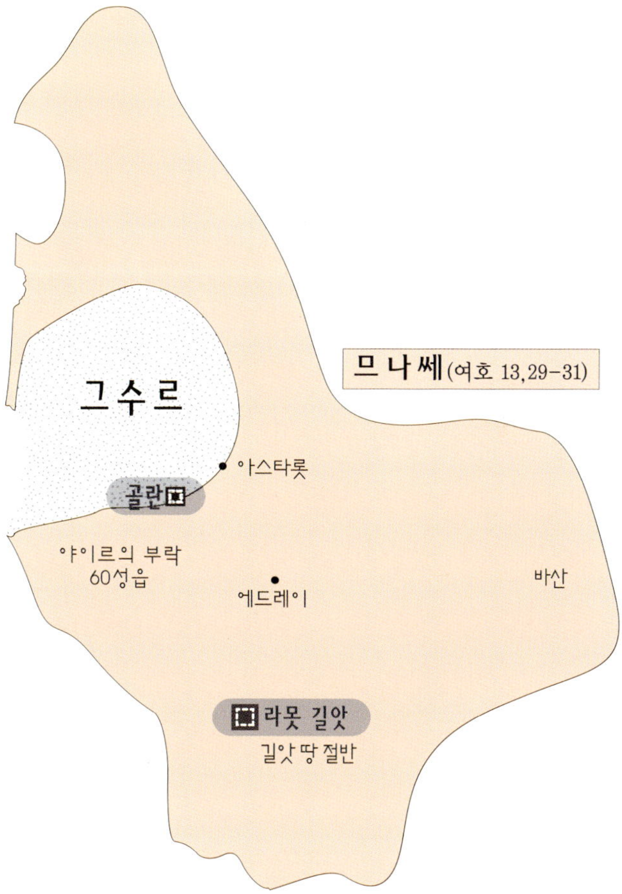

요르단 동쪽 지역을 차지한 지파:

- 르우벤 지파(여호 13,15-23)
- 가드 지파(13,24-28)
- 므나쎄 반쪽 지파(13,29-31)

지도 40 | 여호 15,1-63 요르단 서쪽: 유다 지파의 영토

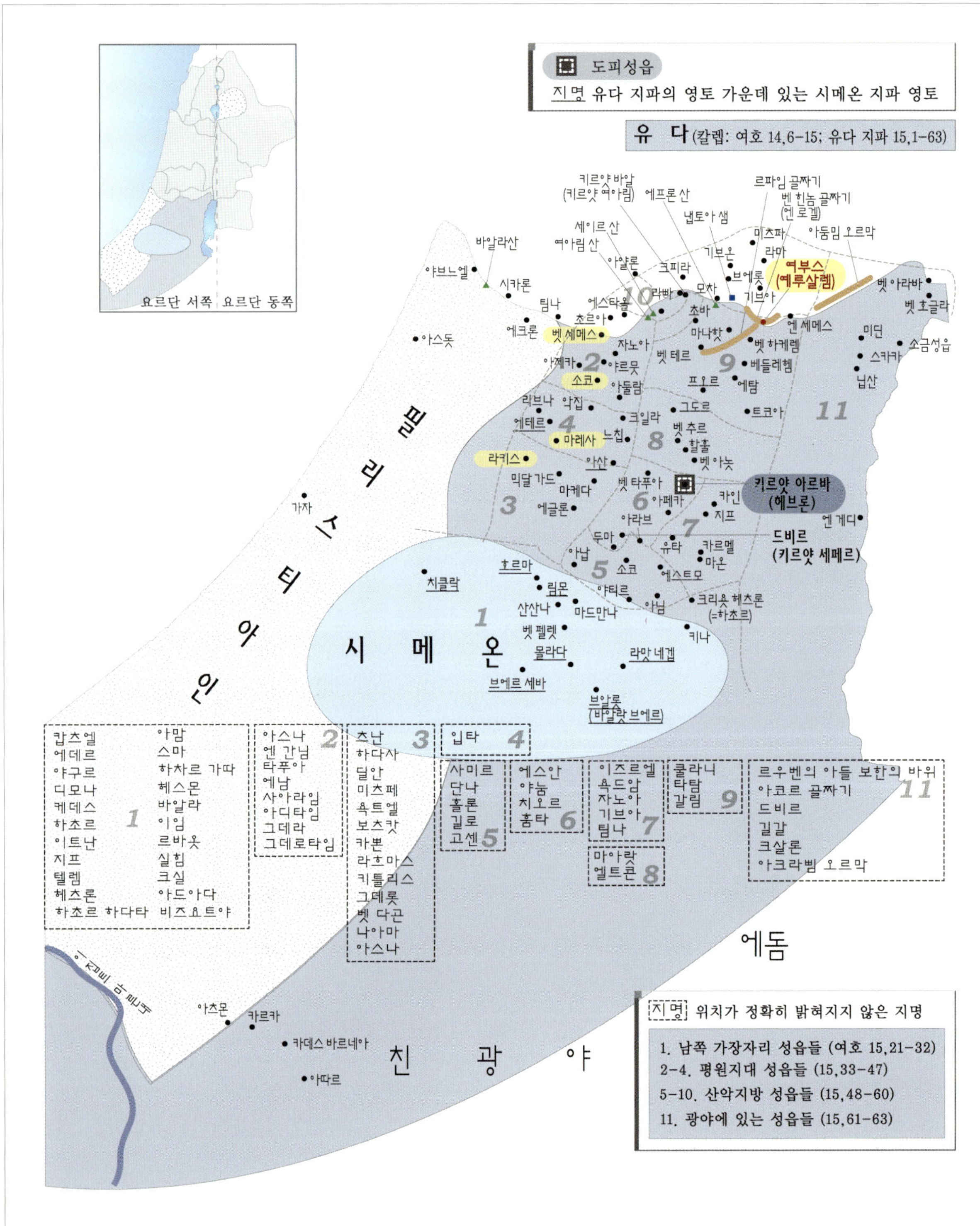

지도 40-1 | 여호 16,5 – 17,13 요르단 서쪽: 므나쎄, 에프라임 영토 일부

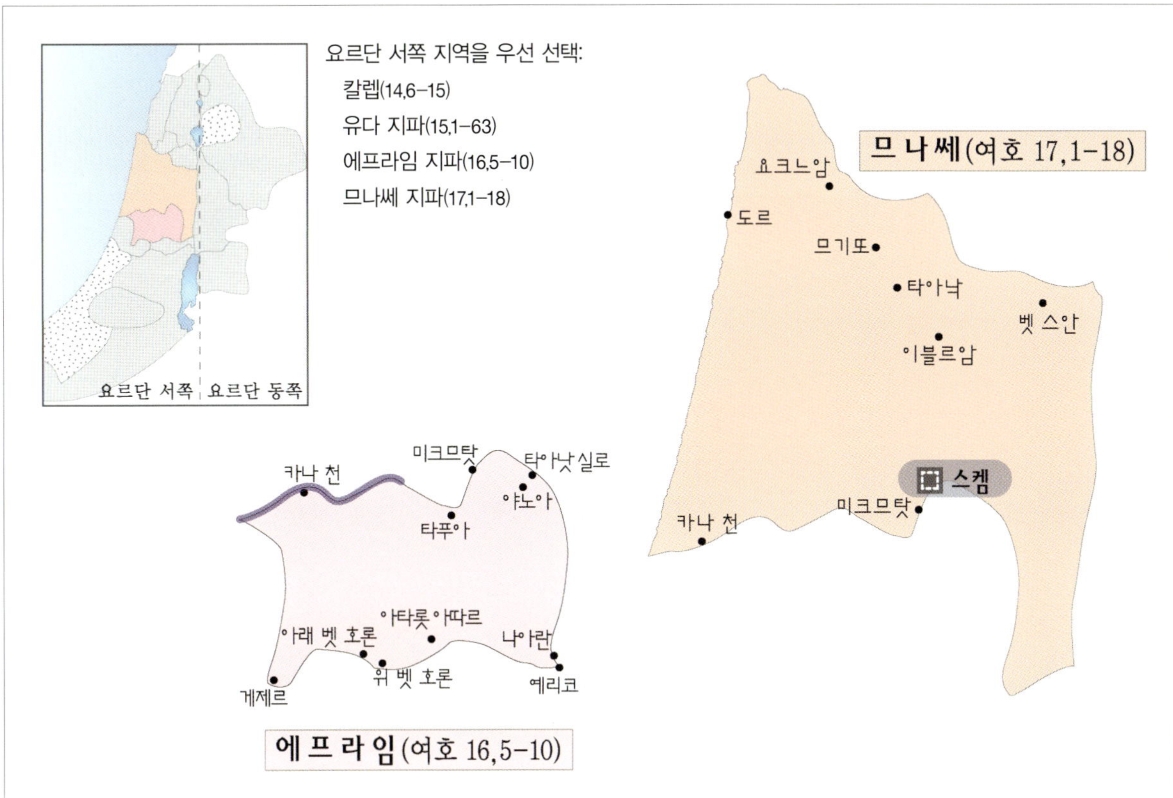

지도 40-2 | 여호 14,6 – 17,18 유다 북부 경계 지역 확대

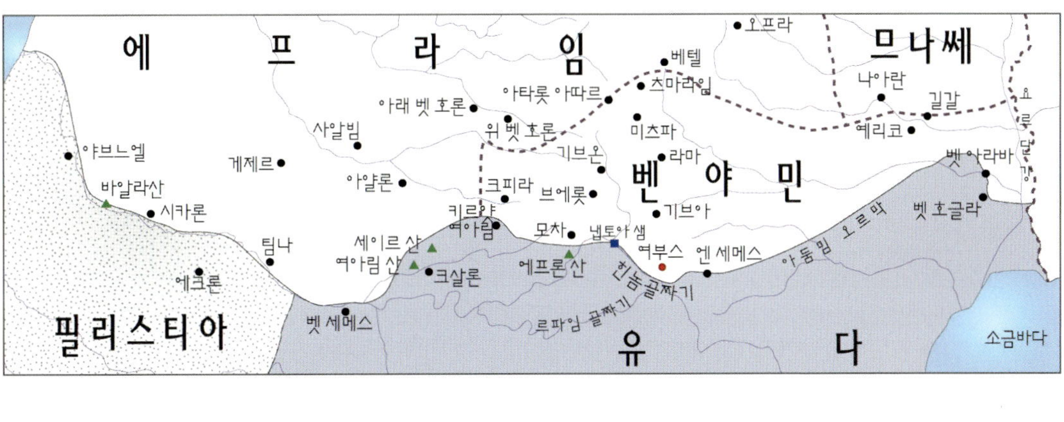

지도 40-3 | 여호 18,1–19,48 요르단 서쪽: 일곱 지파의 영토

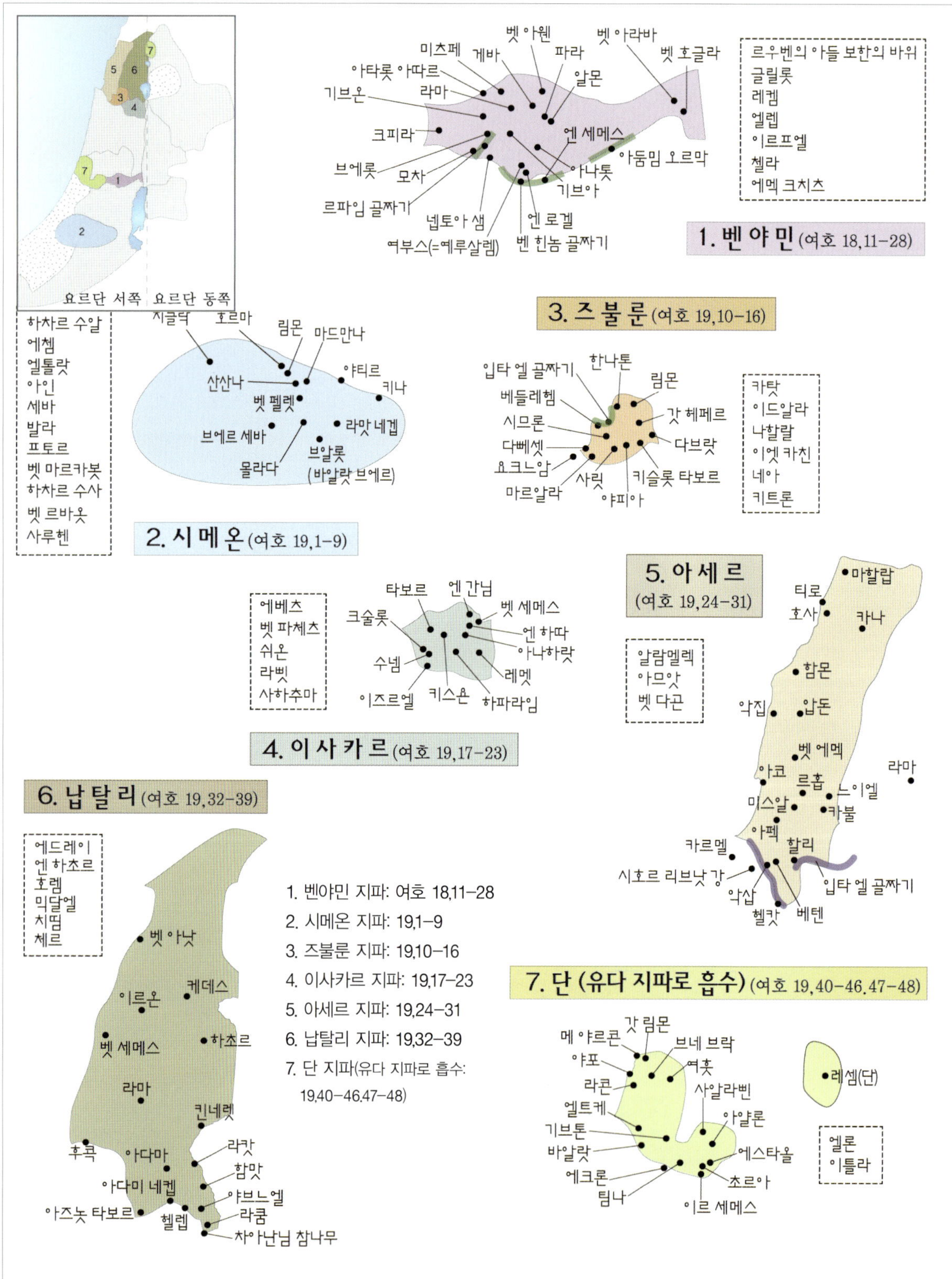

지도 41 | 여호 20,1-21,42 도피 성읍과 레위인들의 성읍

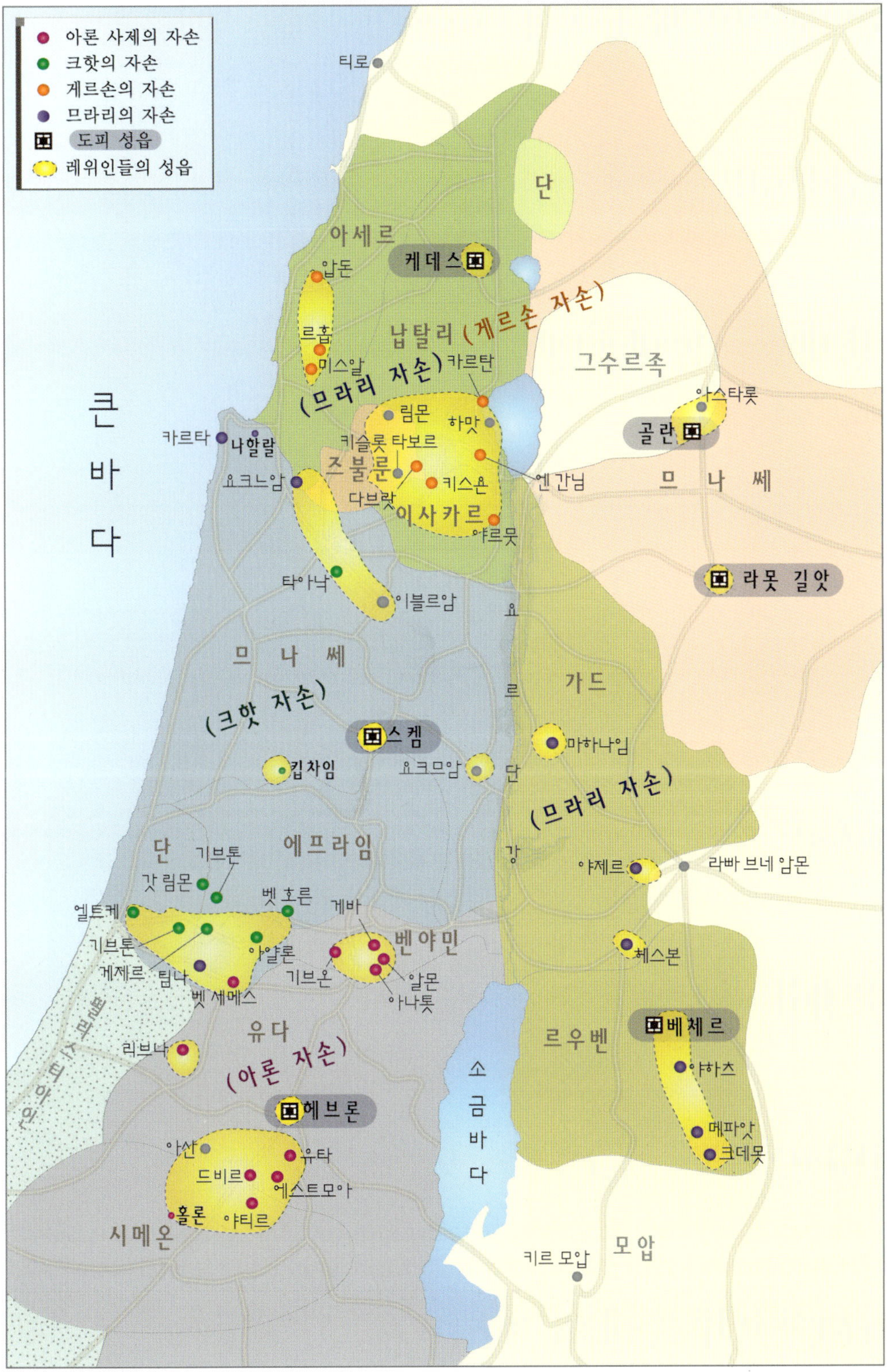

여호 20,1-3:
주님께서 여호수아에게 이르셨다. "이스라엘 자손들에게 이렇게 일러라. '이제 내가 모세를 통하여 너희에게 일러 준 도피 성읍들을 정하여, 실수로 생각 없이 사람을 쳐 죽인 살인자가 그곳으로 피신할 수 있게 하여라. 너희는 그 성읍들을 피의 보복자를 피하는 도피처로 삼아야 한다.'"

지도 42 | 여호 5,1; 아모 9,7 해양 종족의 이동

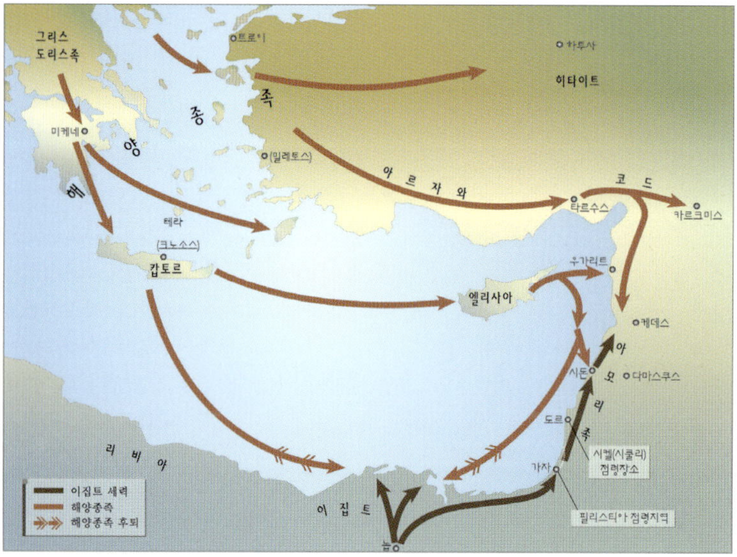

지중해 석양

지도 43 | 판관 1,1-36 지파별 영토 점령과 쫓아내지 못한 주민들

판관 2,20-22: 그리하여 주님께서는 이스라엘에게 진노하시어 말씀하셨다. "이 민족이 내가 저희 조상들에게 명령한 나의 계약을 거스르고 내 말을 듣지 않는다. 그러므로 나도 여호수아가 남기고 죽은 민족들 가운데에서 그 어떤 민족도 더 이상 쫓아내지 않겠다." 이는 이스라엘이 저희 조상들처럼 주님의 길을 명심하여 따라 걷는지 따라 걷지 않는지, 그 민족들을 통하여 시험하시려는 것이었다.

판관기는 영토를 점령하는 상황과 섞여 사는 이민족 이야기를 여호수아기와 다르게 소개한다. 또 요르단 강 동쪽 지역은 아예 언급하지 않고, 단 지파는 중앙 산악 지대에서 극도로 축소된다. 이 배경에서 단 지파가 북쪽의 라이스로 이동하는 일이 이뤄진다.

참조: 《전정판 역사서 1》, 113-114쪽.

지도 44 | 판관 3,1-16,31 지파와 판관들

판관 2,16: 주님께서는 판관들을 세우시어, 이스라엘 자손들을 약탈자들의 손에서 구원해 주도록 하셨다.

판관 3,7-11: 오트니엘 - 드비르

3,12-30: 에훗 - 길갈

3,31: 삼가르

4,1-5,31: 드보라, 라마와 베텔 사이

6,1-8,35: 기드온(여루빠알) - 오프라

10,1-2: 톨라 - 사미르

10,3-5: 야이르 - 카몬 또는 라못 길앗

11,1-12,7: 입타 -길앗 미츠파, 차폰

12,8-10: 입찬 - 베들레헴

12,11-12: 엘론 - 아얄론

12,13-15: 압돈 - 피르아톤

13,1-16,31: 삼손 - 초르아

지도 45 | 판관 4,1–24; 5,12–18 드보라와 시스라의 전투

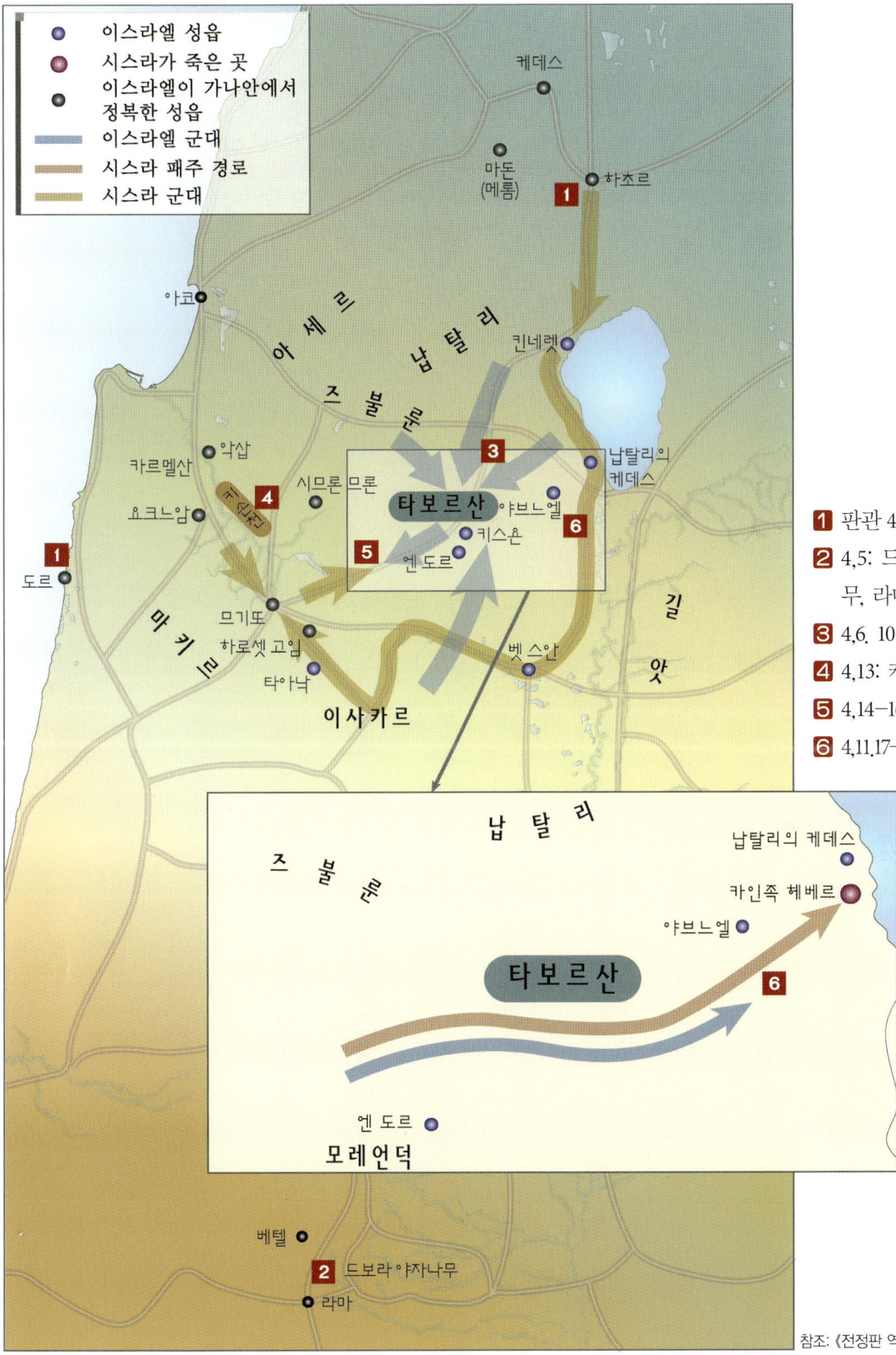

1 판관 4,1–2: 하초르
2 4,5: 드보라의 야자나무, 라마와 베텔 사이
3 4,6. 10–12: 타보르 산
4 4,13: 키손 천
5 4,14–16: 키손 천
6 4,11.17–22: 케데스 부근

참조: 《전정판 역사서 1》, 115쪽.

판관 5,31: "주님, 당신의 원수들은 모두 이렇게 망하고, 당신을 사랑하는 이들은 힘차게 떠오르는 해처럼 되게 하여 주십시오." 그 뒤로 이 땅은 마흔 해 동안 평온하였다.

엔 도르와 타보르 산

성경은 이스라엘 지파들과 가나안 사람들이 갈릴래아에서 싸웠던 주요한 전투 두 가지를 기록하고 있다. 즉, 메롬 물가 전투(여호 11,1–15)와 드보라의 전투(판관 4–5장)이다.

두 이야기에 나오는 가나안 연합체의 수장이 모두 하초르 임금 야빈이기에 같은 시기의 이야기로 본다. 드보라의 승리는 야빈의 멸망을 가져왔다고 전하고(판관 4,24), 메롬 물가 전투는 하초르의 완전한 파괴(여호 11,10–11)를 이야기한다. 이 기준으로 학자들은 드보라의 승리가 메롬 승리보다 먼저이며, 여호수아기의 후대 저자가 메롬 전투의 승리를 여호수아에게 적용하면서 그 순서가 뒤바뀌었다고 본다. 다른 학자들은 드보라의 승리에서 야빈에 대한 언급은 후대의 가필이며, 판관기 4장과 5장에서 말하는 가나안 연합 세력의 원래 지도자는 시스라였다고 생각한다. 그러나 시스라는 임금이라고 불린 적이 없으며, 특정한 성읍을 자기 소유로 갖고 있지 않았다. 성경 이외 어떤 자료에서도 하로셋–고임이라는 성읍은 나오지 않는다. 사실 하로셋–고임은 분명히 갈릴–하고임(Galil–hagoiim: 이사 8,23의 "이민족들의 지역")과 동일하다. 하로셋은 '경작된 땅'을 뜻하며 이즈르엘 계곡 남쪽의 비옥한 농장 지역을 가리켰다. 투트모세 3세 시대 이래 그것은 임금의 영토로 알려져 왔고, 지배자를 위해 경작되었다. 이렇게 많은 수익을 거두는 농업 중심지에서, 자기 주인인 하초르 임금의 이익을 보호하는 것이 시스라의 일이었다.

바락이 소집한 지파 사람들은 밤에 타보르 산으로 올라갔다. 이 거룩한 산은 즈불룬, 납탈리, 그리고 이사카르 지파의 영토가 만나는 지점이었다(신명 33,18–19).

지도 46 | 판관 7,1 – 8,21
기드온과 미디안의 전투

판관 8,28: 그리하여 기드온의 시대 마흔 해 동안 이 땅은 평온하였다.

시편 83,2.10: 하느님, 잠잠히 계시지 마소서. 말없이 가만히 계시지 마소서, 하느님. 미디안에게 하신 것처럼 그들에게 하소서. 키손 천에서 시스라와 야빈에게 하신 것처럼.

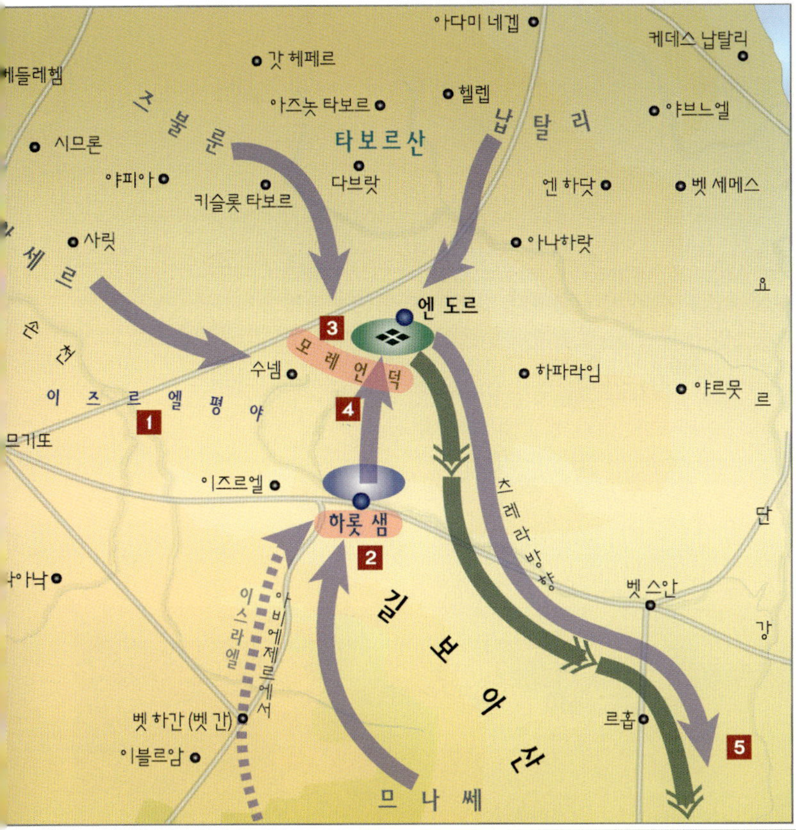

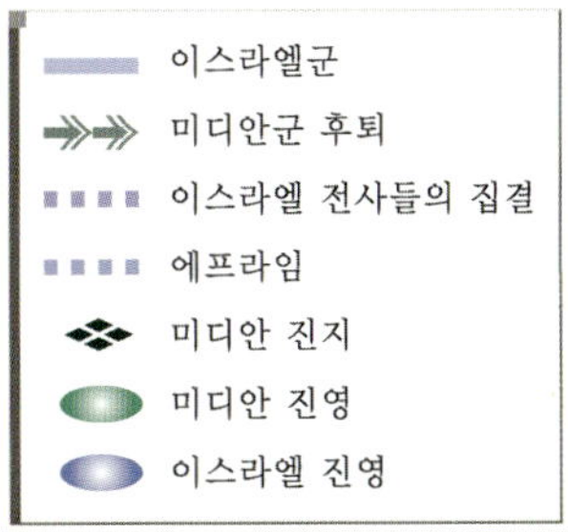

참조: 《전정판 역사서 1》, 116쪽.

1 판관 6,33: 미디안족, 아말렉족, 동방인들이 이즈르엘 평야에 진을 쳤다.

2 7,1ㄱ: 여루빠알 곧 기드온이 하롯 샘 곁에 진을 쳤다.

3 7,1ㄴ: 미디안은 모레 언덕 아래 평야에 진을 쳤다.

4 7,16 : 기드온은 삼백 명을 세 부대로 나누어 각자에게 나팔과 횃불이 든 빈 단지를 들려 주었다.

5 7,22: 적군이 츠레라 방향 벳 시타까지, 타빳 근처 아벨 므홀라의 물가까지 도망쳤다.

6 8,5: 기드온이 수콧에서 빵을 청하다.

7 8,10–11: 기드온은 카르코르에 가 두 미디안 임금을 사로 잡았다.

8 7,24–25; 8,2: 에프라임의 모든 사람이 벳 바라까지 물가와 요르단을 점령했다.

9 6,11; 8,13–27: 주님의 천사가 요아스의 땅 오프라에 있는 향엽나무 아래에 와서 앉았다. 오프라에 에폿을 두었다.

하롯 샘

하롯 샘은 길보아 산 기슭에서 흘러내리는 지류들에서 솟아나는 여러 샘 중 가장 서쪽에 위치하며, 기드온 동굴에서 솟는다.

지도 47 | 판관 11,1–12,7 입타와 암몬의 전투

판관 12,7: 입타는 여섯 해 동안 이스라엘의 판관으로 일하였다. 그러고 나서 길앗 사람 입타는 죽어 길앗에 있는 자기 성읍에 묻혔다.

1 판관 11,3: 입타가 살던 톱 땅
2 11,11.29: 미츠파에서 주님께 원로들의 제안을 확인한 입타
3 11,13.22.23–27: 암몬 자손들이 아르논에서 야뽁까지, 광야에서 요르단까지 돌려 달라고 옴
4 11,33: 아로에르에서 민닛 어귀까지, 또 아벨 크라밈까지 쳐부숨
5 11,34: 미츠파의 자기 집에서 제일 먼저 마중 나온 외동딸을 본 입타
6 12,1.4: 차폰에서 입타에게 출정을 시비하는 에프라임 사람들
7 12,4–6: 요르단 건널목에서 발음을 이용하여 에프라임인들을 죽이는 길앗 사람들

참조: 《전정판 역사서 1》, 116–117쪽.

초르아

지도 48 | 판관 13,24 – 16,31 삼손과 필리스티아인들의 전투

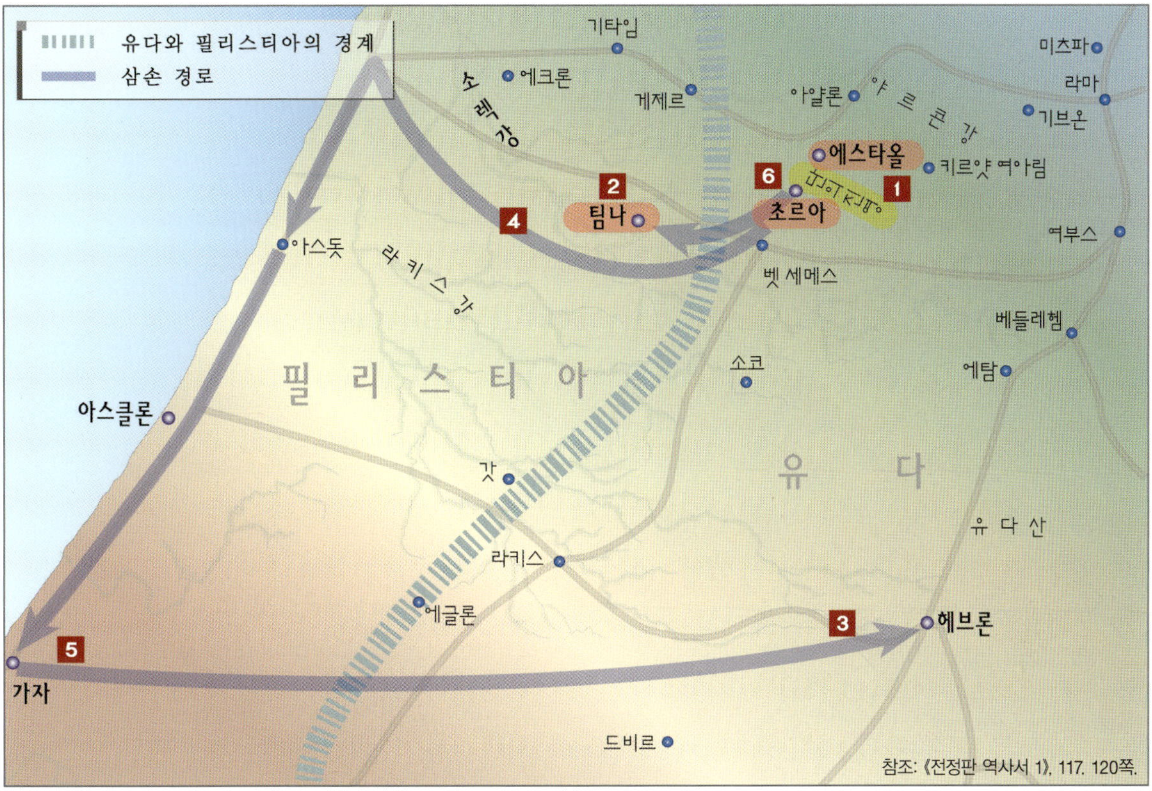

1 판관 13,24–25: 삼손이 초르아와 에스타올 사이 '단의 진영'에 있을 때 주님의 영이 그를 움직임

2 14,2: 부모님께 팀나의 필리스티아 여자를 아내로 청하는 삼손

3 16,1.3: 가자 창녀집에서 머물다 헤브론 맞은쪽 산꼭대기로 올라간 삼손

4 16,4.8: 소렉 골짜기의 들릴라에 의해 필리스티아 제후들에게 넘겨진 삼손

5 16,21.22.30: 가자에 있는 다곤 신전을 밀어낸 삼손

6 16,31: 초르아와 에스타올 사이에 있는 아버지 마노아 무덤에 묻힌 삼손

초르아와 에스타올 사이 지역의 단의 무덤

지도 49 | 판관 18,1-29 단 지파의 이동

단에 흐르는 물

단의 숲에 있는 오렌지

1 판관 18,2.7.11: 초르아와 에스타올 출신의 단 자손 다섯 명의 정탐

2 18,12: 키르얏 여아림

3 18,13-21: 에프라임 산악 지방

4 18,27-28: 라이스-단

참조: 《전정판 역사서 1》, 118쪽.

지도 50 | 판관 19,1-21,21 벤야민 지파와 다른 지파들 간의 전쟁

1 판관 19,1-3: 에프라임 산악 지방의 레위인이 소실을 찾아 베들레헴으로 감

2 19,10: 여부스, 곧 예루살렘 맞은쪽에 이르름

3 19,25: 기브아에서 소실이 능욕을 당함

4 20,1: 미츠파에 온 이스라엘 자손(단에서 브에르 세바에 이르기까지)이 모임

5 20,20: 기브아의 벤야민 지파와 싸우려고 전투 대열 갖춤

6 20,26: 베텔에서 번제물과 친교 제물 바치며 주님 앞에서 통곡

7 20,31: 베텔, 기브아에서의 싸움

8 20,33: 바알 타마르, 게바 부근에서 싸움

9 20,45: 림몬 바위, 기드옴까지 벤야민 지파를 뒤쫓아가 죽임

10 21,20-21: 실로 여자를 하나씩 잡아 벤야민 땅으로 돌아가는 벤야민 자손

지도 51 | 룻 1,1–4,22 나오미와 룻의 여정

텔 단 성문 앞(룻 4,7)

1 룻 1,2: 모압 땅으로 간 엘리멜렉 가정

2 1,22: 베들레헴으로 돌아온 나오미와 룻

3 4,13: 보아즈가 룻을 맞아 다윗의 할아버지인 오벳을 낳다.

룻 1,16: 어머님의 겨레가 저의 겨레요
어머님의 하느님이 제 하느님이십니다.

지도 52 | 1사무 1,3.24–28; 2,11; 3,1–14.20–21; 7,16–17 사무엘

1 1사무 1,3.24–28; 2,11; 3,1.21: 라마에 사는 엘카나, 한나는 실로에 사무엘을 봉헌했다.

2 3,19–4,1: 단에서 브에르 세바에 이르기까지 사무엘이 믿음직한 예언자임을 알게 됨

3 7,2–6: 미츠파에서 단식하며 죄를 고백하는 이스라엘 사람들

4 7,16–17: 베텔, 길갈, 미츠파, 라마를 돌며 판관으로 일한 사무엘

참조: 《전정판 역사서 1》, 153쪽.

벳 세메스 지역의 양 떼

벳 세메스 들판

오프라(좌, 우)

실로 유적지 전체

실로 바실리카

지도 53 | 1사무 4,2–7,1 에벤 에제르 전투와 계약 궤의 이동

참조: 《전정판 역사서 1》, 154쪽.

1사무 6,12: 그러자 소들은 벳 세메스 쪽으로 난 길을 따라 곧장 걸어갔다.

6,21: 그러다가 그들은 키르얏 여아림 주민들에게 심부름꾼들을 보내어, … 청하였다.

7,1: 그러자 키르얏 여아림 사람들이 와서 주님의 궤를 모시고 올라갔다. 그들은 주님의 궤를 언덕에 있는 아비나답의 집에 옮기고, 그의 아들 엘아자르를 성별하여 그 궤를 돌보게 하였다.

1. 1사무 4,1: 에벤 에제르, 아펙
2. 4,3–11: 실로
3. 5,1–2: 아스돗
4. 5,8–9: 갓
5. 5,10–12; 6,1: 에크론
6. 6,10–12: 벳 세메스
7. 6,21; 7,1: 키르얏 여아림

벳 세메스로 가는 길(오른쪽–하다사 가는 길), 1사무 6,12 참조.

지도 54 | 1사무 9,17 – 10,8 사울과 사무엘의 만남

참조: 《전정판 역사서 1》, 154–155쪽.

1 1사무 9,3; 10,26: 기브아
2 9,4: 살리사
3 9,4: 사알림
4 9,5: 춥
5 7,17; 9,6.16; 10,1: 사울의 머리에 기름 부음
6 10,2–5: 첼차, 타보르의 참나무
7 10,8: 제물을 바치러 길갈로 떠남

나귀

1사무 9,17: 사무엘이 사울을 보는 순간, 주님께서 사무엘에게 말씀하셨다. "이 사람이, 내가 너에게 말한 바로 그 사람이다. 이 사람이 내 백성을 다스릴 것이다."

모레 산과 이즈르엘

지도 55 | 1사무 10장-15장 사울 왕국

모레 산과 길보아 산 사이 이즈르엘

길보아 산지

1. 1사무 10,17. 25: 미츠파
2. 10,26: 기브아
3. 11,1-4: 야베스 길앗
4. 11,15: 길갈
5. 13,23: 미크마스 길목
6. 15,7: 하윌라, 이집트 동쪽 수르

참조: 《전정판 역사서 1》, 155쪽.

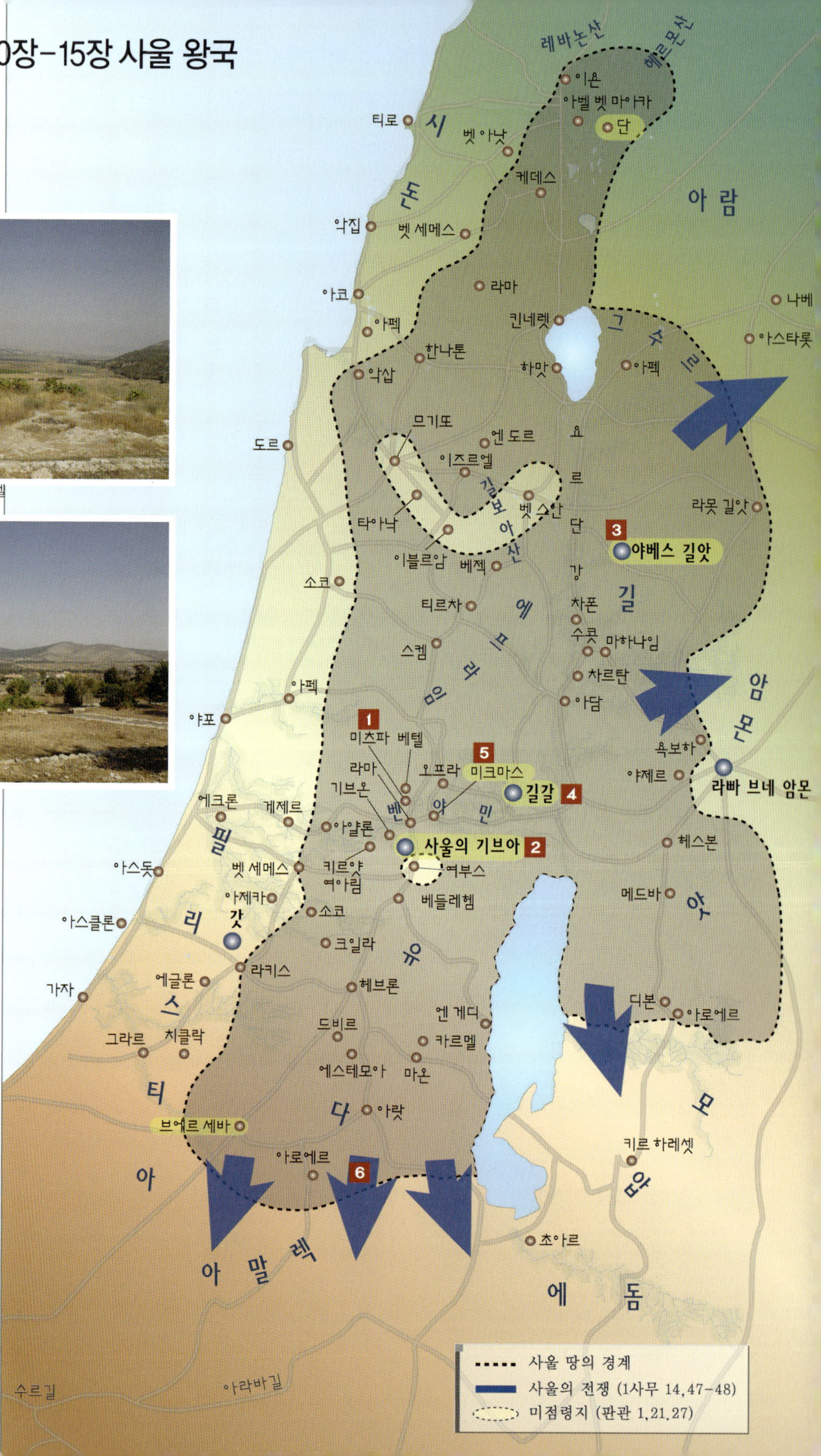

지도 56 | 1사무 11장 암몬전

1. 1사무 11,1-4: 야베스 길앗과 사울의 기브아
2. 11,8: 베젝
3. 11,11: 야베스 길앗
4. 11,14-15: 길갈

지도 57 | 1사무 13-14장 필리스티아전

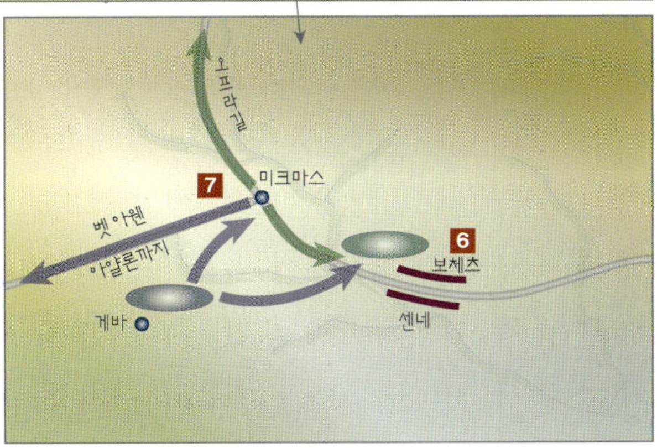

1. 1사무 13,2: 미크마스와 베텔 산악 지방, 기브아
2. 13,3: 게바
3. 13,5: 미크마스
4. 13,15-16: 기브아
5. 13,17-18: 필리스티아인들 공격대
6. 14,4-15: 보체츠와 센네 절벽
7. 14,16-23.31: 미크마스에서 아얄론까지

1사무 14,52: 사울은 평생 필리스티아인들과 격전을 벌였다. 그는 용감하고 힘센 사람을 보면 누구든지 자기에게 불러 모았다.

참조: 《전정판 역사서 1》, 156쪽.

지도 58 | 1사무 15장 아말렉전

참조: 《전정판 역사서 1》, 157쪽.

1사무 15,11: "나는 사울을 임금으로 삼은 것을 후회한다. 그는 나를 따르지 않고 돌아섰으며 내 말을 이행하지 않았다." 사무엘은 화가 나서 밤새도록 주님께 부르짖었다.

1 1사무 15,5-9: 수르

2 15,12: 카르멜

3 15,13-33: 길갈

4 15,34: 기브아

광야의 나그네

산골짜기

지도 59 | 1사무 17장 다윗과 골리앗

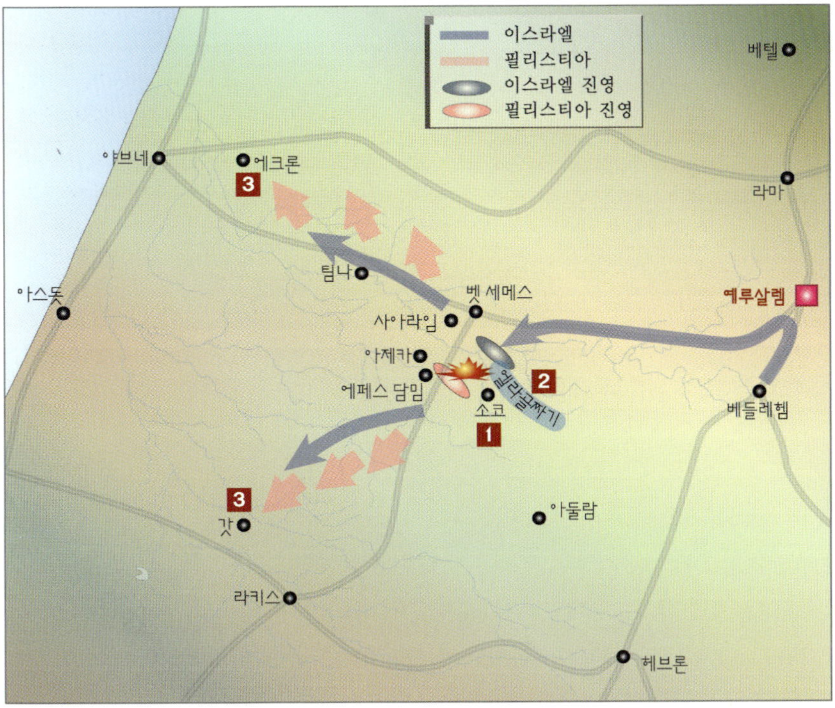

참조 《전정판 역사서 1》, 157쪽.

1 1사무 17,1: 소코

2 17,2.15.19: 엘라 골짜기

3 17,20–53: 갓과 에크론까지

동굴

엔 게디 산양

폭포

지도 60 |

1사무 19장 - 2사무 2장 다윗의 여정: 기브아에서 헤브론까지 여정

- 다윗
- 아말렉족
- 이스라엘 병력
- 필리스티아 병력
- 사울의 추격지

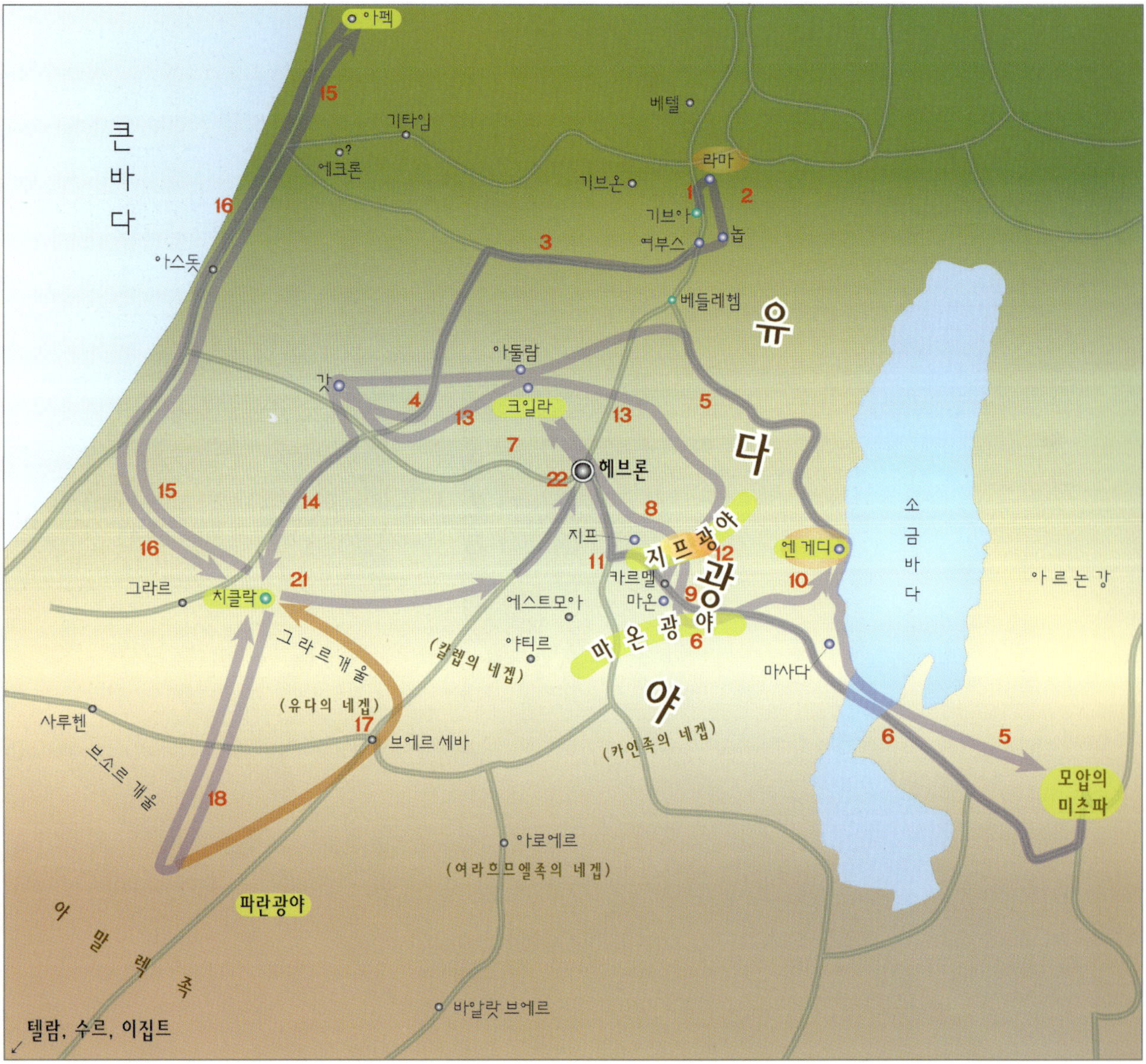

1사무 22,3: "하느님께서 저를 어떻게 하실지 알게 될 때까지, 저의 부모님이 임금님과 함께 머무르게 해 주십시오."

1. 1사무 19,18.19.22: 라마
2. 21,2: 놉
3. 21,11: 갓
4. 22,1: 아둘람
5. 22,3: 모압의 미츠파
6. 22,5: 유다 지방 헤렛 숲
7. 23,5: 크일라
8. 23,14-15.19: 광야의 산성, 지프 광야
9. 23,24: 마온 광야
10. 24,1-8: 엔 게디 산성
11. 25,2.5.13: 마온 광야, 카르멜
12. 26,1-2.12: 지프 광야
13. 27,2: 갓 임금 아키스
14. 27,5-7: 치클락
15. 29,1-2.11: 아펙
16. 30,1: 치클락
17. 30,1-6: 아멜렉족이 치클락 습격
18. 30,9.10.17.26: 브소르 개울로 추격
19. 31,1-7: 사울이 전투에서 전사
20. 31,8-13: 야베스
21. 2사무 1,1-27: 다윗이 사울과 요나탄의 죽음을 애도
22. 2사무 2,1-11: 헤브론

엔 게디

다윗은 늘 주님께 여쭈어 보며 움직인다.
(1 사무 23,4.10; 30,8; 2사무 2,1; 5,19.23; 참조 21,1; 24,17)

지도 61 | 2사무 8,1－14 다윗의 영토 확장

참조: 《전정판 역사서 1》, 159쪽.

2사무 8,6.14: 주님께서는 다윗이 어디를 가든지 도와주셨다.

1 8,2: 모압
2 8,3: 초바
3 8,6: 다마스쿠스
4 8,6: 하맛 임금의 조공
5 8,13: 에돔

다윗 임금

지도 62 | 2사무 2,12-5,27 다윗과 예루살렘

1 2사무 2,12.13.24: 기브온, 기아 맞은쪽에 있는 암마 언덕(2사무 2,8-11 참조)

2 2,29.32: 마하나임, 헤브론

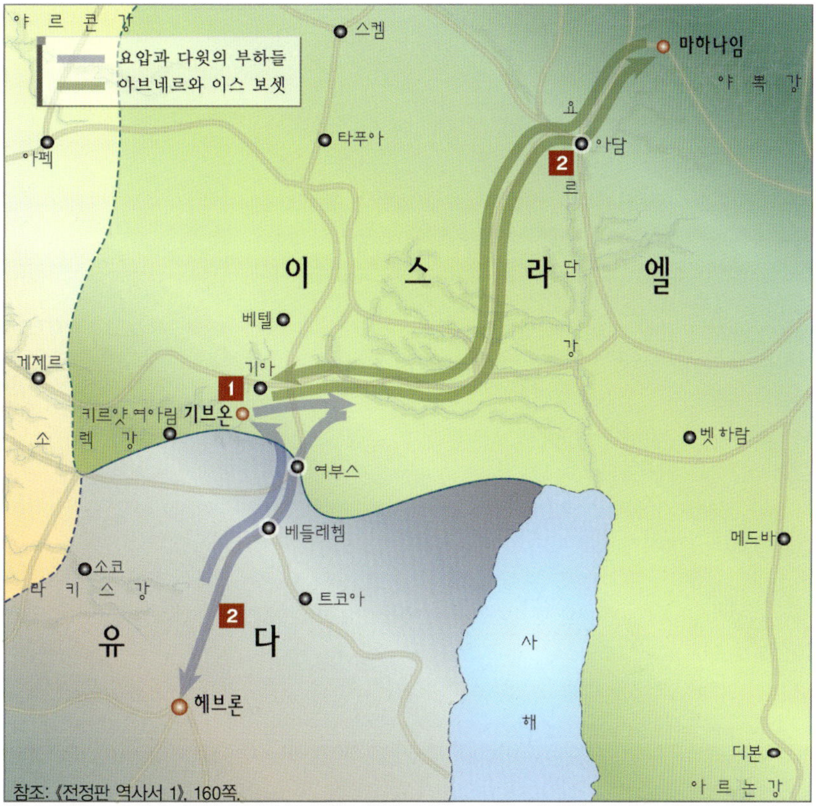

1 2사무 5,6-9: 예루살렘

2 5,17-18: 르파임 골짜기

3 5,20: 바알 프라침

4 5,22: 르파임 골짜기

5 5,24-25: 게제르

★ 다윗: 그러자 유다 사람들이 와, 거기에서 다윗에게 기름을 붓고 그를 유다 집안의 임금으로 세웠다(2사무 2,4).

☆ 사울 후손: 사울 군대의 장수이며 네르의 아들인 아브네르가 사울의 아들 이스 보셋을 데리고 마하나임으로 건너갔다. 거기에서 그는 이스 보셋을 길앗과 아수르족과 이즈르엘, 에프라임과 벤야민과 온 이스라엘의 임금으로 세웠다(2사무 2,8-9).

다윗 도성

오늘날 학자들은 시온의 성채(citadel)가 다윗이 여부스족에게서 탈환하여 자신의 요새로 삼은 다윗 성이라고 확인한다. "다윗은 시온 산성을 점령하였다. 그곳이 바로 다윗 성이다"(2사무 5,7). 사진은 다윗 성 발굴지 중 G 구역이다. 이 계단식 석재 구조물(The stepped Stone structure)에서 아히엘의 집, 불라의 집, 왕실 구역의 화장실의 흔적을 볼 수 있다.

2005년 히브리대학교의 이스라엘 고고학자 E. 마자르의 발굴팀은 다윗 궁전이 다윗 도성보다 북쪽으로 위, 곧 여부스족 산성의 북쪽, 성벽 바깥에 위치했다는 의견을 제시한다. 이 주장은 "다윗은 그 보고를 듣고 산성으로 내려갔다"(2사무 5,17)는 성경 구절과 "티로 임금 히람이 다윗에게 사절단과 함께 향백나무와 목수와 석수들을 보내어, 다윗에게 궁을 지어 주게 하였다"(2사무 5,11)는 구절에 근거한다. 자연석을 기초로 쓴 대형 석재 구조물(Large Stone Structure) 발굴 구역에서 나온 도기와 그릇을 통해 그곳의 유적을 제1 철기 시대, 혹은 적어도 제2 철기 시대 초기(Iron Age IIA) 곧 기원전 1000년경의 것으로 볼 수 있다는 것이다.

왕실 화장실

G 구역의 단지 구조

도 63 | 2사무 10,1–14; 1역대 19,1–15 다윗의 암몬전

1 2사무 10,6–8: 벳 르홉, 초바, 마아카, 톱

2 10,9–10: 다윗의 장수 움직임

3 1역대 19,7: 암몬군의 움직임

4 19,7: 메드바

지도 64 | 2사무 10,15–19; 11,1; 12,26–31 다윗의 아람과 암몬전

1 2사무 10,16–17: 헬람

2 11,1; 12,26: 라빠 공격

참조: 《전정판 역사서 1》, 161쪽.

지도 65 | 2사무 5－17장 다윗 왕국

헤브론 – 2사무 5,5: 그는 헤브론에서 일곱 해 여섯 달 동안 유다를 다스렸다.

예루살렘 – 5,5: 예루살렘에서 서른세 해 동안 온 이스라엘과 유다를 다스렸다.

다윗 왕국의 세력 범위를 알려 주는 다윗의 국제 관계

1 2사무 5,11: 티로 임금 히람
2 8,6: 다마스쿠스의 아람인들
3 8,9–10: 하맛 임금 토이
4 8,14: 에돔 수비대
5 3,3: 그수르
6 8,12: 아람, 모압, 암몬, 필리스티아, 아말렉, 초바
17,27: 마하나임, 라빠, 로 드바르, 로글림

지도 66 | 2사무 13,23 – 18,32 압살롬의 반란과 다윗의 피신

참조 《전정판 역사서 1》, 162–163쪽.

1 2사무 13,23–29.32: 바알 하초르
2 13,38; 14,23: 그수르
3 14,2–20: 트코아
4 15,7–10: 헤브론
5 15,13–37; 16,15: 예루살렘
6 16,5–8: 바후림
7 17,1–14.15–22: 요르단 강
8 17,24–26: 마하나임
9 17,27: 라빠, 로 드바르, 로글림
10 18,1–6.7–17: 에프라임 숲

압살롬 기념비

지도 67 | 2사무 19,10-20,22 다윗의 귀환과 세바 추격

참조: 《전정판 역사서 1》, 163-164쪽.

1. 2사무 19,16-44: 길갈
2. 20,1-7: 예루살렘
3. 20,8-13: 기브온
4. 20,14-22: 아벨 벳 마아카

지도 68 | 2사무 24,1-9 인구 조사와 흑사병

참조: 《전정판 역사서 1》, 164-165쪽.

1. 2사무 24,1.4: 예루살렘
2. 24,5: 아로에르 - 야제르
3. 24,6: 길앗 - 시돈
4. 24,7: 티로 - 브에르 세바
5. 24,8: 예루살렘으로 돌아옴

지도 69 | 1열왕 5,1-5 솔로몬 통치의 이스라엘

참조: 《전정판 역사서 1》, 183-184쪽.

1 - **1** 1열왕 5,1 국경: 유프라테스 강 - 필리스티아 땅, 이집트 국경

2 - **2** 5,4: 팁사 - 가자

3 - **3** 5,5: 단 - 브에르 세바

지도 70 | 1열왕 4,7-19 왕실 양식을 대는 열두 지방

참조: 《전정판 역사서 1》, 184-185쪽.

1 1열왕 4,8: 에프라임 산악 지방

2 4,9: 마카츠, 사알빔, 벳 세메스, 엘론 벳 하난

3 4,10: 아루뽓, 소코, 헤페르 땅 전체

4 4,11: 도르의 고지대 전체

5 4,12: 타아낙, 므기또, 이즈르엘 아래 차르탄 곁에 있는 벳 스안 전체, 벳 스안에서 아벨 므홀라에 이르는 지역(요크므암 건너편까지)

6 4,13: 라못 길앗, 야이르의 부락들, 바산의 아르곱 지역에 있는, 성벽과 청동 빗장을 갖춘 성읍 60개

7 4,14: 마하나임

8 4,15: 납탈리

9 4,16: 아세르, 브알롯

10 4,17: 이사카르

11 4,18: 벤야민

12 4,19: 길앗 땅(시혼과 옥의 땅)

지도 71 | 1열왕 5,1-14; 9,10-14.26-28; 2역대 1,15-17; 2장; 8,17-9,28 솔로몬의 무역 활동

참조: 《전정판 역사서 1》, 185-186쪽.

이집트·유프라테스 경계

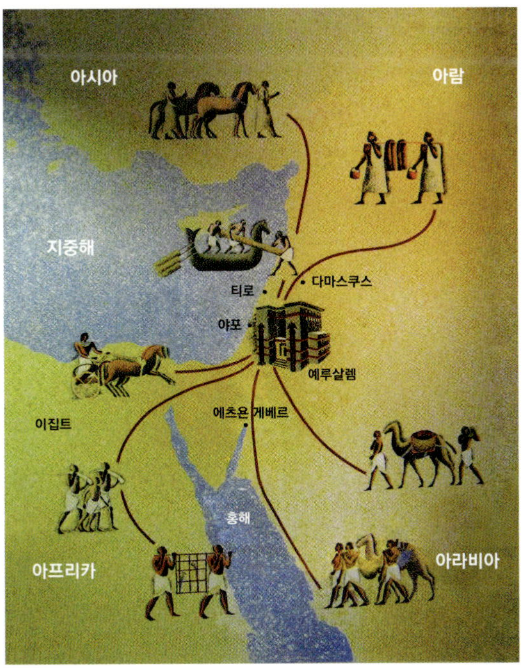

1열왕 9,11 티로: 티로 임금 히람은 향백나무와 방백나무 재목과 금을 보냈다. 그러자 솔로몬 임금은 갈릴래아 땅의 성읍 스무 개를 히람에게 주었다.

9,26-28: 솔로몬 임금은 엘랏 근처에 있는 에츠욘 게베르에 상선대를 만들었다. 그들은 오피르로 가서 금 사백이십 탈렌트를 실어 와 솔로몬 임금에게 바쳤다.

10,1-2: 스바 여왕이 향료와 엄청나게 많은 금과 보석을 낙타에 싣고 예루살렘에 왔다.

10,10: 여왕은 금 백이십 탈렌트와 아주 많은 향료와 보석을 임금에게 주었다.

10,11: 오피르에서 금을 실어 오던 히람의 상선대도, 굉장히 많은 자단 나무와 보석을 실어 왔다.

10,22: 임금에게는 히람의 상선대와 함께 바다에서 활동하는 타르시스 상선대가 있었다. 이 상선대가 세 해에 한 번씩 금과 은과 상아, 원숭이와 공작새를 실어 왔다.

10,28: 솔로몬은 이집트와 크웨에서 말들을 들여왔다.

10,29: 병거는 한 대에 은 육백 세켈, 말은 한 마리에 오백오십 세켈 주고 이집트에서 들여와, 히타이트와 아람의 임금들에게 되팔았다.

지도 72 | 1열왕 5,15 - 8,66; 9,15 - 25 솔로몬의 건축 활동

참조: 《전정판 역사서 1》, 187–191쪽.

하초르 성문

하초르 성문에는 6개의 방과 2개의 탑이 있다. 기원전 10세기의 것으로 추정되는 텔 므기또와 텔 게제르의 성문도 비슷한 구조로 나타나고 솔로몬 임금의 건축 활동을 보여 준다. 성문의 남쪽(왼쪽)에 건설된 이중 방벽이 상부도시의 서쪽 방향 반을 에워싸고 있다.

성문 남쪽 날개의 가운데 방 아래에서 가나안 시대의 현무암 문지방이 발견되었다.

1 에츠욘 게베르: 요새, 항구, 저장소
2 아랏: 요새와 성소
3 벳 세메스: 포곽砲郭과 저장소
4 예루살렘: 성전, 궁, 다른 건물들 건축
5 수콧과 차르탄 사이: 그곳의 진흙 바닥에서 청동 기물들 주조
6 야포: 성전과 궁전 건축을 위해 재목 수입
7 레바논 지역: 향백나무 벌목
8 하초르, 므기또, 게제르에서 발굴된 문들은 에제키엘서의 묘사와 유사하다. "동쪽 대문의 대문 방은 이쪽에 셋, 저쪽에 셋 있었는데, 셋 다 치수가 같았고, 이쪽과 저쪽의 벽기둥도 치수가 같았다"(에제 40,10).

하초르에 있는 두 시대의 방벽(상단 가로: 솔로몬 시대, 우측 세로: 아합 시대 벽)

하초르 성문

하초르 성문의 남쪽 방들

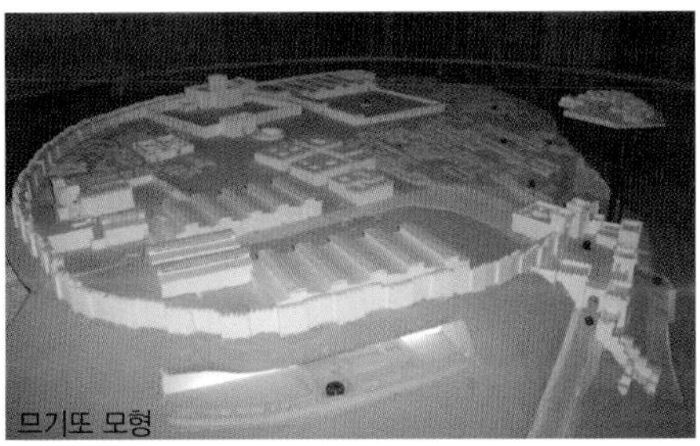

므기또 모형

하초르 성문의 북쪽 방들

므기또 북쪽 마굿간

므기또 성문

하초르의 솔로몬 시대 성문

그림 4 | 1열왕 2,11 – 2열왕 25,30 왕정 시대의 예루살렘(기원전 1000–586)

미쉬네
히브리어 미쉬네(משנה)는 우선 '두 번째'라는 뜻으로, '두 번째 구역'을 가리키기도 한다(《성경》에는 "신시가"로 나온다. 2열왕 22,14 참조). 막테쉬(מכתש)는 푹 가라앉은 지형을 말한다.

불라의 집

불라에 찍힌 인장
예루살렘 제1성전 박물관

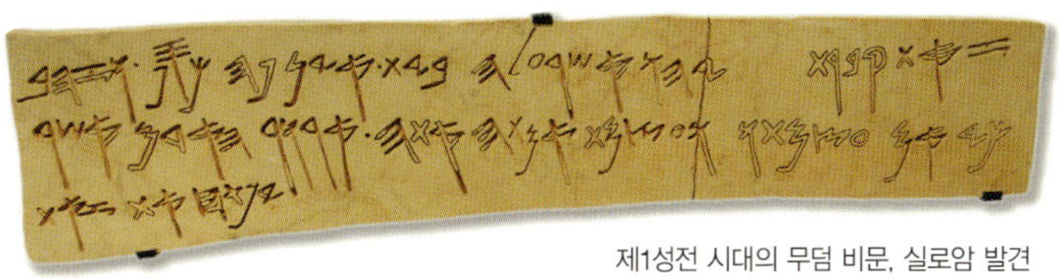
제1성전 시대의 무덤 비문, 실로암 발견

다윗 시대

다윗 도성의 성벽 북동쪽에서 제1성전 시대의 주거지터 유적이 나왔다. 돌과 진흙으로 쌓고 얇은 돌로 다시 보강하여 쌓은 계단식 단지 구조(terraced structure)로 되어 있다. 여기에 예루살렘이 바빌론에게 함락될 때 불에 탄 집의 유적이 있다. 바빌론 친위대장이 큰 집을 모두 불태웠다(2열왕 25,9). 진흙덩어리에 인장을 찍은 불라(Bulla)의 집 유적지가 있다. 사진의 중앙 윗부분에서 느헤미야의 성벽터로 추정되는 곳을 찾아볼 수 있고, 제일 아래를 여부스족의 성벽 자리로 추정하는데 사진에 어둡게 나왔다. 불에 탄 집 가운데(2열왕 25,9; "그는 주님의 집과 왕궁과 예루살렘의 모든 집을 태웠다."), 아히엘의 집은 방이 네 칸으로 전통적인 이스라엘 가옥 구조이다.

제1성전 시대 무덤

무덤 내부

제1성전 시대 유물로 무덤 유적과 비문이 있다. 실로암에서 발견되었는데 비문에 쓰인 글로 '세브나'를 추정하며, 여기서 이사 22,15-19를 추정하여 읽는다. 무덤은 2층 구조로 된 부자의 무덤 양식으로 석실이 있으며 아래에는 뼈를 추려 넣고 다시 무덤으로 사용할 수 있어 가족 무덤이었던 곳으로 본다. 세브나는 궁궐을 관리하던 시종장으로 나타난다.

왕정 시대 예루살렘

다윗 성 모형도와 모리아 산

그림 5 | 1열왕 6,1-38 솔로몬 성전 뜯어보기(단위: 암마)

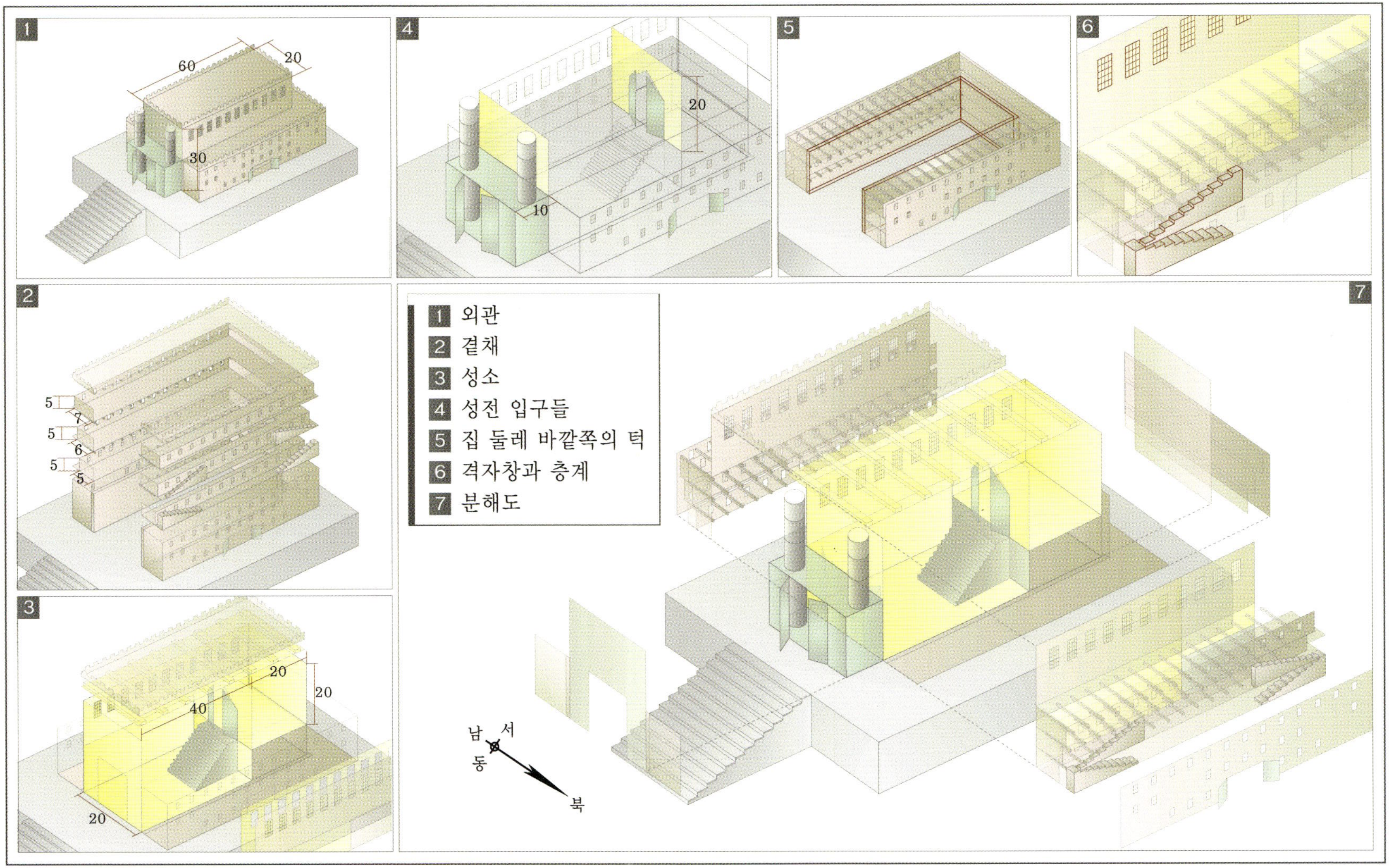

참조: 《전정판 역사서 1》, 188-191쪽.

지도 73 | 1열왕 12,1－16,28 왕국 분열

참조: 《전정판 역사서 1》, 198–202쪽.

왕국이 분열된 후 북이스라엘의 주요 도성들과 주변 나라들을 보자.

1. 1열왕 12,1: 스켐
2. 12,29: 베텔, 단
3. 13,4: 베텔 제단
4. 14,2.4: 실로
5. 14,17: 티르차
6. 16,24: 사마리아

단

1열왕 12,32–33

열왕기 표 | 남 · 북 왕국과 외세

외세	유다		기원전 930		이스라엘	외세
	다윗 왕조					
이집트	르하브암	924–913		924–910	예로보암	1세
	아비얌	913–910				
親아람, 벤 하닷	아사	910–870	910	910–909	나답	
				909–886	바아사	親아람, 동맹 깨짐
				886	엘라	
				886	지므리	
				885–880	티브니	
				880–874	오므리	反아람–모압을 정복함
에돔은 아직 속주	여호사팟	872–848	870	874–853	아합	아시리아와 싸움, 카르카르전투
				853–852	아하즈야	
에돔의 반란	여호람	853–841	850	852–841	요람	反아람
反아람	아하즈야	841		841–814	예후	
	아탈야	841–835				
아람의 침입, 하자엘	요아스	835–796	800	814–798	여호아하즈	反아람
	아마츠야	796–767		798–782	여호아스	
	우찌야 (아자르야)	792–740	750	793–753	예로보암	2세
				753	즈카르야	
				753–752	살룸	
	요탐	750–732		752–742	므나헴	
				742	프카흐야	親아람 연합, 유다 공격
親아시리아	아하즈	735–716		752–732	페카	反아시리아, 티글랏 필에세르
			721	732–722	호세아	反아시리아, 살만에세르
反아시리아, 사르곤, 산헤립	히즈키야	716–687				
	므나쎄	697–643				
	아몬	643–640				
反파라오, 느코	요시야	640–609				
파라오 지배, 바빌론–네부카드네자르	여호아하즈	609	610			
파라오 지배, 바빌론–네부카드네자르	여호야킴	609–598	600			
	여호야킨	598				
	치드키야	597–586	587			

지도 74 | 1열왕 14,25–26 유다와 이집트 시삭전

시삭의 팔레스티나 출정은 기원전 926년경의 일로 추정된다. 그의 전시용 비문이 테베의 아몬 신전 내 부바스티스 문에 새겨 있다. 여기에 그가 출정한 지역을 적었는데, 두 줄로 새겨진 지명 가운데 윗줄에는 이스라엘의 성읍들, 아랫줄에는 유다의 지명들이 나타난다.

참조: 《전정판 역사서 1》, 202–203쪽.

1. 1열왕 14,25–26: 르하브암 임금 제오년에 이집트 임금 시삭이 예루살렘에 올라와서 주님의 집에 있는 보물과 왕궁의 보물을 가져갔다.
2. 므기또에서 시삭의 비석 조각이 발견되었다.

지도 75 | 1열왕 15,16–22 유다의 아사와 이스라엘 바아사의 싸움(벤 하닷의 전

참조: 《전정판 역사서 1》, 203–204쪽.

1. 1열왕 15,16–17: 라마
2. 15,18–19: 다마스쿠스
3. 15,20: 이욘, 단, 아벨 벳 마아카, 킨네렛, 납탈리 전 지역
4. 15,22: 게바, 미츠파

지도 76 | 1열왕 17,1 - 2열왕 13,20 엘리야와 엘리사

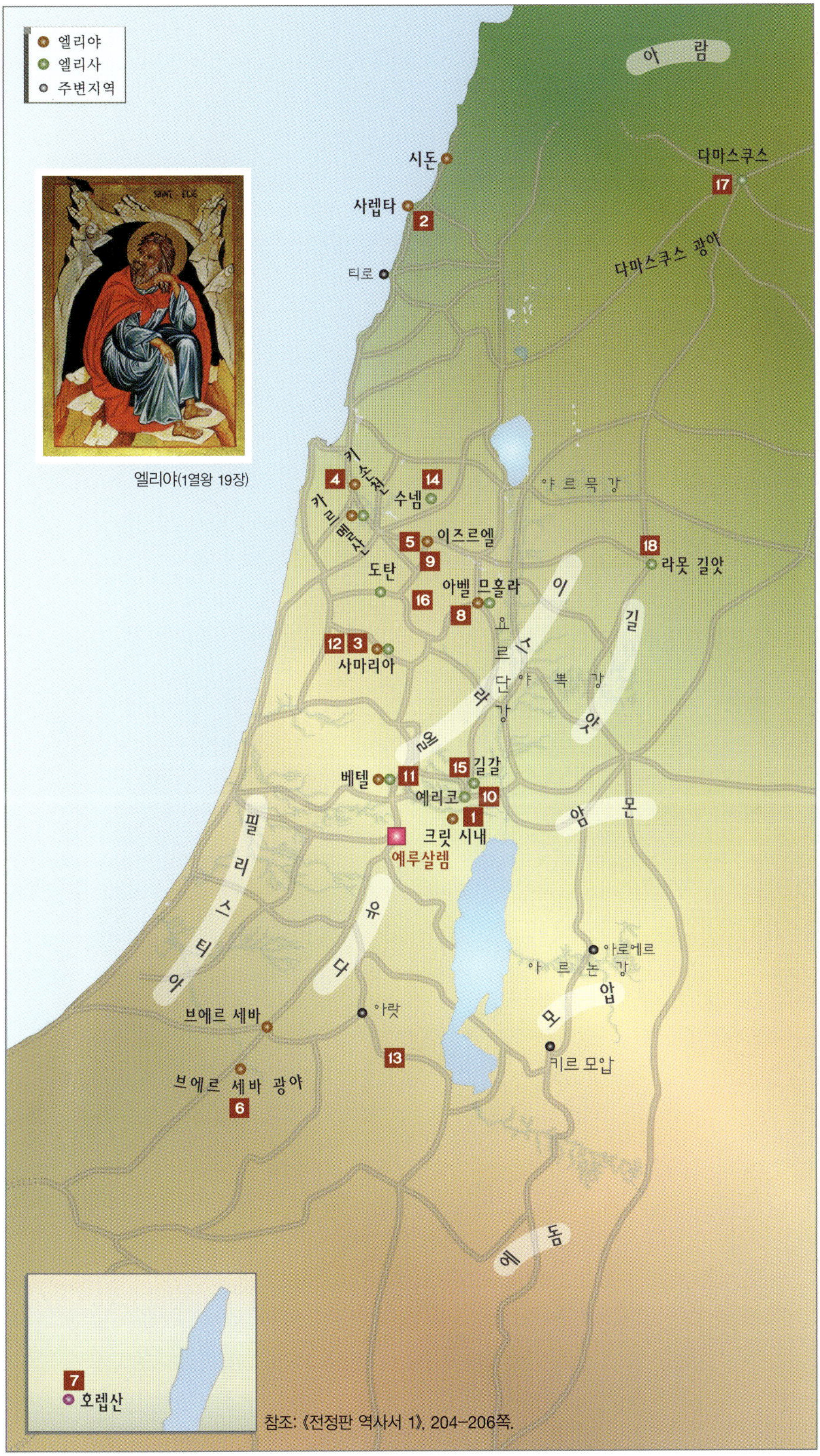

엘리야(1열왕 19장)

참조: 《전정판 역사서 1》, 204–206쪽.

엘리야

1 1열왕 17,3: 크릿 시내
2 17,9: 시돈, 사렙타
3 18,1–3: 사마리아
4 18,20–40: 카르멜 산, 키손 천
5 18,45–46: 이즈르엘
6 19,3–4ㄱ: 브에르 세바
7 19,8: 호렙 산
8 19,16.19–21: 아벨 므홀라
9 21,1–24: 이즈르엘
10 2열왕 2,2.4.6.8.13: 예리코–요르단 강가

엘리사

11 2열왕 2,23: 베텔
12 2,25: 사마리아
13 3,4–20: 에돔의 광야 길
14 4,8.25: 수넴
15 4,38: 길갈
16 6,13: 도탄
17 8,7: 다마스쿠스
18 9,1: 라못 길앗

카르멜 산에 세워진 엘리야 석상

지도 77 | 1열왕 20,1-22,40 이스라엘 아합과 아람전

사마리아 오므리 궁 터

이즈르엘 평야

텔 이즈르엘

참조: 《전정판 역사서 1》, 206쪽.

사마리아 오므리 궁전 벽 유적

1 1열왕 20,1-22: 기원전 855년 벤하닷이 사마리아를 공격(1차)
이스라엘군과 임금은 아람군을 크게 무찔렀다.

2 20,23-43: 기원전 854년 벤 하닷이 아펙을 공격(2차)
이스라엘 자손들은 그날 하루만 아람군 보병 십만을 쳐 죽였다.

3 22,1-40: 이스라엘 임금 아합이 아람의 라못 길앗을 공격

하초르 기원전 8세기 개인 주거 터 기름 틀

하초르 하부 도시 구역

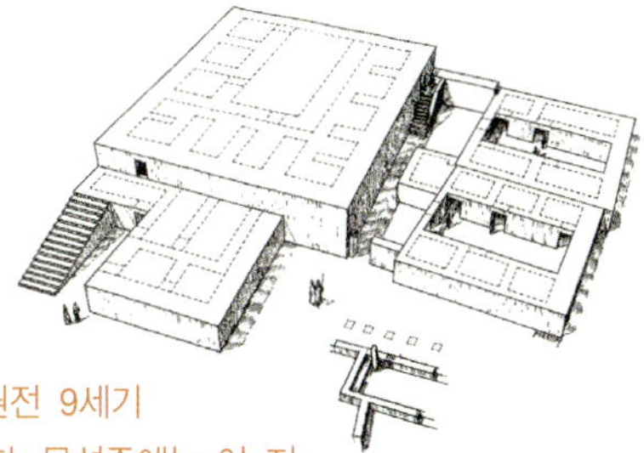

하초르 성채와 신전 구역

하초르 상부도시의 서쪽 끝에 성채의 유적이 남아 있다. 기원전 9세기 아합 시대에 건축된 것으로 본다. 문설주에는 이 지역 고유의 디자인인 양식화된 야자나무를 표현한 기둥머리가 얹혀 있었다. 같은 양식의 기둥머리가 사마리아, 므기또, 예루살렘에서 발견되었다. 기둥머리와 상인방들은 예루살렘 박물관에 보관되어 있다. 현재 하초르에서는 그 터와 솔로몬 시대의 성벽 유적만 볼 수 있다. 성채는 기원전 732년에 티글랏 필에세르에 의해 모두 파괴되었다.

이스라엘 탑

하초르 상부도시의 서쪽 구역에서는 이스라엘 탑의 유적을 볼 수 있다. 임박한 아시리아와의 전쟁에 대비해 기원전 732년에 쌓은 도성의 방어 구조이다.

2열왕 15,29: "이스라엘 임금 페카 시대에 아시리아 임금 티글랏 필에세르가 와서, 이욘, 아벨 벳 마아카, 야노아, 케데스, 하초르, 길앗, 갈릴래아와 납탈리 온 지역을 점령하고, 사람들을 아시리아로 끌고 갔다."

하초르 기원전 8세기 이스라엘 탑

하초르 기원전 9세기 성채의 신전 구역

하초르 기원전 9~8세기 상점 터

하초르 기원전 8세기 개인 주거 터(뒤에서)

하초르의 저수조

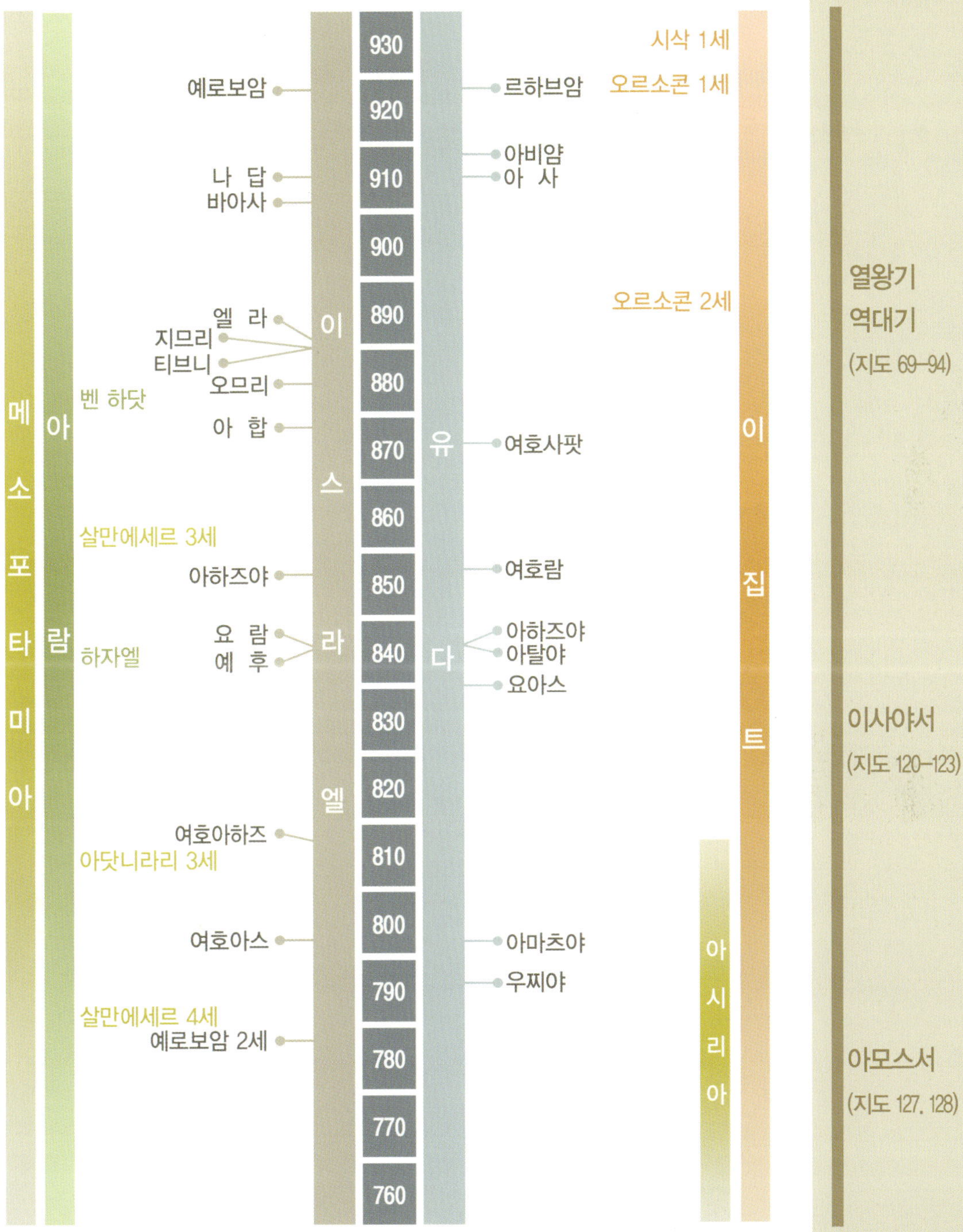
메소포타미아
아람
이스라엘
유다
이집트
아시리아
930
920
910
900
890
880
870
860
850
840
830
820
810
800
790
780
770
760
예로보암
나 답
바아사
엘 라
지므리
티브니
오므리
아 합
아하즈야
요 람
예 후
여호아하즈
여호아스
예로보암 2세
벤 하닷
살만에세르 3세
하자엘
아닷니라리 3세
살만에세르 4세
르하브암
아비얌
아 사
여호사팟
여호람
아하즈야
아탈야
요아스
아마츠야
우찌야
시삭 1세
오르소콘 1세
오르소콘 2세
열왕기
역대기
(지도 69-94)
이사야서
(지도 120-123)
아모스서
(지도 127, 128)

지도 78 | 1열왕 22,1-40 레반트 국가들과 아시리아의 카르카르 전투

참조: 《전정판 역사서 1》, 206-207쪽.

살만에세르 3세의 비문에 따른 연합 세력(무척 과장된 수치)

연합한 임금들과 지역	병거대	보병	낙타
다마스쿠스의 하닷 에제르	1,200	20,000	
하맛의 이르후레니	700	10,000	
이스라엘의 아합	2,000	10,000	
비블로스		500	
이집트		1,000	
이르카나타	10	10,000	
아르왓의 마티누 발루		200	
우사나타		200	
시안누의 아두누 발루	30	10,000	
아라비아의 진디부			1,000
암몬 르홉의 아들 바아사		(?),000	

카르카르는 시리아 서부 하맛 서북쪽의 오론테스 강변에 위치한다. 아시리아의 살만에세르 3세는 통치 6년(기원전 853년)에 니네베에서 유프라테스 강을 건너 레반트 지역으로 향하여 알레포를 지나 하맛의 영토를 침략하였다. 레반트의 여러 국가가 연합하여 카르카르에서 반격하였다. 어느 쪽이 승리했는지는 확실치 않다. 살만에세르는 승리했다고 강력히 주장하나 이후 4년간 이곳으로 돌아오지 않았다. 이 전투에 관한 기록이 남아 있다.

지도 79 | 2열왕 3,4–27; 참조 13,20–21 모압 임금 메사의 전투

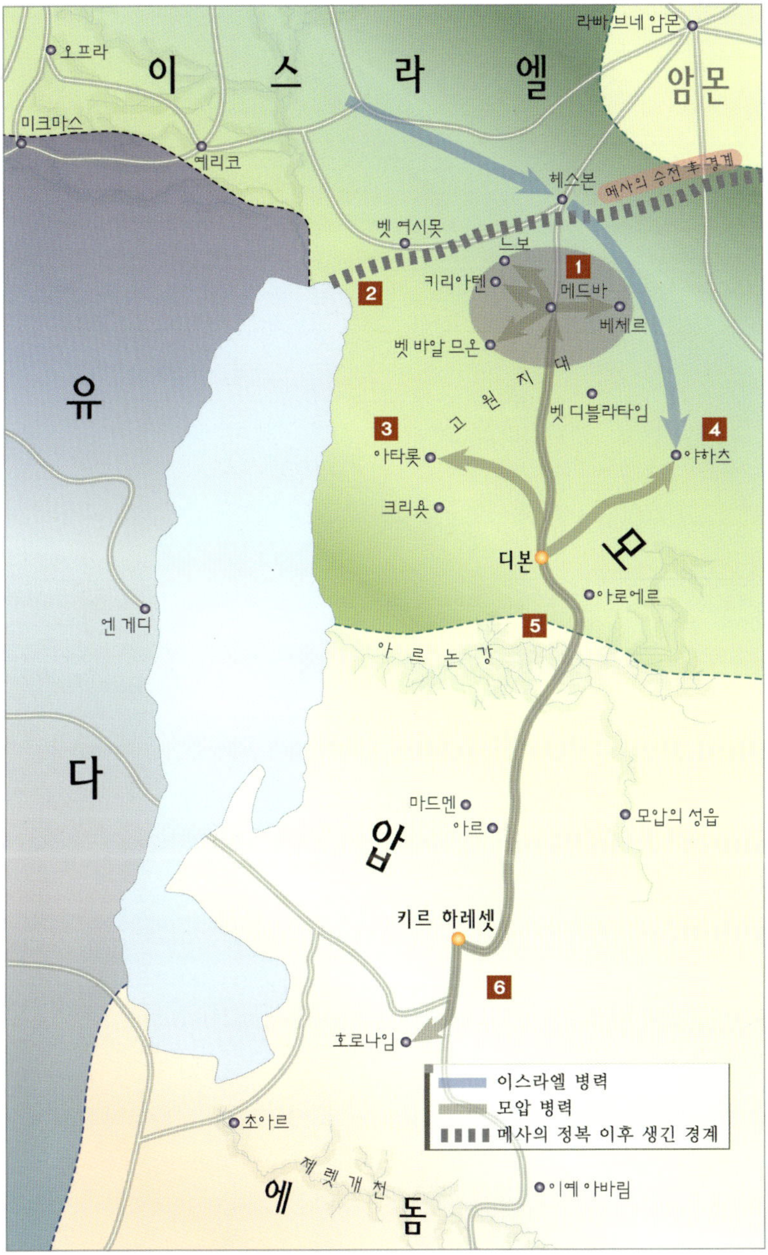

참조: 《전정판 역사서 1》, 207–208쪽.

기원전 853–852

이스라엘 임금 아합이 죽자 모압 임금 메사는 이스라엘에 빼앗겼던 아르논 강 북쪽의 모압 평원에 대한 통치권을 다시 확보하려고 나섰다.

1 메드바에 있는 이스라엘 사령부를 공격하고 벳 바알 므온, 키리아텐(키르야타임)에 진을 쳤다.

2 모압 비석, 15: 나는 밤에 도착하여 새벽부터 정오까지 전투하였다.

3 모압 비석, 10: 갓 사람들이 아타롯 땅에 늘 거주했다.

4 모압 비석, 18–19: 이스라엘 임금은 야하츠를 건설했고⋯ 나와 싸우는 동안

5 모압 비석, 26: 나는 아로에르를 건설하고, 아르논의 길을 닦았다.

6 모압 비석, 32: 크모스(모압의 신)께서 내게 호로나임(하우로넨)으로 내려가 싸우라고 이르셨다.

1868년 디본에서 발견한 모압 비석, 메사 임금의 명문이 새겨 있다.

이사야서
(지도 120 – 123)

예레미야서
(지도 124)

열왕기
역대기
(지도 69 – 94)

에제키엘서
(지도 125)

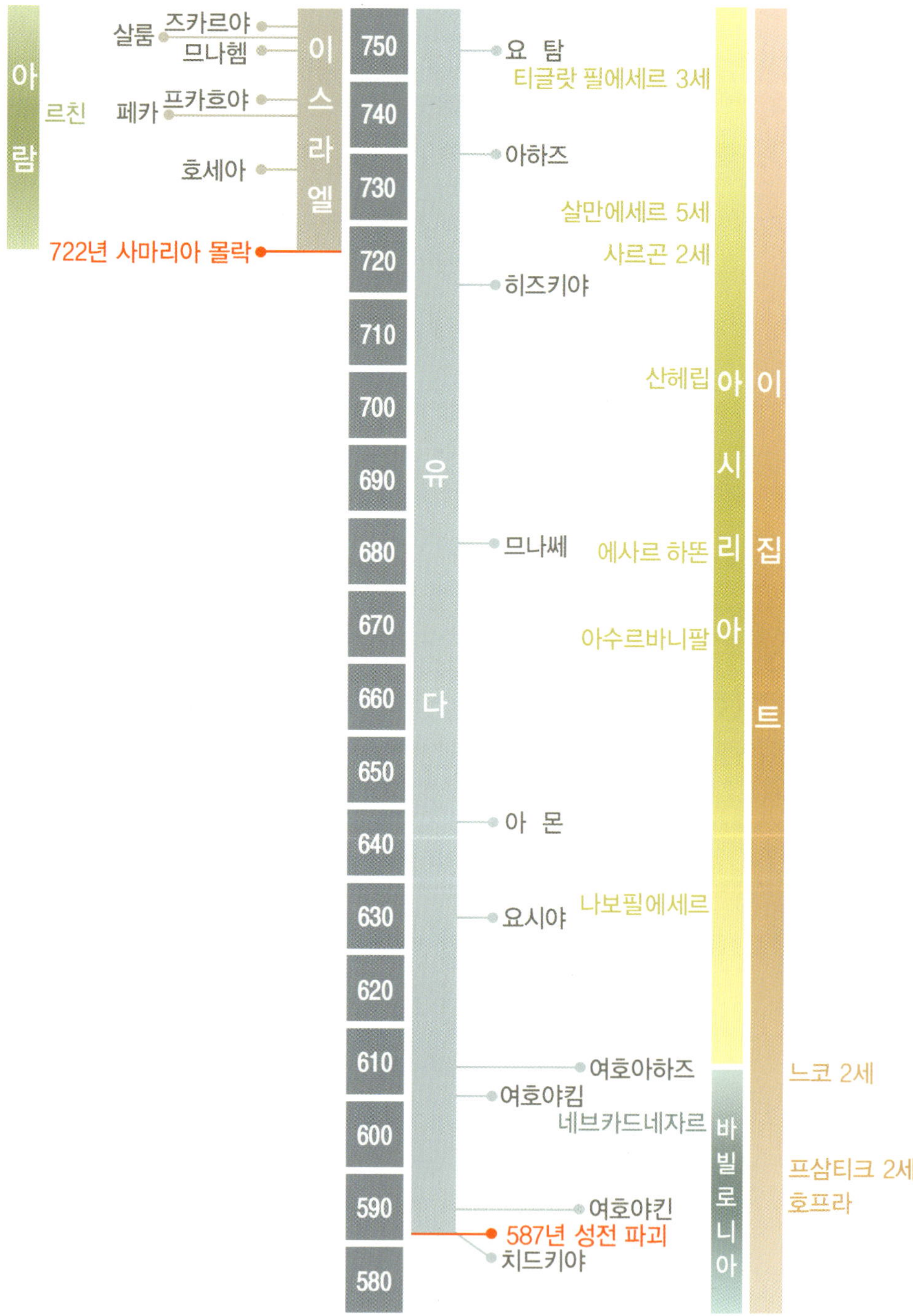

지도 80 | 2열왕 3,4–27; 1열왕 22,42.45 이스라엘과 유다 동맹군의 모압전

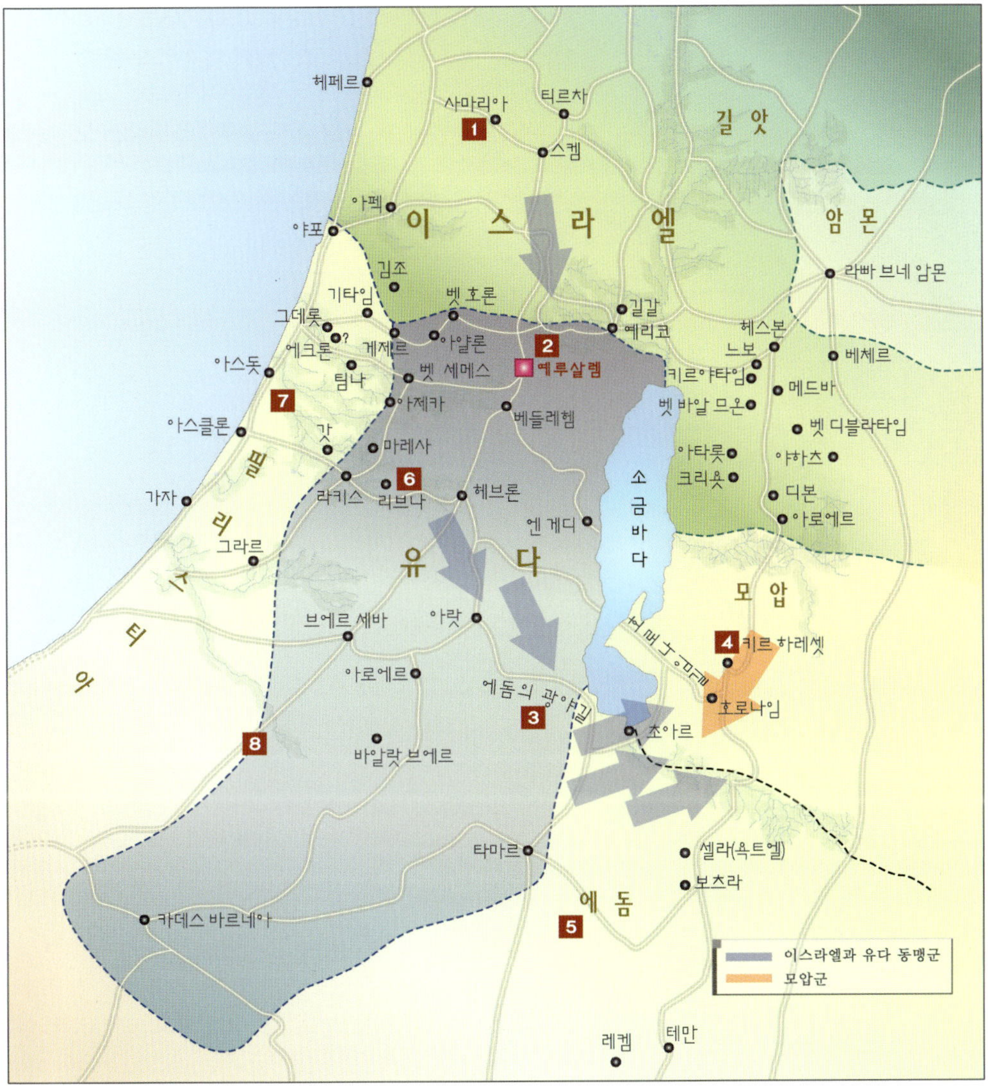

1 2열왕 3,5–6: 사마리아 – 이스라엘 임금으로 즉위한 요람은 반란을 일으킨 모압 임금을 치러 사마리아에서 유다 임금 여호사팟과 함께 출정하였다.

2 1열왕 22,42.45: 예루살렘 – 여호사팟은 서른다섯 살에 임금이 되어, 예루살렘에서 스물다섯 해 동안 다스렸고, 이스라엘 임금과 화평을 맺었다.

3 2열왕 3,8: 에돔 광야 길 – 유다 임금이 "어느 길로 올라가는 것이 좋겠습니까?" 하고 묻자, 요람 임금이 "에돔의 광야 길로 올라갑시다!" 하고 대답하였다.

4 3,24–25: 키르 하레셋 – 모압인들이 이스라엘 진영에 이르자, 이스라엘군이 일어나서 모압인들을 쳤다. 그리하여 마침내 키르 하레셋에 돌담만 남게 되었는데, 그곳마저 투석병들이 포위하고 공격하였다.

5 2역대 21,8: 에돔

6 21,10: 리브나

7 8 21,16–17: 필리스티아인, 아라비아인

지도 81 | 2열왕 8,12; 10,32 – 13,25; 2역대 24,23 – 24; 아모 1,3 아람의 패권

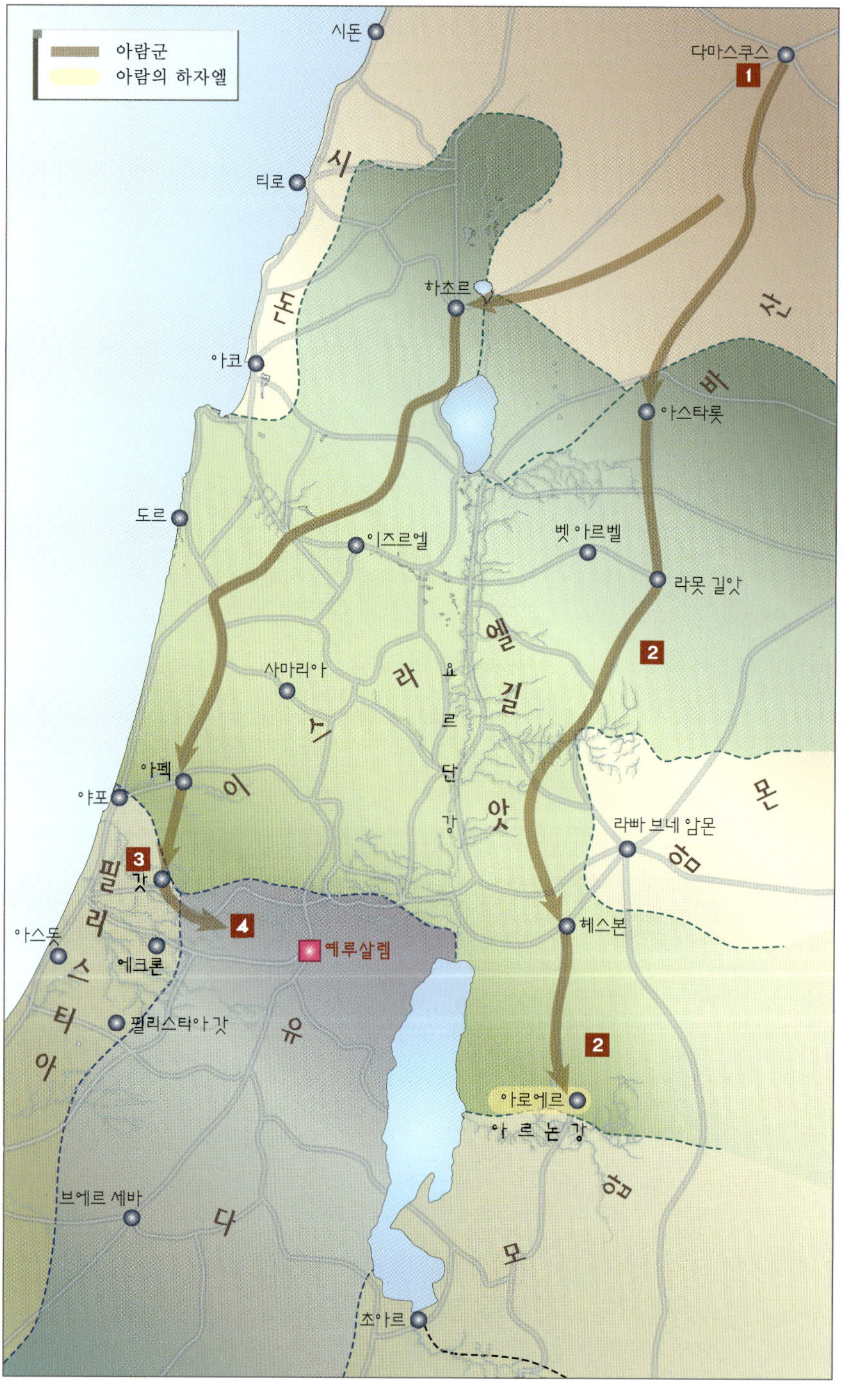

참조: 《전정판 역사서 1》, 208–209쪽.

아모 1,3: 주님께서 이렇게 말씀하신다. "다마스쿠스의 세 가지 죄 때문에, 네 가지 죄 때문에 나는 철회하지 않으리라. 그들이 타작기로 길앗 사람들을 짓뭉갰기 때문이다."

2열왕 8,12; 10,32–33; 12,18–19; 13,3.7.22–25; 2역대 24,23–24; 아모 1,3

1 2열왕 10,32: 하자엘이 이스라엘의 온 영토

2 10,33: 아로에르에서 길앗과 바산에 이르는 지역 공격

3 10,33: 요르단 강 동쪽 공격

4 12,18.19: 예루살렘으로 방향 돌림

지도 82 | 2열왕 15,29; 1역대 5,6.26 티글랏 필에세르의 이스라엘 침공

티글랏 필에세르의 포로 명단	
성읍명	포로 수
–	625
한나톤	–
카나	650
욧바타	–
이욘	650
아루마	–
메롬	–

티글랏 필에세르 3세

참조: 《전정판 역사서 1》, 209쪽.

1역대 5,6: 바알의 아들은 브에라이다. 이 브에라가 아시리아 임금 티글랏 필에세르에게 사로잡혀 간 르우벤인들의 수장이다.

1 2열왕 15,29: 이욘, 아벨 벳 마아카, 야노아, 케데스, 하초르, 길앗, 갈릴래아와 납탈리

2 게제르, 가자, 이집트 마른내, 시나이 북쪽으로 진군

3 켈라의 아시리아 부조에 아스타롯 주민의 유배 모습 나옴

티글랏 필에세르

아시리아 영토를 마지막으로 최대한 팽창시켰다. 시리아·팔레스티나를 복속시켰고, 기원전 729(또는 728)년에 아시리아와 바빌로니아 왕국을 합병했다.

티글랏 필에세르는 큰 주들을 세분하여 영토의 통치권을 재정비했다. 본토 외곽 지역에는 임금을 보좌하고 직접 관계하는 아시리아인 관리를 지역 통치자로 임명하였다. 기원전 738년경 이러한 주가 80개 있었다. 티글랏 필에세르는 먼저 동쪽으로 자무아(지금의 술라이마니야)를 공격한 뒤 다시 북쪽의 메디아를 공격했다.

이어 우라르투의 왕 사르두리 2세 및 그와 동맹한 신新히타이트족과 아람족을 공격하여 기원전 743년 그들을 물리쳤다. 기원전 741년의 승리는 성경(이사 37,13)에 언급될 정도로 광범위한 것이었으며, 아르팟에 있는 그에게 다마스커스, 티로, 킬리키아, 그리고 다른 도시와 지역들이 조공을 바쳤다. 이스라엘의 통치자 므나헴은 죽기 전에 이스라엘의 남자들에게서 1인당 당시 니네베의 노예 1명 가격에 해당하는 양을 거두어 모은 은 1,000 탈렌트를 보냈다(2열왕 15,19–22). 티글랏 필에세르는 시리아와 팔레스티나에서 벌어진 사건들을 처리할 때 뛰어난 수완을 보여 주었다. 그는 동떨어져 있는 한 군사령부에서 출발하여 다마스쿠스 반란 주모자는 그대로 두고 먼저 해안 도시를 대부분 장악한 후 이집트로부터 레바논의 목재 공급을 차단시키고 아스클론과 가자에 군대를 파견했다. 기원전 734년 이집트와의 국경을 봉쇄했다. 이스라엘과 함께 아시리아의 속국인 유다의 아하즈를 공격했던 암몬·에돔·모압의 부족들은 이제 조공을 바쳐야 했다.

그뒤 2년 동안 티글랏 필에세르는 조직적으로 다마스쿠스의 세력을 무너뜨렸다. 이스라엘의 경우 페카를 암살하고 친아시리아 봉신 호세아(2열왕 15,29–30과 비교)를 대신 임명함으로써 그곳을 지배하게 되었다. 또한 이스라엘에서 갈릴래아를 빼앗아 인접 주의 일부로 편입시켰다. 기원전 729–728년 티글랏 필에세르는 바빌론의 왕위를 넘겨 받고(2열왕 15,19; 1역대 5,26) 풀(바빌론어인 듯함)이라는 그의 본명을 사용하였는데, 이는 그의 통치기의 절정을 장식하는 데 적절하였다. 그뒤 얼마 되지 않아 죽었는데, 그때부터 아시리아는 쇠퇴의 길에 들어섰다(참조 "티글랏 필에세르 3세" 한국 브리태니커 온라인).

지도 83 | 2열왕 16,1–20 아시리아 제국

티글랏 필에세르의 승리

기원전 9-7세기 아시리아 왕국의 팽창		
살만에세르 3세	기원전 858-824 재위	남부와 동부 지역으로도 원정했지만, 주로 시리아 북부를 점령하는 데 힘을 쏟았다.
티글랏 필에세르 3세	기원전 746-727 재위	시리아·팔레스티나를 복속시켰고(기원전 729 또는 728) 아시리아와 바빌로니아 왕국을 합병했다.
에사르 하똔	기원전 680-669 재위	킬리키아와 타발을 잃었지만, 이집트의 멤피스를 점령하고 이집트 임금 타하르카를 패주시킬 수 있었다.
아수르바니팔	기원전 668-627경 재위	통치 초기에 페르시아 만에서 킬리키아·시리아·이집트에 이르는 제국의 정력적인 군주였다.

지도 84 | 2열왕 17,3–6; 이사 20,1 살만에세르와 사르곤의 이스라엘 침공

기원전 724–712

아시리아의 사르곤 왕조 4대	
사르곤 2세	기원전 721–705 재위
산헤립	기원전 704–681 재위
에사르 하똔	기원전 680–669 재위
아수르바니팔	기원전 668–627 재위

1 살만에세르 5세(기원전 726–722 재위)

2열왕 17,3: 호세아 임금은 아시리아 임금 살만에세르가 자기를 치러 올라오자, 그의 신하가 되어 조공을 바쳤다. 17,4: 그러나 아시리아 임금은 호세아의 모반을 알아차렸다. 호세아가 이집트 임금 소에게 사신들을 보내고, 아시리아 임금에게 해마다 바치던 조공을 바치지 않았던 것이다(기원전 725/724).

17,6: 마침내 호세아 제구년에 아시리아 임금은 사마리아를 함락하고, 이스라엘 사람들을 아시리아로 끌고 가서…[* 이 사건이 벌어진 때는 기원전 722년이며 곧 이어 사르곤 2세가 아시리아 임금으로 즉위하였다.].

2 이사 20,1: 아시리아 임금 사르곤이 파견한 총사령관이 아스돗으로 진군해 와서, 아스돗을 공격하여 그곳을 점령하던 해의 일이다.

사르곤 2세 왕궁 부조: 사르곤 2세는 하맛의 통치자가 사마리아에 남은 이들의 지원을 받아 일으킨 레반트의 반란을 진압해야 했다(기원전 720). 그 후 이집트와 대적하고자 남쪽으로 진군하는 길에서 필리스티아 마을 기브톤과 에크론을 확보하였다.

3 민란으로 정권을 잡은 아스돗의 임금 야마니(기원전 712)의 반란. 유다, 에돔, 모압도 이때 개입한 것 같으나 사르곤이 도착했을 때 서둘러 조공을 바쳤을 것이다. 유다 임금 히즈키야도 이사야로부터 가담하지 말라는 경고를 받았다(이사 20장). 갓과 아스돗이 정복되었다.

4 사르곤의 가자와 라피아 원정(기원전 720): 이집트 장군 루는 패주하고 가자 임금 하눈이 사로잡혔다.

– 4년 뒤(기원전 716) 사르곤 2세는 북부 아라비아인들에 대항하여 출동을 지휘했다. 그들을 물리친 뒤 조공을 바치게 하고 그는 이집트 마른내에 있는 이집트 국경까지 행진했다. 사르곤이 아라비아와 필리스티아를 잇는 무역로를 장악한 것을 알게 된 이집트 임금 오르소콘 4세는 선물을 넉넉히 보냈다. '봉쇄된 이집트 항구' 라반은 무역과 상업 중심지로서 새로 문을 열었다.

산헤립: 사르곤 2세의 아들로 니네베를 도읍으로 정한 후 새 궁궐을 건축하고 도시를 확장하여 아름답게 꾸몄으며, 지금까지 남아 있는 성의 외벽과 내벽을 세웠다.

사르곤 2세: 그는 아버지 티글랏 필에세르 3세가 정복한 땅의 내실을 강화했다. 사르곤은 '정통 왕'이란 뜻의 칭호인 아시리아어 샤루킨(Sharru-kin)을 히브리어로 번역한 것이다(이사 20,1). 그는 선왕 살만에세르 5세의 동생으로 제국의 지배 체제를 개선하였다. 그는 3가지 지역 문제에 직면했다. 1) 바빌로니아 남쪽의 칼데아인과 아람족 통치 2) 아르메니아 고지대의 우라르투 왕국 3) 시리아와 팔레스티나에 관한 문제이다. 이 지역들은 거의 대부분 티글랏 필에세르 3세가 개척한 정복지였다. 사르곤은 이 정복지들을 확장하여 아시리아 제국의 국가신인 아수르 신의 권능을 증명하고자 했다.

에사르 하똔: 아시리아어로 Ashur-Aha-Iddina ('아수르가 나에게 형제를 주었다'는 뜻). 산헤립은 둘째 아들인 그를 왕위 계승자로 지목하였고 기원전 689년 침략한 바빌론 시의 총독으로 임명했다. 기원전 681년 산헤립이 아들들에게 암살당하였다. 서쪽에서 진군해 온 에사르 하똔은 반란군을 진압하고 니네베까지 진격하여 아무런 반대도 없이 왕위에 올랐다. 그동안 남부 바빌로니아에서는 칼데아족 지도자가 이 반란을 이용하여 우르에 있던 아시리아 총독을 공격했다. 이 부족장을 진압하기 위해 에사르 하똔이 군대를 파견하자 그는 북동쪽 엘람으로 달아났으나 엘람의 새 왕은 즉시 그를 처형시켰다. 한편 이 반란자의 형제는 아시리아로 달아나 에사르 하똔에게 항복했으며, 에사르 하똔은 그를 이미 죽은 그의 형제가 다스리던 지방의 통치자로 임명했다. 아시리아 역사에서는 보기 드문 이런 관대한 처사에 그는 에사르 하똔 통치 기간 내내 충성을 바쳤다. 에사르 하똔은 산헤립 통치 때보다 북아시리아에 특별한 혜택을 부여하고 관대하게 다스렸다.

지도 85 | 2열왕 17,6 – 31; 1역대 5,26 아시리아 유배

2열왕 17,6.24.30–31; 1역대 5,26

1 2열왕 17,6: 호세아 제구년에 아시리아 임금은 사마리아를 함락하고 이스라엘 사람들을 아시리아 하라, 고잔 강 가 하보르(성경에는 '고잔 강 가의 하보르'로 나와 있으나 실제 지리로 보면 '하보르 강 가의 고잔'으로 표기되어야 한다), 메디아의 성읍들에 이주시켰다.

2 1역대 5,26: 이스라엘 하느님께서는 아시리아 임금 풀과 티글랏 필에세르의 마음을 부추기셔서 르우벤인, 가드인, 므나쎄 반쪽 지파를 유배 보내 할라, 하보르, 하라 그리고 고잔 강으로 데려가게 하셨다. 그들은 오늘날까지 거기에서 살고 있다.

3 2열왕 17,24: 아시리아 임금은 바빌론, 쿠타, 아와, 하맛, 스파르와임에서 사람들을 데려다가, 이스라엘 자손들 대신 사마리아 성읍에 살게 하였다.

지도 86 | 2열왕 17,1-6; 18,9-12 사르곤 2세 시대의 아시리아 관구

참조: 《전정판 역사서 1》, 210–211쪽.

17,1–6과 18,9–12 비교: 두 번 소개된 사마리아 함락 이야기

아시리아 임금 사르곤 2세
(기원전 721–705 재위)

탈렌트

2열왕 15,19: 므나헴은 아시리아 임금 풀에게 은 천 탈렌트를 주었다. 18,14: 히즈키야에게 은 삼백 탈렌트와 금 서른 탈렌트를 요구하였다. 23,33: 파라오 느코가 은 백 탈렌트와 금 한 탈렌트를 배상금으로 바치게 하였다.

히브리의 무게 단위는 미나·탈렌트(기본 단위)·세켈 간의 관계로 이해할 수 있다. 1미나(sacred mina)는 60세켈이고, 1탈렌트는 3,000세켈 즉 50미나이다. 반면에 탈무드에서 미나(Talmudian mina)는 25세켈이고 탈렌트는 1,500세켈 곧 60탈무드 미나에 해당한다. 히브리의 도량형 체계는 고체와 액체의 부피 측정 사이의 밀접한 관계로 유명하다.

세켈(shekel)과 가장 오래된 무게 단위인 미나(mina)는 모두 바빌로니아에서 유래하였다. 1미나는 어떤 형태에서는 약 640g이고 다른 형태에서는 약 978g이다. 바빌로니아의 도량형이 서남아시아의 도처에 전해지며 널리 사용되었다. 히타이트·아시리아·페니키아·히브리의 도량형 체계는 일반적으로 바빌로니아와 이집트의 체계에서 유래했다(참조: "고대 지중해의 도량형" 한국 브리태니커 온라인).

지도 87 | 2열왕 18,9 - 19,37; 이사 10,27ㄷ - 32; 미카 1,8 - 16; 2역대 32,1 - 23 히즈키야 때 산헤립 침공

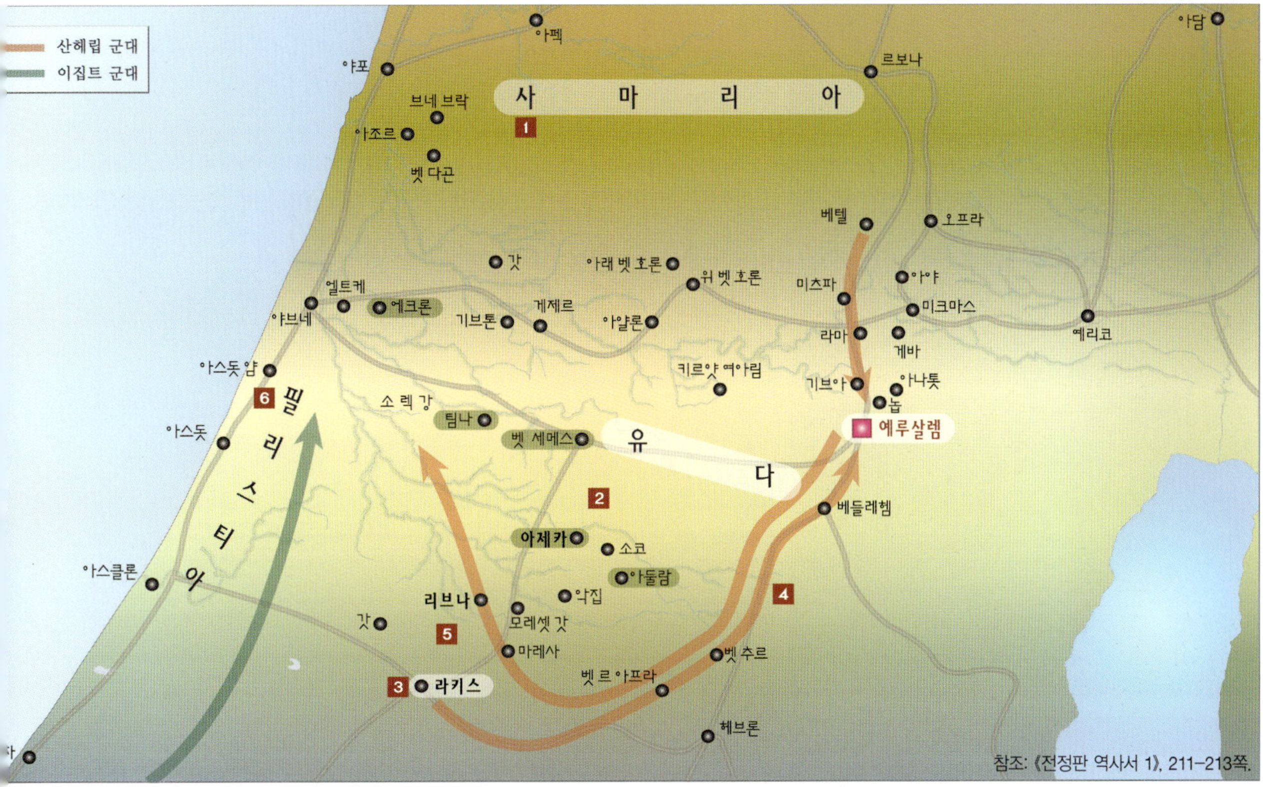

라키스

2열왕 19,16: "주님, 귀를 기울여 들어 주십시오. 주님, 눈을 뜨고 보아 주십시오. 살아 계신 하느님을 조롱하려고 산헤립이 보낸 이 말을 들어 보십시오."

기원전 701

900 800 700 600 500 400 300 200 100 0 100

1 2열왕 18,9: 아시리아 임금 살만에세르가 사마리아를 함락시켰다.

2 18,13: 산헤립이 유다의 모든 요새 성읍을 점령하였다.

3 18,14: 유다 임금 히즈키야가 라키스의 아시리아 임금에게 사절을 보내자 그는 조공을 요구했다.

4 18,17: 아시리아 임금은 라키스에서 많은 병력을 보내어 예루살렘 '마전장이 밭'으로 가는 길가 윗저수지의 수로에 주둔하게 하였다.

5 19,8: 랍 사케는 돌아가서 리브나를 공격하는 아시리아 임금을 만났다.
미카 1,15: 마레사의 주민들아, 이스라엘의 영광이 아둘람까지 달아나리라.

6 19,9: 아시리아 임금은 에티오피아 임금이 출정했다는 말을 들었다.

가나안 시대 터널

실로암 비문

워렌 샤프트

실로암 못 위치

히즈키야 터널

히즈키야는 아시리아의 지배에서 벗어나기 위해 전쟁에 대비한다. 수량이 풍부한 기혼 샘이 성 밖에 있어서 물을 안으로 끌어들이기 위해 바위를 뚫어 수로를 파고자 했다. 이전에 여부스족이 살 때 파놓았던 가나안 수로도 있었다: "누구든지 여부스족을 치려는 자는 지하 수로로 올라가"(2사무 5,8). 이 수로는 기원전 18-15세기의 것으로 다윗이 예루살렘을 점령할 때 잠입해 들어간 지하 수로이다. 고고학자 찰스 워렌Charles Waren이 자연 석회암 수직 갱도가 13m 깊이에 다다르는 것을 발견했기에, 이 수직 갱도를 '워렌 샤프트'라고 부른다. 히즈키야가 판 히즈키야 수로는 전체 길이가 533m이다. 이 수로를 파들어 간 석공들의 공사 기록이 남아 있는 것이 실로암 비문인데, 터널 양쪽에서 파들어 가며 만난 지점에 대해 기록한 것이다. 터널 남쪽 입구 부분에서 발견되었으며, 원본은 이스탄불 고고학 박물관에 있다.

히즈키야 터널을 통과하여 들어가 나오는 실로암 못은 비잔틴 시대의 것이다. 성경에 나타나는 실로암 못은 제2성전 시대의 실로암 못으로 최근에 발굴되었다. 제2성전 시대에 1년에 세 번 예루살렘을 찾는 순례자들은 전례용 욕실(미크베 mikveh)로 이 못을 사용하였다.

히즈키야 인장

히즈키야 터널

히즈키야 터널 내부

히즈키야 터널 수위

지도 88 | 2열왕 22,1–23,30; 2역대 34–35장 요시야 왕국

2열왕 22,1–23,30;
2역대 34–35장

1 2열왕 23,2: 요시야 임금은 주님의 집에서 발견된 계약 책의 모든 말씀을 큰 소리로 읽어 모든 백성에게 들려주다.
23,3: 기둥 곁에 서서 주님 앞에서 계약을 맺다.

2 23,8: 유다 성읍, 게바에서 브에르 세바에 이르기까지의 산당들을 부정한 곳으로 만들다.

3 23,15: 베텔의 제단과 산당을 허물고 아세라 목상을 태우다.

4 23,19: 사마리아의 산당들도 없애다.

5 23,29: 이집트가 아시리아를 도우려고 유프라테스 강을 향하여 올라갔다. 요시야 임금이 그와 맞서 싸우러 나가 므기또에서 전사했다.

가나안 우상(요시야 개혁)

요시야 시대 요새에서 발견된 히브리어 명문

[나의 주인님, 나리, 당신 종의 말에 귀를 기울여 주십시오. 당신 종은 추수꾼입니다 … 그리고 안식일 전에 늘 하듯이 추수하고 계량하고 저장했습니다 … 그런데 제가 제 수확물을 계량한 뒤에 쇼바이의 아들 호샤야후가 와서 당신 종의 겉옷을 가져갔습니다…]

– 메사드 하샤브야후의 히브리어 편지에서 –

지도 89 | 2열왕 23,29-35 파라오 느코의 북상

참조: 《전정판 역사서 1》, 214쪽.

2열왕 23,29-35; **2역대** 35,20-24; **예레** 47,2

1 2열왕 23,29: 기원전 606-605년에 벌어진 바빌로니아와 이집트의 카르크미스 전투

2 23,29: 요시야 임금이 맞서 싸우러 나갔다.

3 23,29: 므기또에서 요시야 임금이 전사하였다.

4 23,31.33: 여호아하즈 임금은 하맛 지방 리블라에 감금되었다.

파라오 느코 2세(Necho II): 이집트 제26 왕조의 임금(기원전 610-595 재위).

신바빌로니아에 대항하는 아시리아를 지원하려 했으나 실패했고 뒤에는 아프리카 일주 탐험대를 보내기도 했다.

아시리아 제국이 메소포타미아 주도권을 바빌로니아에게 빼앗기자 그는 위협을 느껴 지중해와 홍해에 함대를 만들도록 지시하고 기원전 608년 공격을 받고 있는 아시리아 군을 돕기 위해 시리아 공격을 감행했다. 신바빌로니아와 동맹을 맺은 유다 임금 요시야를 므기또 전투에서 살해하고 요시야가 선정한 후계자 대신 자신이 후계자를 임명하고 유다에 조공을 강요했다. 기원전 606년 이집트인들은 신바빌로니아를 공격했으나 기원전 605년 카르크미스(유프라테스 강 중류에 있는 시리아 도시) 전투에서 신바빌로니아의 왕자 네부카드네자르에게 참패하고 시리아와 팔레스티나에서 철수했다. 기원전 601년에는 이집트 자체까지 위협을 받았으나 적을 물리치고 시리아와 팔레스티나에 있던 반反바빌로니아 세력의 연합을 계속 후원했다.

지도 90 | 2열왕 23,29; 즈카 10,11 아시리아 제국의 쇠락

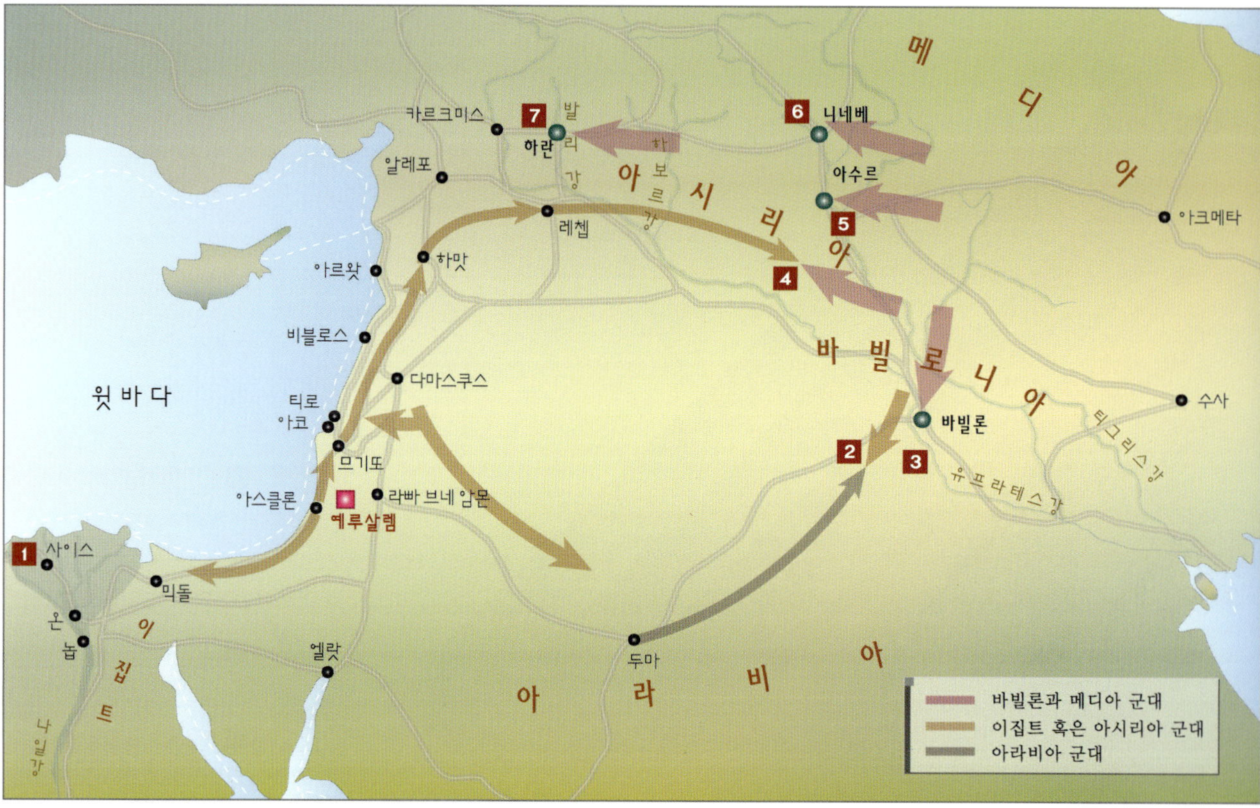

참조: 《전정판 역사서 1》, 215쪽.

아시리아 제국이 멸망에 이르는 일련의 사건들

1 기원전 655년 프삼메티코스 I세(프삼티크 1세: 기원전 664–610 재위) 이 집트 통일.

2 650년 아라비아 군대가 아시리아에게 패하다.

3 648년 아수르바니팔이 바빌론을 정복했으나 626년 칼데아인 나보폴라사르가 바빌론을 해방하다.

4 616년 아시리아와 이집트 군대가 메디아와 바빌로니아에게 패하다.

5 614년 메디아의 임금 키악사레스가 아수르를 점령하다.

6 612년 메디아와 바빌로니아 군대가 니네베를 정복하다.

7 610년 바빌로니아와 동맹국이 하란을 점령하여 아시리아를 멸망시키다.

므기또 산당

지도 91 | 2열왕 24,1-25,21; 예레 34,7; 37,5-8; 39,5 네부카드네자르의 침공

네부카드네자르(Nebuchadnezzar II), 신바빌로니아(칼데아 제국)의 임금(기원전 605-562 재위).

칼데아 왕조에서 가장 위대한 임금으로 뛰어난 군대를 거느렸으며, 수도 바빌론을 화려하게 꾸미고 역사상 큰 영향을 미쳤다. 신바빌로니아 제국을 세운 나보폴라사르의 큰아들이자 후계자였다.

네부카드네자르의 마지막 유다 침공

2열왕 24,7: 그때에 바빌론 임금이 '이집트 마른 내'에서 유프라테스 강까지, 이집트 임금에게 속한 땅을 모두 점령하였으므로, 이집트 임금이 다시는 자기 영토 밖으로 나오지 못하였다.

참조: 《전정판 역사서 1》, 216-217쪽.

기원전 610년경 군사령관으로 역사에 처음 나타나 기원전 607–606년 왕위 계승자로서 아버지와 함께 아시리아 북쪽 고지에서 군대를 지휘했고, 나보폴라사르가 바빌론에 돌아간 다음에는 독자적으로 작전을 수행했다. 기원전 606–605년 총지휘관이 되어서 뛰어난 지도력을 보였고, 카르크미스와 하맛 전투에서 이집트군을 쳐부수고 시리아 전역의 통수권을 확보했다. 기원전 605년 왕위에 올랐다. 기원전 604년 6–12월 시리아·팔레스티나 원정을 하면서 유다를 포함한 변경에 있는 여러 소국으로부터 항복을 받아냈고, 아스클론 도성을 점령했다. 팔레스티나 지방에 있는 영토를 더 넓히기 위해 그리스 용병을 고용하여 그 뒤에도 3년간 전쟁을 계속했지만, 마지막 전투에서(기원전 601, 600) 이집트군에게 크게 졌다. 이 때문에 유다를 포함한 몇몇 예속국이 그의 지배에서 벗어났다. 또한 기원전 600, 599년에는 전투를 중단하고 부서진 전차를 수리하며 바빌로니아에 머물렀다. 기원전 599, 598년 말경(12–3월) 지배권을 되찾기 위해 북서부 아라비아에 사는 아랍족을 공격하고 유다 점령을 준비했다. 1년 뒤 유다를 공격해 기원전 597년 3월 16일 예루살렘을 함락하고 여호야킨 임금을 바빌론으로 강제 호송했다. 기원전 596, 595년에 다시 시리아를 공격한 후 엘람(지금의 남서부 이란)의 침략으로 보이는 위협적인 공격을 바빌로니아 동부에서 물리쳤다. 기원전 595, 594년 말 군대가 연루된 반란이 일어나 바빌로니아에 긴장이 감돌았지만, 단호하게 평정하고 기원전 594년 시리아에서 전투를 지휘했다(참조. "네부카드네자르 2세" 한국 브리태니커 온라인).

기원전 597

900 800 700 600 500 400 300 200 100 0 100

1 2열왕 24,1.10–11: 여호야킴 시대에 바빌론 임금 네부카드네자르가 쳐 올라와서, 여호야킴은 세 해 동안 그의 신하가 되었다(기원전 599–597).

2 24,2: 주님께서는 당신의 종 예언자들을 통하여 하신 말씀대로, 유다를 멸망시키시려고 칼데아, 아람, 모압, 암몬 자손들의 약탈대를 여호야킴에게 보내셨다(기원전 599).

3 24,20; 25,1: 치드키야가 바빌론 임금 네부카드네자르에게 반역하자 그는 전군을 이끌고 예루살렘에 와서 진을 치고 사방으로 공격 축대를 쌓았다.

4 예레 37,5: 그 무렵 파라오의 군대가 이집트에서 출동하자, 예루살렘을 포위하고 있던 칼데아인들은 그 소식을 듣고 예루살렘에서 물러갔다.

예레 37,7–8: '너희를 도우러 출동한 파라오의 군대는 제 나라 이집트로 돌아갈 것이다. 그러면 칼데아인들은 다시 돌아와 이 도성을 공격하여 점령하고 불태울 것이다.'

5 예레 34,7: 그때에 바빌론 임금의 군대가 예루살렘과 유다의 남은 성읍을 모두 공격하고 있었는데, 유다에서 요새 성읍들 가운데 남은 성읍이라고는 라키스와 아제카뿐이었다 (유다 도처의 다른 마을들도 파괴되었다).

6 2열왕 25,4–5: 드디어 성벽이 뚫렸다. 그러자 군사들은 밤을 틈타서 임금의 정원 곁에 있는 두 성벽 사이 대문을 통하여 아라바 쪽으로 갔다.

예레 39,5: 칼데아 군대는, 예리코 벌판에서 치드키야를 사로잡아 하맛 땅 리블라에 있는 바빌론 임금 네부카드네자르에게 데려왔다.

지도 92 | 2열왕 24,13－25,21; 예레 52,28－30 바빌론 유배

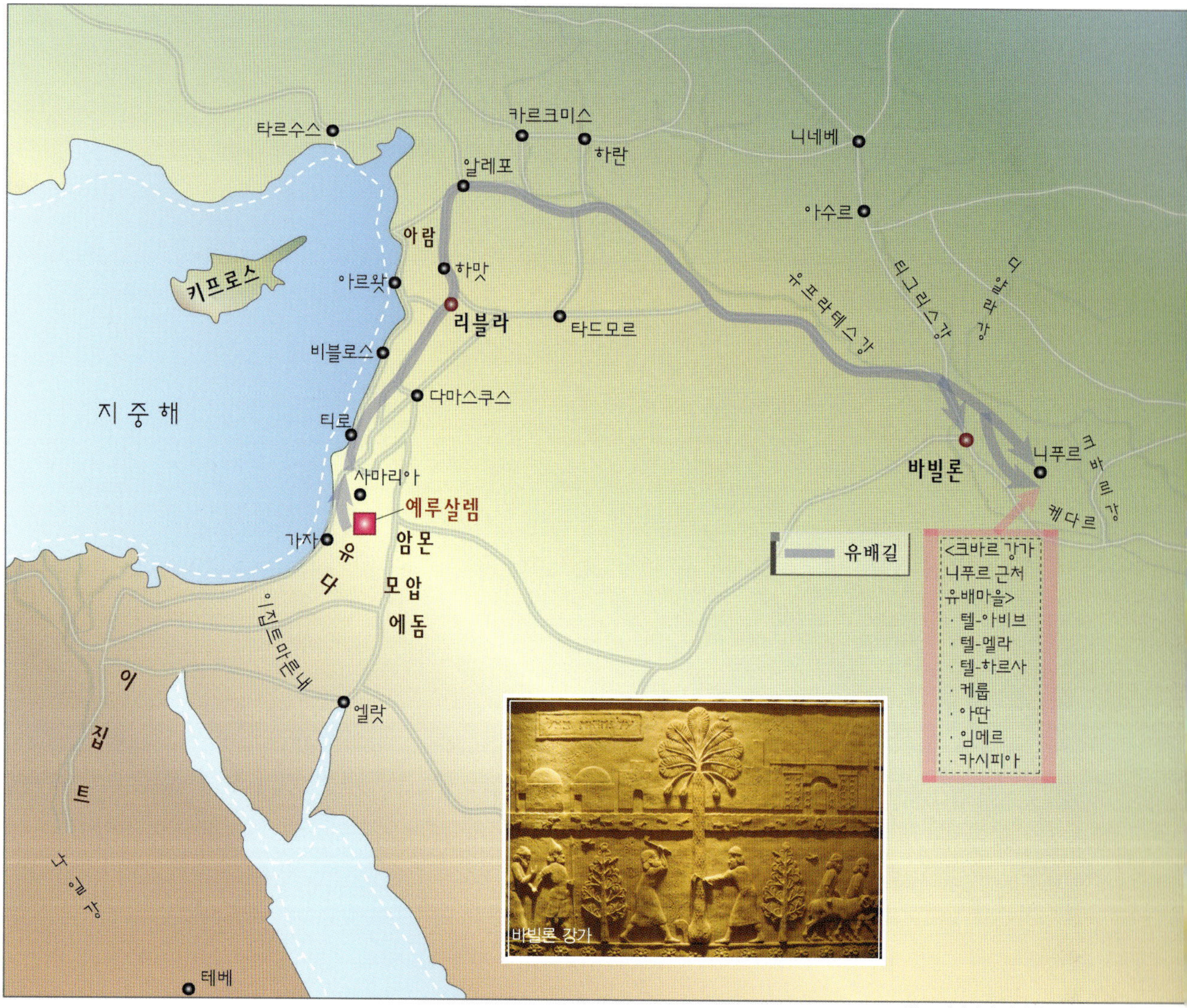

참조: 《전정판 역사서 1》, 217쪽.

열왕기 하권의 바빌론 유배 묘사

2열왕 24,13: 바빌론 유배 1차

주님께서 말씀하신 대로, 네부카드네자르는 주님의 집에 있는 모든 보물과 왕궁에 있는 모든 보물을 내가고, 이스라엘 임금 솔로몬이 주님의 집에 만들어 놓은 금 기물들을 모조리 떼어 냈다.

24,14: 또한 온 예루살렘 주민과 모든 대신과 모든 용사 등 포로 일만 명과 모든 장인들과 대장장이들을 끌고 갔다. 그리하여 나라 백성 가운데 가난한 이들 말고는 아무도 남지 않았다.

24,15: 네부카드네자르는 여호야킨과 그의 모후와 왕비들, 내시들과 나라의 고관들을 함께 바빌론으로 끌고 갔다.

24,16: 바빌론 임금은 또 훌륭한 사람 칠천 명과 장인과 대장장이 천 명 등, 전투할 수 있는 건장한 모든 사람을 바빌론으로 데려갔다.

지도 93 | 2열왕 25,25－26; 예레 43,7－44,30 이집트 피신

1 2열왕 25,25: 미츠파
2 예레 43,7: 타흐판헤스
3 44,1: 멤피스, 파트로스 지방

2열왕 25,11: 바빌론 유배 2차

느부자르아단 친위대장은 또 도성에 남아 있던 나머지 백성과 바빌론 임금에게 넘어간 자들, 그리고 그 밖의 남은 무리를 끌고 갔다.

예레미야서의 바빌론 유배 묘사

예레 52,28–30: 네부카드네자르가 유배시킨 백성은 제칠년에 삼천이십삼 명이었고, 제십팔년에 팔백삼십이 명, 제이십삼년에는 느부자르아단 친위대장이 유다인 칠백사십오 명을 포로로 잡아, 모두 사천육백 명이 포로로 잡혀 갔다.

바빌론 유배

기원전 586

900 800 700 600 500 400 300 200 100 0 100

2열왕 25,25–26: 일곱째 달에, 왕족 출신 엘리사마의 손자이며 느탄야의 아들인 이스마엘이 부하 열 명과 함께 찾아와서, 그달야를 쳐 죽이고 그와 함께 미츠파에 있던 유다 사람들과 칼데아 사람들도 죽였다. 그러고 나서는 칼데아 사람들이 두려워, 낮은 자에서 높은 자에 이르기까지 모든 백성과 군대의 장수들이 일어나 이집트로 갔다.

이집트로 도망간 유다인들은 가나안 신 바알 츠폰을 섬기는 타파네스에 정착한 뒤 결국 용병으로 일하게 되었다. 검증된 그들의 거류지 중 하나가 옙(엘레판틴 섬)인데, 그곳에서 아람어로 쓰인 가족과 공동체의 기록들이 발견되었다.

지도 94 | 2역대 13,3-21; 16,1-6 남왕국과 북왕국의 경계 다툼

아비야 대 예로보암

1 2역대 13,4.13.17: 에프라임 산악 지방에 있는 츠마라임 산 위에서 대결

2 13,19: 아비야가 베텔과 거기에 딸린 마을들, 여사나와 거기에 딸린 마을들, 에프론과 거기에 딸린 마을을 점령했다.

3 아비야의 정복 이전 경계

4 아비야의 정복 이후 경계

지도 95 | 에즈 1,2 예루살렘으로 돌아옴

키루스 칙령: "페르시아 임금 키루스는 이렇게 선포한다. 주 하늘의 하느님께서 세상의 모든 나라를 나에게 주셨다. 그리고 유다의 예루살렘에 당신을 위한 집을 지을 임무를 나에게 맡기셨다"(에즈 1,2).

1 유배 지역

2 에즈 1,11: 1차 귀환, 기원전 538–515년경

3 에즈 7,7–9; 8,31: 바빌론에서 예루살렘으로

4 느헤 1,1: 수사 왕성에서 청함
2,7.9: 유프라테스 서부 지방을 거쳐 유다로

계약 갱신(에즈라기)

키루스 2세(Cyrus II)

페르시아 임금(기원전 590–530). 페르시아를 중심으로 에게해에서 인더스 강에 이르는 근동 지역을 포괄하는 아케메네스 제국을 창시하였다. 고대 페르시아 사람들에게 '백성의 아버지'로 불렸던 인자하고 이상적인 군주이며, 성경에서는 바빌론 유배를 간 이스라엘 백성을 귀환하도록 칙령을 선포하였고, 이사야서에서는 '주님의 기름부음받은이'로 선포되었다(이사 45,1).

유배와 귀환

키루스 칙령이 새겨진 키루스 원통

지도 96 | 에즈 2,1-70; 느헤 7,6-72 유배 이후 귀환자 정착지

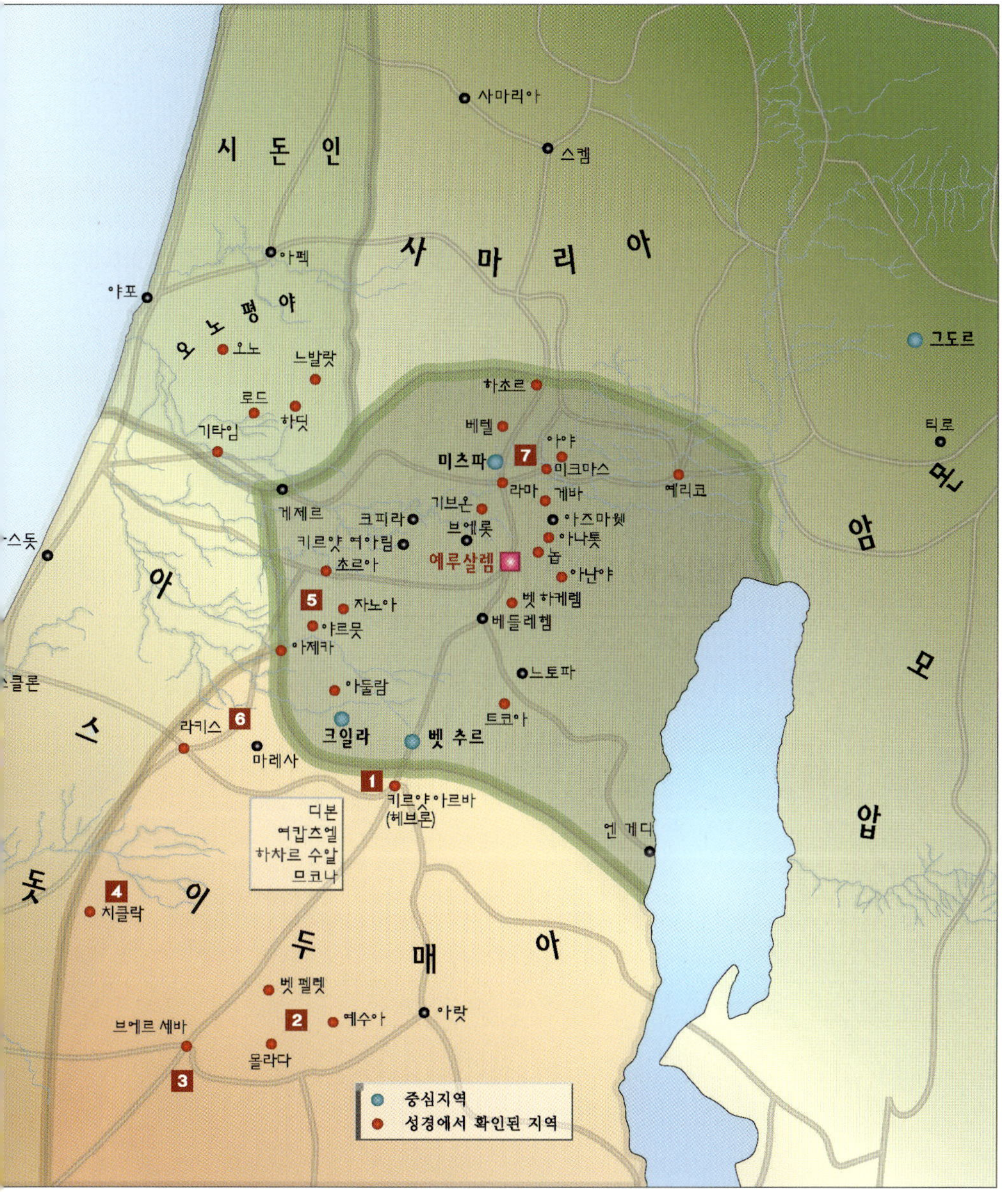

에즈 2,1: 바빌론 임금 네부카드네자르가 바빌론으로 사로잡아 간 유배자들 가운데 포로살이를 마치고 고향으로 올라온 지방민은 이러하다. 이들은 예루살렘과 유다로, 곧 저마다 제 성읍으로 돌아온 이들이다.

2,70: 사제들과 레위인들과 백성 일부는 예루살렘에 자리를 잡았다. 성가대와 문지기들과 성전 막일꾼들은 저마다 제 성읍에, 그리고 모든 이스라엘 사람도 제 성읍에 자리를 잡았다.

느헤 11,1: 백성의 수령들은 예루살렘에 자리를 잡았다. 나머지 백성은 제비로 열 사람 가운데에서 하나를 뽑아 거룩한 도성 예루살렘에 자리를 잡게 하고, 아홉은 다른 성읍들에서 살게 하였다.

7,72: 사제들과 레위인들과 문지기들과 성가대와 백성 일부와 성전 막일꾼들, 그리고 모든 이스라엘 사람이 저마다 제 성읍에 자리를 잡았다. 일곱째 달이 되었다. 이스라엘 자손들은 저마다 제 성읍에 살고 있었다.

1 느헤 11,25: 키르얏 아르바와 거기에 딸린 마을들, 디본과 거기에 딸린 마을들, 여캅츠엘과 거기에 딸린 촌락들

2 11,26: 예수아, 몰라다, 벳 펠렛

3 11,27: 하차르 수알, 브에르 세바와 거기에 딸린 마을들

4 11,28: 치클락, 므코나와 거기에 딸린 마을들

5 11,29: 엔 림몬, 초르아, 야르뭇

6 11,30: 자노아, 아둘람과 거기에 딸린 촌락들, 라키스와 거기에 딸린 들판, 아제카와 거기에 딸린 마을들

7 11,31: 게바, 미크마스, 아야, 베텔과 거기에 딸린 마을들

그림 6 | 에즈 3,1 – 10,17; 느헤 2,1 – 12,43 유배 이후 시기 예루살렘

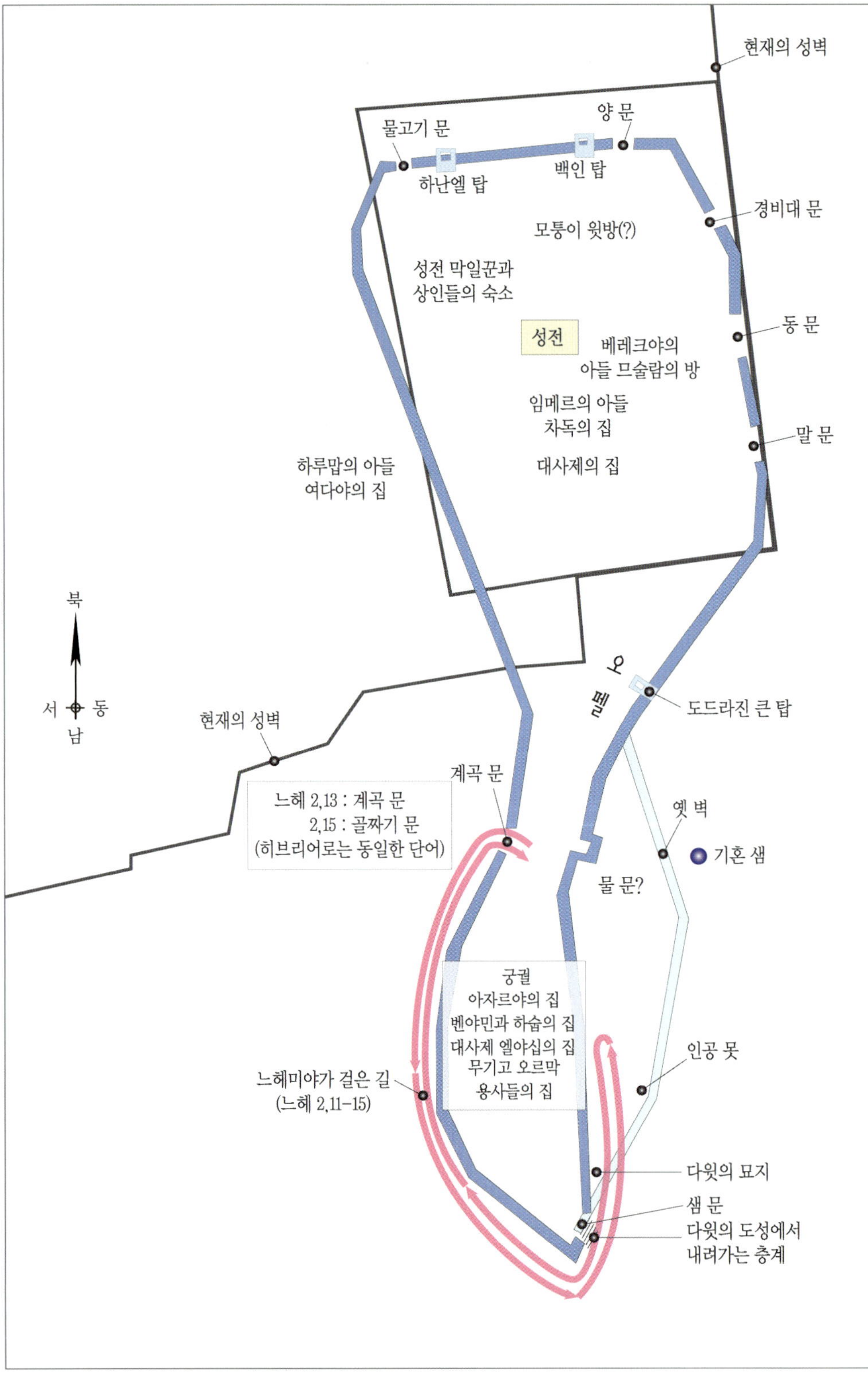

느헤 3,1; 느헤미야가 성벽을 묘사한 12,39에서 제1성전 시대 말에 이미 북쪽에 탑이 있었다는 사실을 알 수 있다. 하난엘 탑, 백인 탑은 존재했었으나 아마도 기원전 587년 바빌론에 의해 파괴되었을 것이다.

예레 31,38에 '하난엘 탑'과 '모퉁이 성문'이 언급된다. 또 즈카 14,10에도 '하난엘 탑'에서 '왕실 포도 확'까지가 언급된다. 이 하난엘 탑 자리에는 후대에 바리스(Baris)가 들어섰다고 본다.

그림 7 | 느헤 2,17–6,19 느헤미야기: 성벽 복구 작업

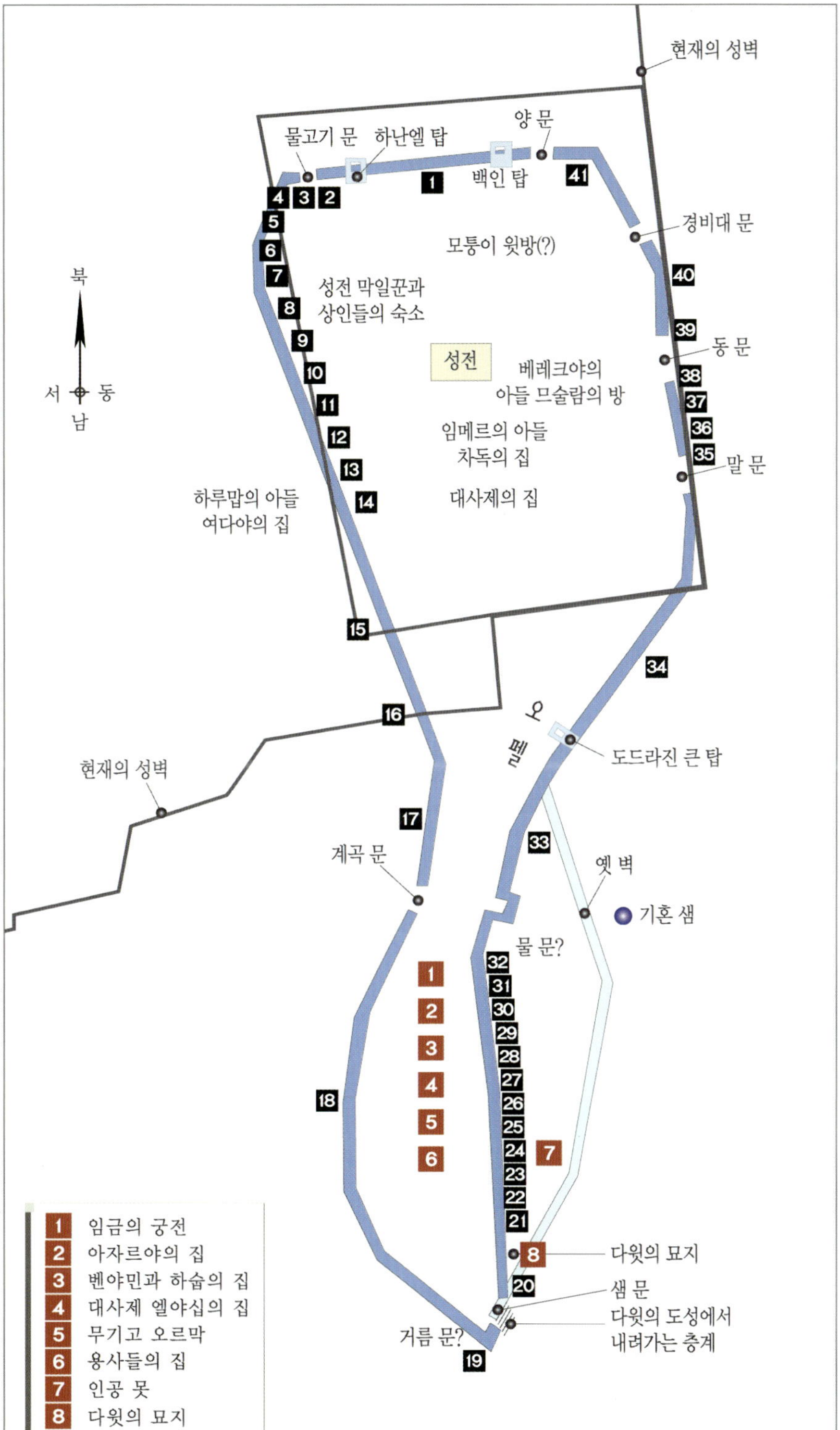

참조: 《전정판 역사서 2》, 104쪽.

그림 8 | 느헤 12,27 – 43 예루살렘 성벽 봉헌식 행진

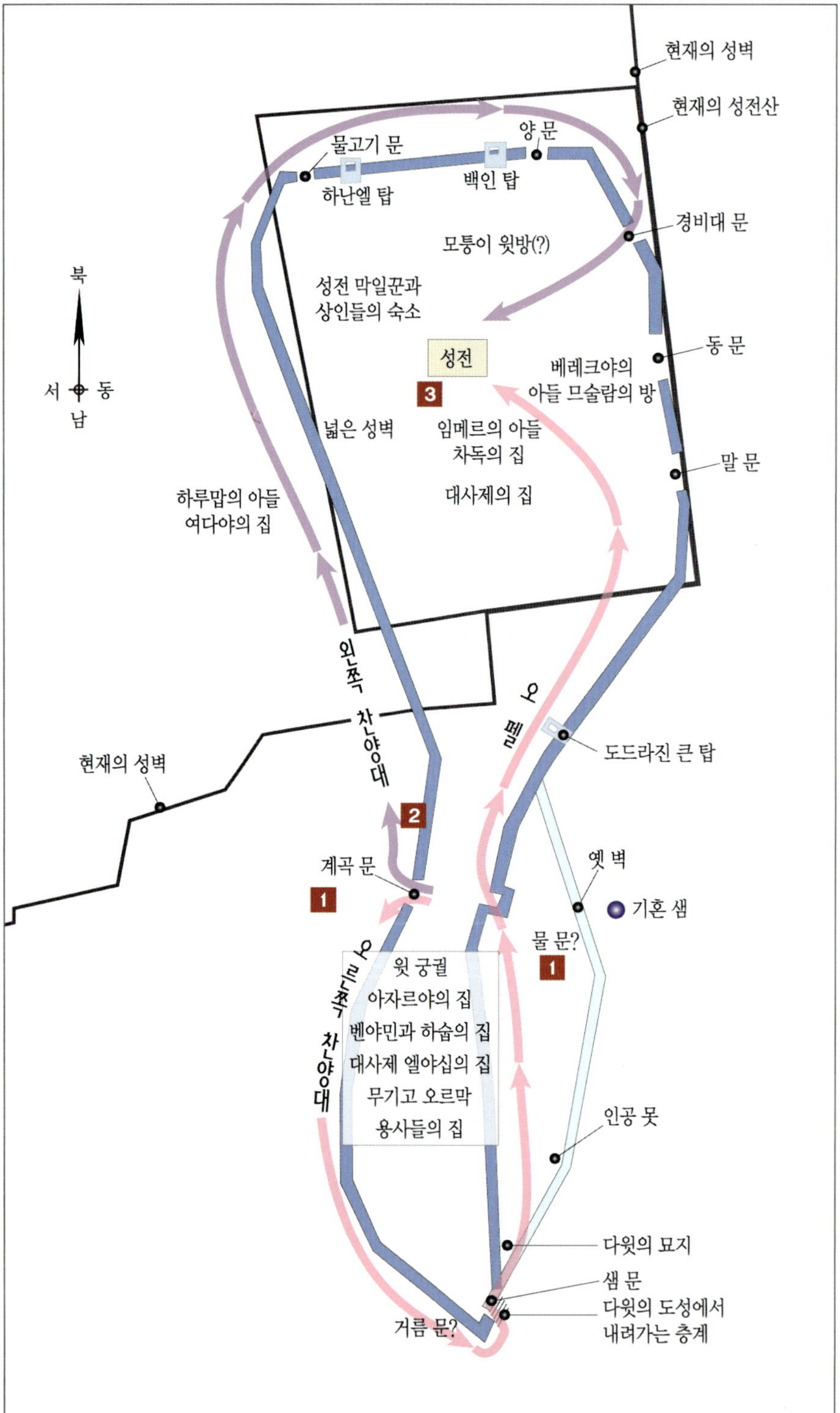

참조: 《전정판 역사서 2》, 105쪽.

▶ 지도 97

1 기원전 525: 캄비세스가 가자에서 아라비아 임금의 도움으로 이집트를 침공하다.

2 450: 시돈의 에시무나제르가 사론 평야의 주요 곡물 생산지인 도르와 야포를 받다.

3 448–447: 총독 메가비주스가 반기를 들었다가, 이집트와 바빌론의 군대를 물리치고 은퇴하여 페르시아로 돌아간다.

4 401: 소 키루스는 형 아르타크세르크세스 2세에 대항하여 용병을 이끈다.

5 386: 살라미스의 에바고루스는 페니키아에 침입하여 티로를 점령한다.

6 345: 아르타크세르크세스 3세가 테네시의 반란을 물리치고 시돈을 파괴한다.

지도 97 | 유다주州

참조: 《전정판 역사서 2》, 98–99쪽.

에즈라기
느헤미야기
토빗기
유딧기
에스테르기
(지도 95–101)

아케메네스 왕조(기원전 648–330)

1. 키루스 1세(640–600?)
2. 캄비세스 1세(600–559?)
3. 키루스 2세(키루스 대제, 559–530)
4. 캄비세스 2세(529–522)
5. 스메르디스(= 바르디야) (522)
6. 다리우스 1세(다리우스 대제, 522–486)
7. 크세르크세스 1세(486–465)
8. 아르타크세르크세스 1세 롱기마누스 (465–424)
9. 크세르크세스 2세(424)
10. 소그디아누스(424/423)
11. 다리우스 2세 노투스(423–405/4)
12. 아르타크세르크세스 2세 멤논(404–359)
13. 아르타크세르크세스 3세 오코스(359–338)
14. 아르타크세르크세스 4세 아르세스(338–336)
15. 다리우스 3세 코도만누스(336–330)

지도 98 | 바빌로니아와 메디아 제국

1 기원전 605: 네부카드네자르(기원전 605–562)가 카르크미스를 정복하다.

2 590–585: 메디아의 키악사레스(기원전 625–585)가 아르메니아와 카파도키아를 정복하다.

3 585–572: 네부카드네자르가 13년 동안 티로를 포위 공격하다.

4 568: 네부카드네자르가 이집트를 침입하다.

5 553–542: 나보니두스(기원전 556–539, 신바빌로니아의 마지막 임금)가 메디아로부터 하란을 취하고 (기원전 553), 신Sin의 신전을 건설하다(기원전 542).

6 552–542: 나보니두스는 아라비아에서 10년을 체류하며 야트립을 포함한 6개 오아시스에 수비대를 건설하다.

7 550: 페르시아의 키루스 2세(키루스 대왕)가 메디아의 아스티아게스를 이기다.

8 546: 키루스 2세가 리디아 임금 크로이소스를 이기다.

9 539: 키루스 2세가 신바빌로니아 왕국을 정복하다.

지도 99 | 페르시아 제국

참조: 《전정판 역사서 2》, 99–101쪽.

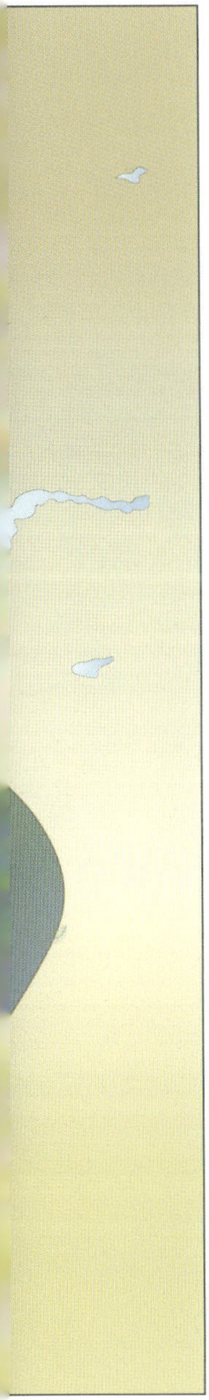

기원전 538-332

900 800 700 600 500 400 300 200 100 0 100

에스 1,1: 크세르크세스 시대의 일이다. 이 크세르크세스는 인도에서 에티오피아까지 이르는 백이십칠 개 주를 다스리고 있었다.

1 수사: 엘람의 수도였고 아케메네스 왕조의 다리우스 1세와 후계자들의 행정 중심지(기원전 522~3)였다. 현재 둔덕 4개로 이루어진 고고학 유적지로, 여기에서 아카드 임금인 마니슈투수의 오벨리스크와 그 후계자인 나람 신의 석비石碑 및 고바빌로니아의 함무라비 법전이 발견되었다. 동편의 두 번째 둔덕에 다리우스 1세의 궁전이 있었다.

2 페르세폴리스(= 페르시아의 도시): 페르시아 아케메네스 왕조의 수도.

1 - **1** 사르디스에서 수사까지 2400km의 '임금의 길'에는 100개 정도의 숙소가 있어 임금의 전령이 1주일에 이 길을 달릴 수 있었다.

〔1 – 20〕 아케메네스 왕조는 2세기 동안 고대 근동 지역을 다스렸다. 총독 관할구 20개와 속주 '127'개로 구성되었다.

지도 100 | 1마카 15,22-23; 토빗 1,1-4,1; 에스 1,1; 2,5-6; 토빗기; 에스테르기

유다인 디아스포라: 바빌론, 소아시아, 그리스

이집트에서 상당한 양의 파피루스가 발견되어 유다인 정착지의 지도를 매우 자세하게 재구성할 수 있다. 그러나 헬레니즘 세계의 다른 지역에서는 유다인에 관한 자료가 거의 없다. 해외 유다인(디아스포라) 집단은 셋으로 나뉜다. 곧 초기 바빌로니아 유배민, 셀레우코스 왕조의 정책에 따라 소아시아(주로 카리아, 팜필리아와 프리기아)에 정착한 농경-군사 이주민, 그리고 그리스와 소아시아의 상업 중심지에 제각각 형성된 공동체이다.

1마카 15,22-23: 집정관은 이러한 편지를 데메트리오스 임금을 비롯하여 아탈로스, 아리아라테스, 아르사케스에게 쓰고, 또 삼프사케스, 스파르타, 델로스, 민도스, 시키온, 카리스, 사모스, 팜필리아, 리키아, 할리카르나소스, 로도스, 파셀리스, 코스, 시데, 아르왓, 고르티나, 크니도스, 키프로스, 키레네 등 모든 나라에 써 보냈다.

1 토빗 1,2-3: 토빗은 아시리아인들의 임금 살만에세르 시대에 티스베에서 포로로 끌려갔다. … 나는 나와 함께 아시리아인들의 땅 니네베로 유배 온 친척들과 내 민족에게 많은 자선을 베풀었다.

2 3,7: 바로 그날, 메디아의 엑바타나에 사는 라구엘의 딸 사라도 자기 아버지의 여종들 가운데 한 사람에게서 모욕하는 말을 듣게 되었다.

3 4,1: 그날 토빗은 전에 메디아의 라게스에 사는 가바엘에게 맡겨 둔 돈이 생각나서

4 에스 2,5-6: 그때 수사 왕성에 유다 사람 하나가 있었는데, 그의 이름은 모르도카이이고 벤야민 지파 사람으로, 그의 아버지는 야이르, 할아버지는 시므이, 증조부는 키스였다. 그는 예루살렘에서 끌려온 사람으로서, 바빌론 임금 네부카드네자르가 잡아 온 유다 임금 여콘야와 함께 포로로 잡혀 온 이들 가운데 하나였다.

지도 101 | 유딧 2,1-16,19 유딧기

참조: 《전정판 역사서 2》, 135-136쪽.

유딧 2,19: 그리하여 홀로페르네스와 그의 온 군대는 네부카드네자르 임금보다 먼저 가서, 병거대와 기병대와 정예 보병대로 서쪽 지방의 땅을 모조리 뒤덮으려고 진군하였다.

2,24: 그리고 유프라테스 강을 따라 메소포타미아를 가로지르면서, 바다에 이르기까지 아브로나 계곡 위에 있는 모든 요새 성읍을 파괴하였다.

2,27-28: 또 밀을 수확할 때에 다마스쿠스 평야로 내려가서, 그들의 밭을 모조리 불사르고 양들과 소들을 죽여 버렸으며, 그들의 성읍들을 노략하고 들을 황폐하게 만들고 젊은이들은 모두 칼로 쳐 죽였다. 그리하여 해안 지방의 주민들 곧 시돈과 티로에 사는 자들, 수르와 오키나의 주민들, 얌니아의 모든 주민이 그에 대한 공포와 전율에 사로잡혔다. 아스돗과 아스클론의 주민들도 그를 몹시 무서워하였다.

1 유딧 3,9-10: 홀로페르네스는 도탄 곁의 이즈르엘로 가서 게바, 스키토폴리스 사이에 진을 쳤다.

2 4,4-5: 유다에 사는 이스라엘 사람들은 사마리아, 코나, 벳 호론, 벨마인, 예리코의 모든 지역, 코바, 하초르, 살렘 계곡으로 전령을 보내 산꼭대기를 모두 점령하고 지역 안의 마을들에 성을 쌓으며 전쟁 준비로 양식을 저장하게 하였다.

3 4,6: 예루살렘에 봉직하던 여호야킴 대사제는 배툴리아, 도탄 옆의 평야 맞은쪽에 있는 이즈르엘과 배토메스타임 주민들에게 서신을 보냈다.

4 7,3: 홀로페르네스는 배툴리아 근처 넓은 계곡의 샘 옆에 진을 쳤다. 그 진의 너비는 도탄을 넘어 벨바임까지 이르고 길이는 키아몬까지 이르렀다.

7,8: 에사우, 모압, 해안 지방의 장수들이 홀로페르네스에게 가서 말했다.

7,17: 암몬 자손들의 군대는 아시리아인 천오백 명과 함께 … 계곡에 진을 치고 이스라엘 자손들의 물길과 샘을 점령하였다.

5 7,18: 에사우 자손들과 암몬 자손들도 올라가 도탄 맞은쪽 산악 지방에 진을 쳤다. 그리고 자기들의 일부를 에그레벨 맞은쪽으로 보냈다. 에그레벨은 모크무르 마른내 위의 쿠스 부근에 있다.

6 15,8: 여호야킴 대사제와 예루살렘에 사는 이스라엘의 원로단이 주님께서 이스라엘에게 하신 좋은 일을 보고 또 유딧을 만나 인사하려고 왔다.

16,18-20: 예루살렘의 성소 앞에서 축제를 벌였다. 유딧도 함께 머물렀다.

지도 102 | 1마카 1,1-4: 티로까지의 알렉산드로스 원정

참조: 《전정판 역사서 2》 156–158쪽.

알렉산드로스 대왕(알렉산드로스 3세, 기원전 336–323)

필리포스 3세 아리다이오스
알렉산드로스 4세 – 기원전 311년 명목상의 임금

알렉산드로스의 장군들

셀레우코스 왕조 | 프톨레마이오스 왕조 | 안티고노스 왕조

기원전 334–332

900 800 700 600 500 400 300 200 100 0 100

알렉산드로스 3세(기원전 336–323 재위)

알렉산드로스는 35,000명의 군대를 이끌고 기원전 334년에 페르시아를 향하여 출정하였다.

1 해안 도시들: 남쪽으로 가서 사르디스를 거쳐 이오니아의 해안 도시들, 밀레토스, 할리카르나소스를 점령. 카리아, 리키아로 계속 진군

2 내륙으로: 팜필리아의 시데, 아스펜두스, 사갈라수스를 향해 내륙으로 방향을 돌림

3 고르디움: 이후에 프리기아의 고대 수도인 고르디움에 도달한 뒤, 앙키라로 진군

4 타르수스: 고르디움, 타우루스 산맥의 킬리키아 관문, 킬리키아의 수도 타르수스, 솔리에 도착

5 미리안드루스: 아마누스 산맥의 산길인 시리아 관문을 거쳐, 미리안드루스에 도착

6 이수스: 미리안드루스에서 알렉산드로스는 다리우스와 군대가 자신의 후방인 이수스에 도착했다는 것을 알고 후진, 격퇴시킴

7 페니키아 도시들: 알렉산드로스는 페니키아 도시들을 차지하기 위해 남쪽으로 향함, 아라두스, 시돈, 비블로스를 정복

8 티로: 해안을 따라 티로로 향함, 파르메니오 장군은 다마스쿠스로 진군

지도 103 | 1마카 1,1－4 마카베오기 배경: 동방(티로에서 인더스 계곡까지) 원정

기원전 331–323

900 800 700 600 500 400 300 200 100 0 100

기원전 330년 다리우스가 죽은 후부터 알렉산드로스는 대왕이란 칭호를 사용하고 페르시아 제국의 군주로 불린다.

1 탑사코스–가우가멜라: 알렉산드로스는 티로와 다마스쿠스, 탑사코스, 가우가멜라에 도착. 이 마을과 아르벨라 성읍 사이에 잠복해 있던 다리우스의 군대와 전투하여(기원전 331) 승리

2 바빌론–페르세폴리스: 알렉산드로스가 바빌론, 수사, 그리고 페르세폴리스를 확보. 패배한 다리우스는 메디아, 카스피 해로 도망갔으나 측근들에게 살해당했다.

3 인더스 계곡으로: 알렉산드로스는 페르시아 동부를 지나 중앙 아시아의 스텝 지역으로 진군해 들어가 힌두쿠시 산맥들을 지나 인더스 계곡으로 들어갔다. 인도에서 갠지스강 계곡을 향해 동쪽으로 계속 전진하기를 원하였지만 그의 군대는 더 이상 앞으로 가기를 거부했다.

3 엘부르즈 산맥, 카스피 해 지방, 하르카니아의 자드라카르타, 아리아에서 사티바르자네스를 진압하고 아리아의 알렉산드리아(지금의 헤라트)를 건설. 알렉산드로스의 티로에서 인더스계곡까지 원정의 요지

4 드랑기아나의 프라다에서 파르메니오 처형, 아라코시아, 산악 지대를 넘어 카부라로 감

5 카와크 고개(고도 3,550m)를 넘어 북쪽으로 힌두쿠시 산맥을 가로질러 드랍사카에 진격, 박트라(지금의 아프카니스탄 발크)로 진군. 마라칸다, 알렉산드리아 건설

6 기원전 327년 박트라를 떠나 바미안과 고르반트 계곡을 끼고 힌두쿠시 산맥을 다시 넘으면서 스와트와 간다라를 지나 진격한 끝에 인더스 강 서쪽과 부네르 강 북쪽 산정 도시 아오르노스를 급습

7 326년 봄, 인더스 강을 건너 탁실라로 진입. 6월 알렉산드로스는 히다스페스 강에서 큰 전투를 치룸

8 회군: 알렉산드로스는 인도로 들어가기를 원했으나 히파시스 강까지 나아갔을 때 그의 군대가 더 이상 열대 우림지대를 뚫고 행군하기를 거부했다. 군대의 결심이 완강함을 파악하고 회군에 동의

- 절반의 병력은 배에 싣고 절반은 양쪽 강둑을 따라 3개 대열로 인더스 강까지 행군했다. 함대의 지휘는 네아르코스가 맡았고 알렉산드로스가 탄 배의 함장은 오네시크리토스였다.

9 인더스 강 삼각주의 정점에 있는 파탈라에 도착하여 항구와 계선장을 짓고 인더스 강의 양쪽 지류를 탐사했다. 그는 일부 병력을 이끌고 육로로 되돌아갈 계획을 세움

10 세 부대: 마케도니아인들은 세 부대로 나뉘어 돌아온다. 크라테로스 부대, 네아르코스 해군, 그리고 왕의 군대이다. 카르마니아의 아마니스(지금의 미나브) 강변에서 본대와 다시 합류하기로 함

- 알렉산드로스는 해안선을 따라 게드로시아를 지나 산악을 피해 내륙으로,
- 네아르코스는 해군 병력을 이끌고 페르시아 만으로,
- 크라테로스는 짐과 공성병기열, 코끼리, 병자와 부상자를 비롯해 3개 대대의 방진부대를 물탄 고개와 퀘타, 칸다하르를 지나 헬만드 강쪽으로 가도록 떠나 보낸 참이었다. 드랑기아나를 지나 행군

11 324년 봄 페르시아 제국의 행정 중심지 수사에 돌아옴

12 323년 바빌론에서 알렉산드로스 사망

지도 104 | 1마카 1,1–2 팔레스티나에 온 알렉산드로스

참조: 《전정판 역사서 2》, 158–159쪽.

1 티로–아코 : 함락하고 이집트로 진격

2 스트라토의 탑: 남쪽으로 진군

3 로드 – 얌니아 – 아스돗(아조토) – 아스클론

4 가자

5 라키스: 나바태아 동맹군들은 가자에서 강력하게 저항. 가자 정복 중 그리스 기병은 나바태아인들에 대항하여 진군하였고, 일부가 이두매아의 수도인 라키스로 보내졌을 수 있다.

6 티로: 기원전 332–331년 겨울을 맞이하여 다시 팔레스티나를 지나 티로로 돌아옴

7 사마리아: 알렉산드로스가 사마리아 파괴

8 예리코: 마케도니아인들은 예리코까지 침투한 다음 분대에 합류해서 아마 아코에서 해안 도로를 따라 진군했을 것이다.

9 예루살렘: 알렉산드로스가 예루살렘을 방문하여 대사제 야두아를 만났다는 전설이 있다. 탈무드는 대사제 시몬을 언급한다.

– 알렉산드로스가 요르단 건너편 두 도시인 디움과 게라사를 세웠다는 주장이 있었으나 근거가 부족하다.

기원전 332–331

900 | 800 | 700 | 600 | 500 | 400 | 300 | 200 | 100 | 0 | 100

1마카 1,1–2: 키팀 땅 출신의 마케도니아 사람으로, 필리포스의 아들인 알렉산드로스는 페르시아인들과 메디아인들의 임금 다리우스를 쳐부순 다음, 그 대신 왕위에 올랐다. 그 이전에 알렉산드로스는 그리스를 다스리고 있었다. 그는 많은 전쟁을 치르고 요새들을 점령하고 세상의 임금들을 죽였다.

안티고노스 왕조(기원전 306–168)
안티고노스 1세 모노프탈모스(기원전 306–301)
데메트리오스 1세 폴리오르케테스(기원전 294–287)
안티고노스 2세 고나타스(기원전 276–239)
데메트리오스 2세(기원전 239–229)
안티고노스 3세 도손(기원전 228–221)
필리포스 5세(기원전 221–180)–기원전 197년 키노스케팔라이에서 로마에 참패
페르세우스(기원전 179–168)

프톨레마이오스 왕조(기원전 305–30)
프톨레마이오스 1세 라기(=소테르) (기원전 305–)
프톨레마이오스 2세 필라델푸스(기원전 285–246)
프톨레마이오스 3세 에우에르게테스(기원전 246–222)
프톨레마이오스 4세 필로파토르(기원전 222–205)
프톨레마이오스 5세 에피파네스(기원전 205–180)
프톨레마이오스 6세 필로메토르(기원전 180–145)
프톨레마이오스 8세 에우에르게테스 2세 피스콘(기원전 145–116)
(클레오파트라 2세·3세 공동 집권 – 불안정 시기)
프톨레마이오스 12세 아울레테스(기원전 80–51)
프톨레마이오스 13세(기원전 52–47, 클레오파트라 7세와 공동 집권)
프톨레마이오스 14세(기원전 47–44)
프톨레마이오스 15세 카이사리온(기원전 44–30, 클레오파트라 7세와 카이사르의 아들)

이후 로마의 지배를 받다가(기원전 30–기원후 355) 동로마 제국(비잔틴 제국)의 수도인 콘스탄티노플의 관할권에 속하게 됨.

셀레우코스 왕조(기원전 305–30)
셀레우코스 1세 니카토르(기원전 305–281)
안티오코스 1세 소테르(기원전 281–261)
안티오코스 2세 테오스(기원전 261–246): 안티오코스 1세의 아들
셀레우코스 2세 칼리니코스(기원전 246–225): 안티오코스 2세의 아들
셀레우코스 3세 케라우노스(기원전 225–223): 셀레우코스 2세의 아들
안티오코스 3세 메가스(기원전 223–187) = 안티오코스 대왕
셀레우코스 4세 필로파토르(기원전 187–175)
안티오코스 4세 에피파네스(기원전 174–164)
안티오코스 5세 에우파토르(기원전 164–161)
데메트리오스 1세 소테르(기원전 161–150)
알렉산드로스 1세 발라스 혹은 에피파네스(기원전 153–145)
데메트리오스 2세 니카토르(기원전 145–140, 129–125)
안티오코스 6세 디오니소스(기원전 145–140): 발라스의 아들
디오도투스 트리폰(기원전 140–138)
안티오코스 7세 시데테스 에우르게테스(기원전 138–129)

지도 105 | 1마카 6,1-7,4 셀레우코스 제국

참조: 《전정판 역사서 2》, 166-167쪽.

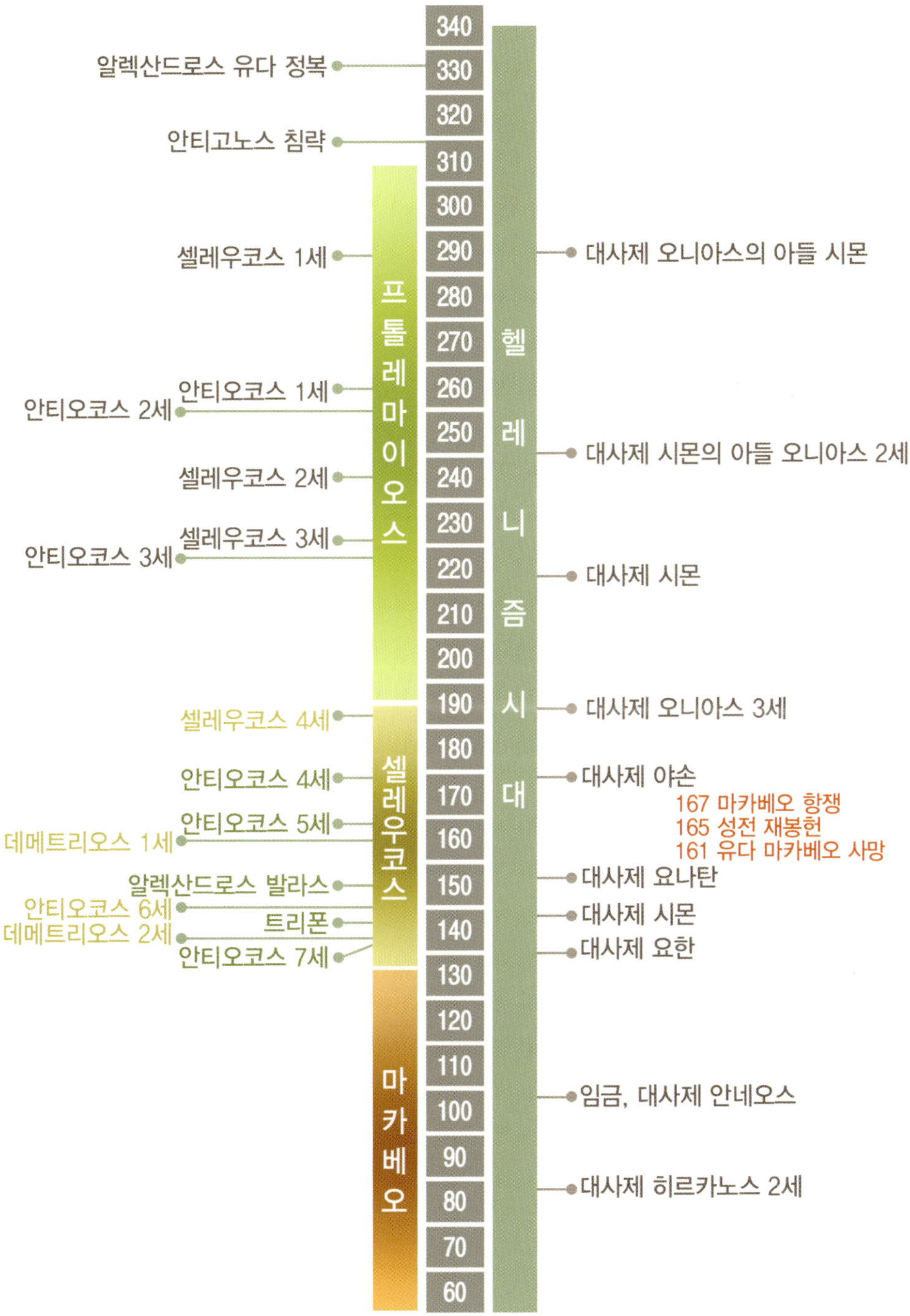

마카베오기

(지도 102–119)

지도 106 | 1마카 1,29-3,26 마카베오가의 항쟁 시작

1 1마카 1,29: 안티오코스의 조공 징수관이 예루살렘에 들어옴

1,33: 그들은 다윗 성을 재건하고 요새 아크라를 자기들의 성채로 삼음

2 2,1: 요야립 가문의 사제 마타티아스가 모데인에 자리잡음

3 2,27-28,42: 마타티아스와 그의 아들들은 산으로 달아났으며 하시드인들이 그들과 합류했다.

4 3,10-11: 아폴로니우스가 사마리아인들을 모아 큰 군대를 조직했다.

5 3,13-16: 시리아 군대 장수 세론이 벳 호론 오르막길로 왔다.

3,23-24: 유다는 벳 호론 내리막길을 달려 공격했다.

1마카 3,18: 그러자 유다가 대답하였다. "적은 수로도 많은 수를 쉽게 막을 수 있다. 하늘이 구하려고 할 때에는 수가 많고 적은 것이 문제가 되지 않는다."

모데인

모데인에 있는 마카베오 가문 기념비

지도 107 | 1마카 3,32 – 4,59; 2마카 8,8 – 29 엠마오 전투

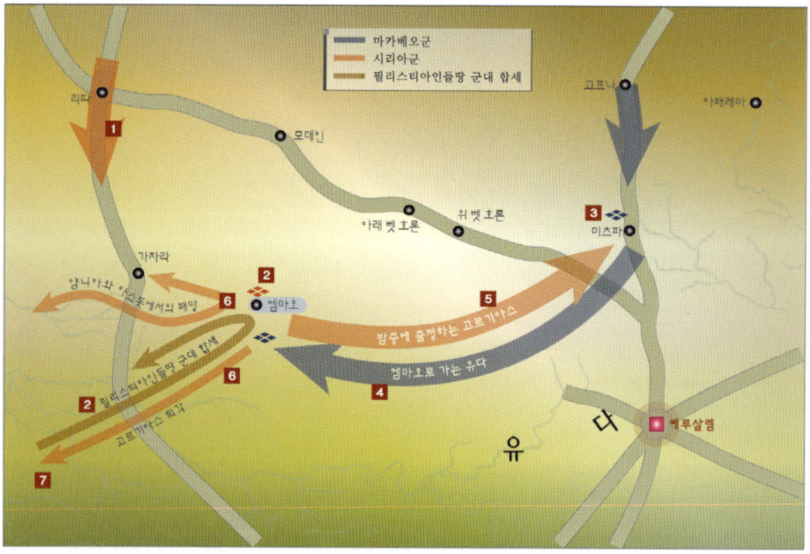

참조: 《전정판 역사서 2》, 172–173쪽.

지도 108 ▶

4,47–53 성전 재봉헌

이어서 율법에 따라, 다듬지 않은 돌들을 가져다가 이전의 제단과 같은 제단을 새로 쌓았다. 그리고 성소와 성전 내부를 복구하고 뜰을 축성하였다. 그들은 또 거룩한 기물들을 새로 만들고, 등잔대와 분향 제단과 상을 성전 안에 들여다 놓았다. 그리고 나서 제단 위에서 향을 피우고 등잔대의 등에 불을 붙이니, 등불이 성전 안을 비추었다. 또 상 위에는 빵을 차려 놓고 휘장을 쳤다. 이렇게 그들은 시작한 일을 모두 마쳤다. 그들은 백사십팔년 아홉째 달, 곧 키슬레우 달 스무닷샛날 아침 일찍 일어나, 새로 만든 번제 제단 위에서 율법에 따라 희생 제물을 바쳤다.

4,59: 유다와 그의 형제들과 이스라엘 온 회중은 해마다 그때가 돌아오면, 키슬레우 달 스무닷샛날부터 여드레 동안 제단 봉헌 축일로 기쁘고 즐겁게 지내기로 결정하였다.

기원전 165

900 800 700 600 500 400 300 200 100 0 100

1마카 4,10: "이제 하늘을 향하여 부르짖자. 그리하여 그분께서 우리에게 호의를 베푸시어 조상들의 계약을 기억하시고, 오늘 우리 앞에 있는 저 진지를 쳐부수어 주시게 하자."

1. 1마카 3,32.38–39: 리시아스는 보병 사만과 기병 칠천을 유다 땅으로 보냈다.
2. 3,40–41: 그들은 엠마오 부근에 진을 쳤다.
3. 3,46–47: 유다인들 함께 모여 미츠파로 갔다.
4. 3,57: 유다 군대는 엠마오 남쪽에 진을 쳤다.
5. 4,1.5: 고르기아스는 보병 오천과 정예 기병 일천을 데리고 밤중에 출정했다.
6. 4,13–18: 유다의 군사들은 가자라, 이두매아 평야와 아스돗과 얌니아까지 이민족을 쳐부수었다.
7. 4,19–22: 이민족들은 모두 필리스티아인들의 땅으로 달아났다.

성전 정화(마카베오기)

지도 108 | 1마카 4,28-61 벳 추르 전투와 성전 재봉헌

기원전 165

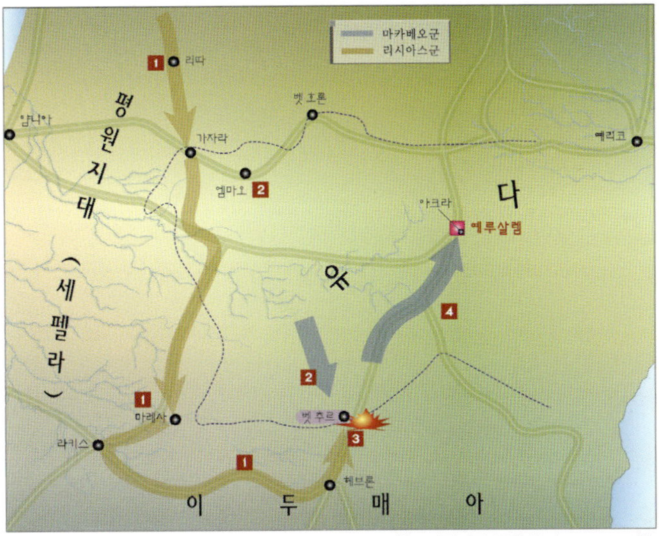

참조: 《전정판 역사서 2》, 173-174쪽.

1 4,28-29: 리시아스는 정예 보병 육만과 기병 오천을 데리고 이두매아의 벳 추르에 진을 쳤다.

2 4,29: 유다는 보병 일만으로 맞섰다.

3 4,34-35: 리시아스는 안티오키아로 퇴각하였다.

4 4,36: "이제 우리 적을 무찔렀으니 올라가서 성소를 정화하고 봉헌합시다."
4,60-61: 시온 산 둘레에 높은 성벽을 쌓고 탑 세움. 유다는 그곳에 군대를 배치하고 벳 추르의 수비를 강화하여 백성에게 이두매아쪽 요새를 마련해 주었다.

여기서 하누카 축제가 유래한다.

하누카(봉헌) 축제(Hanukka), 빛의 축제, 마카베오 축제

유다인들은 현대에도 하누카 축제로, 유배 이후 재건된 예루살렘 성전이 안티오코스 4세 에피파네스에 의해 더럽혀진 후(기원전 168) 주님께 재봉헌된(기원전 165) 일을 기념한다. 이때 메노라를 밝히는 독특한 의식은 부정不淨을 타지 않은 소량(1일분)의 기름이 어떻게 기적적으로 8일간이나 성전에서 타올랐는가를 말하는 〈탈무드〉 이야기를 상기시킨다. 하누카는 키슬레우 달 25일(12월)에 시작하여 8일간 이어진다. 이때는 의식용 촛불을 밝히고 선물도 교환하며, 어린이들은 명절 놀이를 한다.

메노라(menorah)

유다인들이 8일간의 하누카 축제 의식에 사용하는 여러 갈래로 된 큰 등잔대 또는 촛대.

여러 시대를 거치면서 형태가 많이 변해 왔으나 기름이나 양초를 담는 여덟 개의 받침(첫날부터 하나씩 불을 밝혀 나감)과, 따로 떨어져 다른 불을 밝히는 데 쓰이는 샤마쉬(봉사자)의 불을 받치는 또 하나의 받침이 기본이다. 메노라는 성막의 일곱 갈래 금 등잔대를 본뜬 것이다. 금 등잔대는 특히 7일간의 천지 창조를 뜻하며, 안식일을 나타내기 위해 조금 높이 솟은 중앙 등잔등 꼭대기의 잔을 중심으로 양쪽에 각각 3개의 등잔대가 있었다. 일곱 갈래로 된 메노라는 〈탈무드〉에 언급되어 있고 오랫동안 유다교를 의미하는 도상학적圖像學的 상징으로 미술에 사용되어 왔다(참조: 한국 브리태니커 온라인).

그림 9 | 1마카 1,1-64 마카베오 시기의 예루살렘

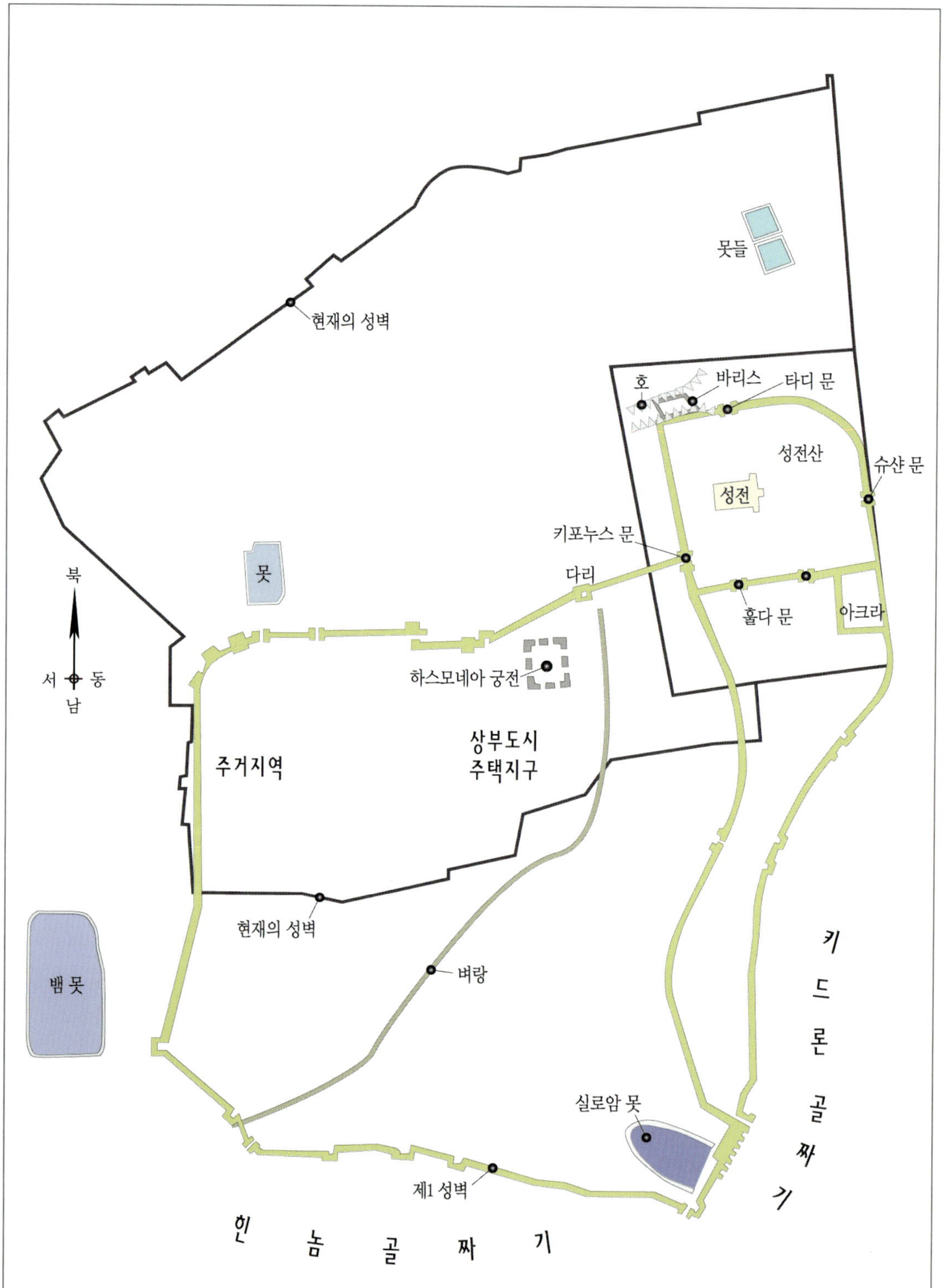

참조: 《전정판 역사서 2》, 182-183쪽.

하스모네아 시대 성문

하스모네아 시대 성벽

지도 109 | 1마카 5,3-13.24-54; 2마카 10,24-37; 12,10-11 유다 마카베오의 초기 출정

참조: 《전정판 역사서 2》, 174쪽.

기원전 163

1 1마카 5,3: 아크라바테네
2 5,4-5: 브온 자손들
3 5,6-8: 암몬 자손들, 야제르
4 5,9: 길앗의 이민족들, 다테마 요새
5 5,24: 광야에서 사흘 길
5,25: 나바태아인들
6 5,28: 보소라
7 5,29.33-34: 다테마 요새
8 5,35: 마아파
5,36: 카스포, 마켓, 보소르, 길앗의 나머지 성읍들
5,37: 라폰 맞은쪽
5,43-44: 카르나임
9 5,45: 유다 땅
5,46.47.50: 에프론
10 5,52: 벳 스안 맞은쪽 큰 평야
11 5,53-54: 시온 산

지도 112 | 1마카 9,1-20 엘라사 전투와 유다의 전사

참조: 《전정판 역사서 2》, 176-177쪽.

기원전 161

1마카 9,1: 데메트리오스는 바키데스와 알키모스를 다시 유다 땅으로 보냈다.

1 9,3-4: 예루살렘, 페레아로 행군
2 9,5.14-15: 유다는 엘라사에 진을 침
9,18: 유다도 쓰러졌다.
9,19-20: 요나탄과 시몬은 자기들의 형제 유다의 주검을 거두어 모데인에 있는 조상들의 무덤에 묻고, 그의 죽음을 애도하였다.

지도 110 | 1마카 6,18-63 벳 즈카르야 전투

참조: 《전정판 역사서 2》, 175쪽.

기원전 162

이 모든 승리에도 불구하고 예루살렘은 여전히 유다인의 수중에 있었던 시온 산(성전 산)과 그리스인들이 차지하고 있던 아크라로 나뉘어 있었다.

1마카 6,18-19: 한편 성채에 있던 자들은 성소 주변에서 이스라엘인들을 가로막고, 온갖 못된 짓을 꾀하며 이민족들을 지원하였다. 그래서 그들을 없애 버리기로 작정한 유다는 그들을 포위하려고 온 백성을 불러 모았다.

1 1마카 6,20: 예루살렘, 백오십 년. 유다는 투석기와 다른 공격 기구들을 만들었다.

2 6,28: 안티오코스 5세 임금과 리시아스

6,31: 이두매아를 지나 벳 추르를 향하여 진을 치고

3 6,32-33: 벳 즈카르야, 유다는 성채를 떠나 벳 즈카르야에 진을 쳤다.

4 6,60-63: 임금은 시온 산 요새를 보고 그 둘레의 성벽을 헐어 버리라고 명령하였다.

5 6,47: 고프나, 유다인들의 철수

지도 111 | 1마카 7,39-50; 2마카 15,25-28 하다사 전투

참조: 《전정판 역사서 2》, 176쪽.

기원전 161

1 1마카 7,39: 니카노르, 벳 호론

2 7,40: 유다, 하다사

3 7,43-44: 니카노르의 군대가 패배

4 7,45-46: 유다인들, 하다사에서 가자라에 이르기까지 추격

지도 113 | 1마카 9,28-31. 32-53 유다 광야의 요나탄

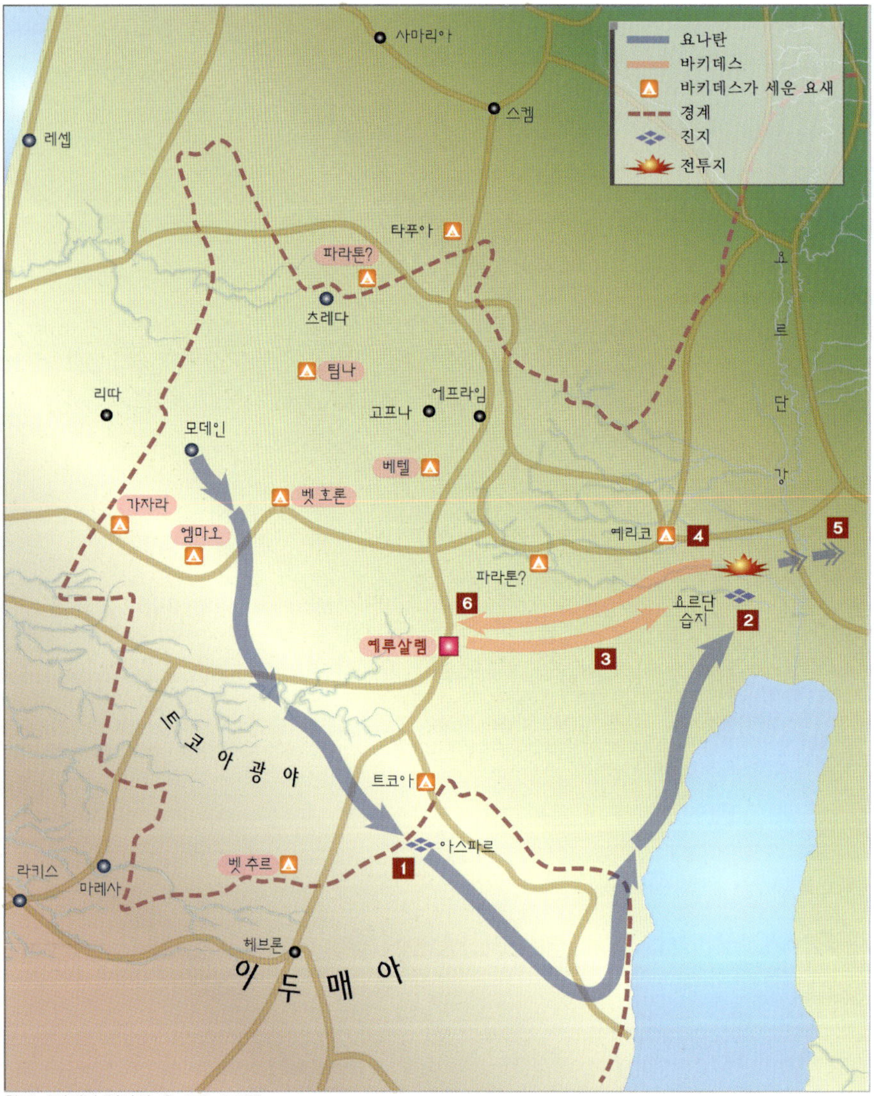

참조: 《전정판 역사서 2》, 177-178쪽.

기원전 160-155

900 800 700 600 500 400 300 200 100 0 100

1 1마카 9,32-33: 요나탄과 그의 형 시몬은 트코아 광야로 달아나 아스파르 못 가에 진을 쳤다.

2 9,42: 요나탄 형제, 요르단 습지

3 9,43: 바키데스, 요르단 강 가

4 9,45: "지금 우리는 앞뒤로 싸워야 한다. 이쪽은 요르단 강물이, 저쪽은 습지와 덤불이 가로막아 비켜 나갈 곳이 없다."

9,47: 싸움이 시작되자 요나탄은 바키데스를 치려고 손을 뻗었다. 그러나 바키데스는 그를 피하여 뒤로 물러섰다.

5 9,48: 요나탄과 그의 군사들은 요르단 강에 뛰어들어 건너편으로 헤엄쳐 갔다. 그러나 적군은 그들을 뒤따라 요르단을 건너지 않았다.

6 9,50: 바키데스는 예루살렘으로 돌아와 유다에 있는 성읍들, 예리코의 요새와 엠마오, 벳 호론, 베텔, 팀나, 파라톤, 테폰을 높은 성벽과 성문과 빗장으로 튼튼하게 하였다.

지도 114 | 1마카 10,1–89; 11,20–37.41–57 요나탄의 유다 확장

기원전 152–142

1마카 11,20: 요나탄은 예루살렘의 성채를 공격했다.

11,23–24: 요나탄은 포위를 계속했다.

11,28: 그러자 요나탄은 유다는 물론 사마리아의 세 구역에서 걷는 세금도 면제해 달라고 임금에게 청하면서, 그 대신에 삼백 탈렌트를 바치겠다고 약속하였다.

11,34: "우리는 유다의 영토와 아패레마, 로드(리따), 라마탬(아리마태아) 세 지역을 그들의 땅으로 인정합니다. 이 세 지역은 그 주변 모든 지방과 더불어 사마리아에서 유다에 편입된 곳으로… 세금을 예루살렘에서 희생 제사를 지내는 모든 이에게 면제합니다."

11,57: "나는 귀하의 대사제직을 인정하고 귀하를 네 지역(로드, 라마탬, 아패레마, 예루살렘)의 통치자로 임명하며 임금의 벗들 가운데 하나가 되게 하겠습니다."

지도 115 | 1마카 11,42-62 요나탄 군사의 코일레 시리아 출정

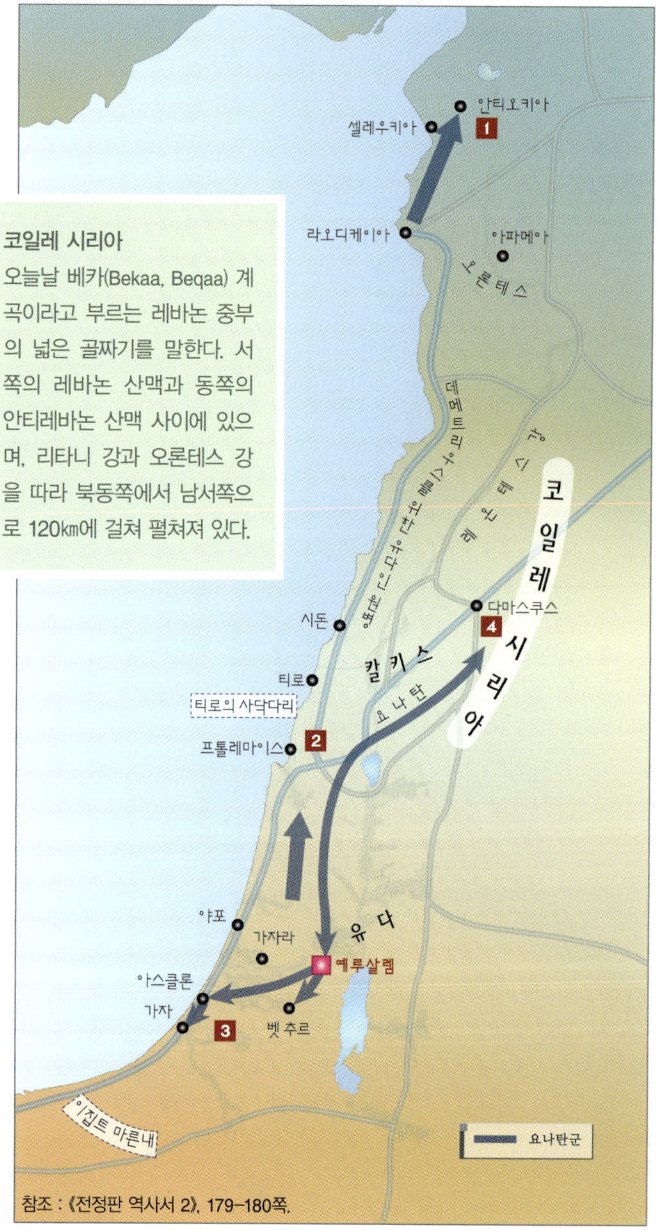

참조 : 《전정판 역사서 2》, 179-180쪽.

코일레 시리아

오늘날 베카(Bekaa, Beqaa) 계곡이라고 부르는 레바논 중부의 넓은 골짜기를 말한다. 서쪽의 레바논 산맥과 동쪽의 안티레바논 산맥 사이에 있으며, 리타니 강과 오론테스 강을 따라 북동쪽에서 남서쪽으로 120km에 걸쳐 펼쳐져 있다.

기원전 150

900 800 700 600 500 400 300 200 100 0 100

1 1마카 11,44: 요나탄은 용맹한 병사 삼천 명을 안티오키아로 보냄

2 11,59: 시몬을 '티로의 사닥다리 길' 총독으로 임명

3 11,60: 요나탄, 아스클론으로

4 11,62: 가자, 다마스쿠스

지도 116 | 1마카 12,24-38 하맛 출정

참조: 《전정판 역사서 2》, 180-181쪽.

기원전 143

900 800 700 600 500 400 300 200 100 0 100

1 1마카 12,24-25: 요나탄, 하맛 지방

2 12,28.30: 엘레우테로스 강

3 12,31-32: 요나탄, 다마스쿠스

4 12,33: 시몬, 아스클론, 야포

지도 117 | 1마카 12,39－53; 13,1－30 요나탄의 패배와 죽음

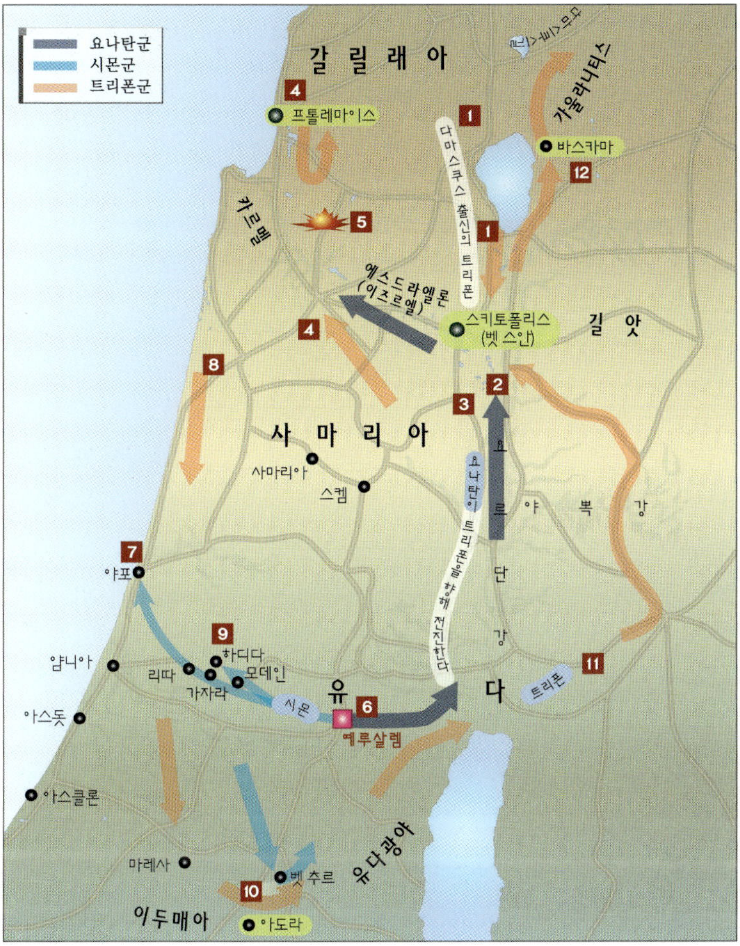

기원전 143–142

1. 1마카 12,39–40: 트리폰, 벳 스안
2. 12,41: 요나탄, 벳 스안으로 진군
3. 12,45–46ㄱ: 군사들 보냄
4. 12,47–48: 요나탄이 프톨레마이스에서 포위됨
5. 12,49: 트리폰, 보병대와 기병대를 갈릴래아의 큰 평야로
6. 13,10: 시몬, 예루살렘의 성벽을 수축
7. 13,11: 야포
8. 13,12: 트리폰, 요나탄, 로드(리따)
9. 13,13: 시몬, 하디다
10. 13,20: 트리폰, 아도라로 가는 길을 돌아 진군
11. 13,22: 트리폰, 길앗 지방
12. 13,23–24: 바스카마, 요나탄을 죽였다.

지도 118 | 1마카 15,25-36; 15,37-16,10 요한의 키드론 전투

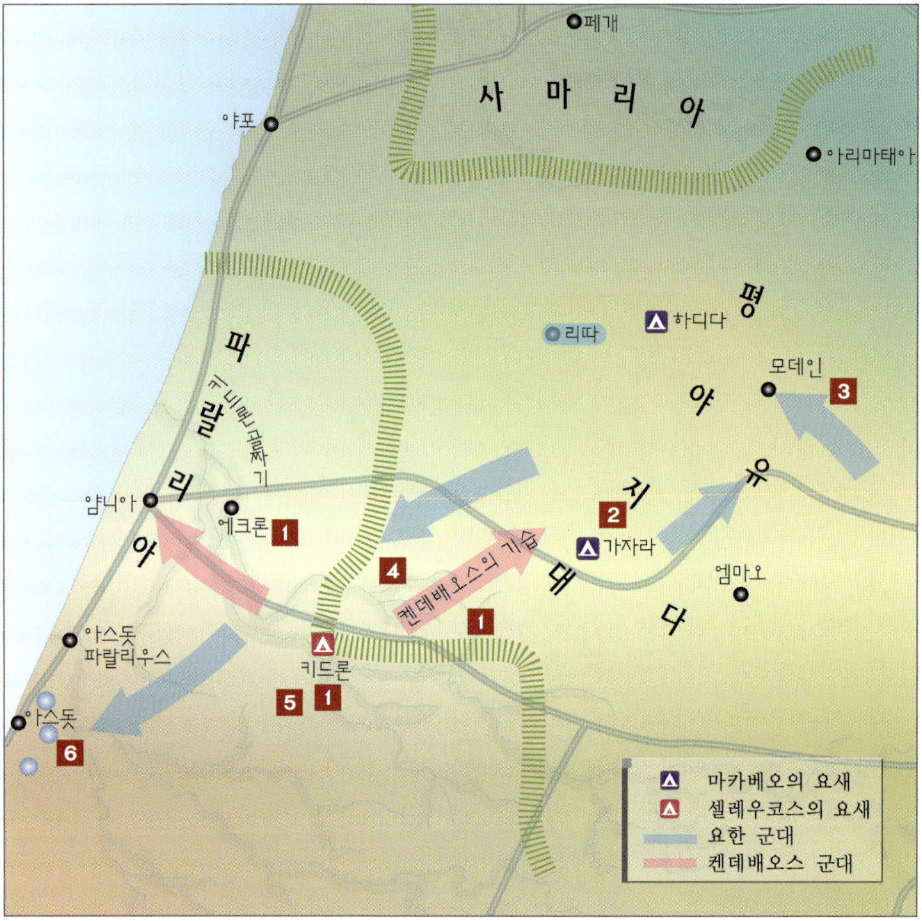

참조: 《전정판 역사서 2》, 182쪽.

마타티아스 안티고노스 대사제 시대 동전. 기원전 40년 예루살렘, 하스모네아 왕조 마지막 시대 주조.

기원전 137

1 1마카 15,38: 켄데배오스

15,40: 얌니아

15,41: 키드론을 요새로, 유다의 길들을 정찰

2 16,1: 요한은 가자라에서 올라와, 시몬에게 보고

3 16,4: 요한, 모데인

4 16,5.6: 평야, 적과 그들 사이에는 시내가 있었다.

5 16,9: 켄데배오스, 키드론으로 퇴각

6 16,10: 아스돗

지도 119 | 1마카 11,8.13 팔레스티나의 그리스 이름 도시들

기원전 312–167

800 700 600 500 400 300 200 100 0 100

참조: 《전정판 역사서 2》, 185–186쪽.

지도 120 | 이사 7-9장; 2열왕 16,5-9; 2역대 28,18 이사야 예언자: 유다의 아하즈

기원전 735

북이스라엘의 페카와 아람의 르친이 협공하여 왔을 때 이사야 예언자는 주님의 뜻을 전하며 안심하라고 말한다. 표징까지 주나 아하즈는 믿지 못하여 아시리아에 도움을 청한다.

1 사마리아 임금– 페카, 아람 임금– 르친

2 이사 7,1-2: 페카와 르친의 군대 에프라임에 진주

3 7,3-4: 이사야, 아하즈에게 주님의 말씀 전달
2열왕 16,7-8: 아하즈, 티글랏 필에세르에게 사신들을 보냄

4 이사 7,1.6: 페카와 르친, 요르단 건너편에 정착한 타브알 편을 들음

5 2열왕 16,6: 르친은 엘랏을 아람에 복귀시킴 (그 당시 에돔인들은 남쪽에서 유다를 공격했다; 2역대 28,17 참조)

6 2역대 28,18: 필리스티아인들도 평원 지대와 유다 남부의 성읍들을 공격. 벳 세메스, 아얄론, 그데롯, 소코, 팀나, 김조 점령

지도 121 | 이사 9,1; 에제 47,15-18
유다의 아하즈와 이스라엘의 호세아 시대: 아시리아

기원전 732

아시리아의 티글랏 필에세르 치하 때 티로와 필리스티아 도시 네 개 곧 가자, 아스클론, 아스돗, 에크론의 몇몇 지역 왕조들은 존속되며, 유다의 아하즈와 이스라엘의 호세아는 조공을 바치며 신하로서 계속 충성해야만 했다. 그러나 다마스쿠스 왕조는 살아남을 수 없을 만큼 문제가 많았기에, 네 지역으로 분할되었다. 이스라엘에게서 빼앗은 영토도 비슷하게 처리되었다. 갈릴래아 고지대의 대부분은 아마도 티로에게 할당되었을 것이다. 아시리아 총독 한 명이 최근 재건된 행정 중심지 므기또에 부임하였다. 므기또 지역은 이즈르엘과 벳 스안 계곡, 갈릴래아의 저지대이다. 요르단 건너편은 길앗 지역이었고, 아펙이 중심 성읍이었을 사론 평야는 사마리아에 계속 속했던 것이 분명하다. 도르의 영토는 잠정적으로 므기또 총독에게 할당된 듯 보이나 이미 티로에게 속해 있었던 것 같다. 도르가 아시리아의 기록에 나오지만, 결코 총독 소재지는 아니었다.

지도 122 | 2열왕 18,6－8; 20,12－20; 1역대 4,38－43; 2역대 30장; 32,3－8 히즈키야 시대

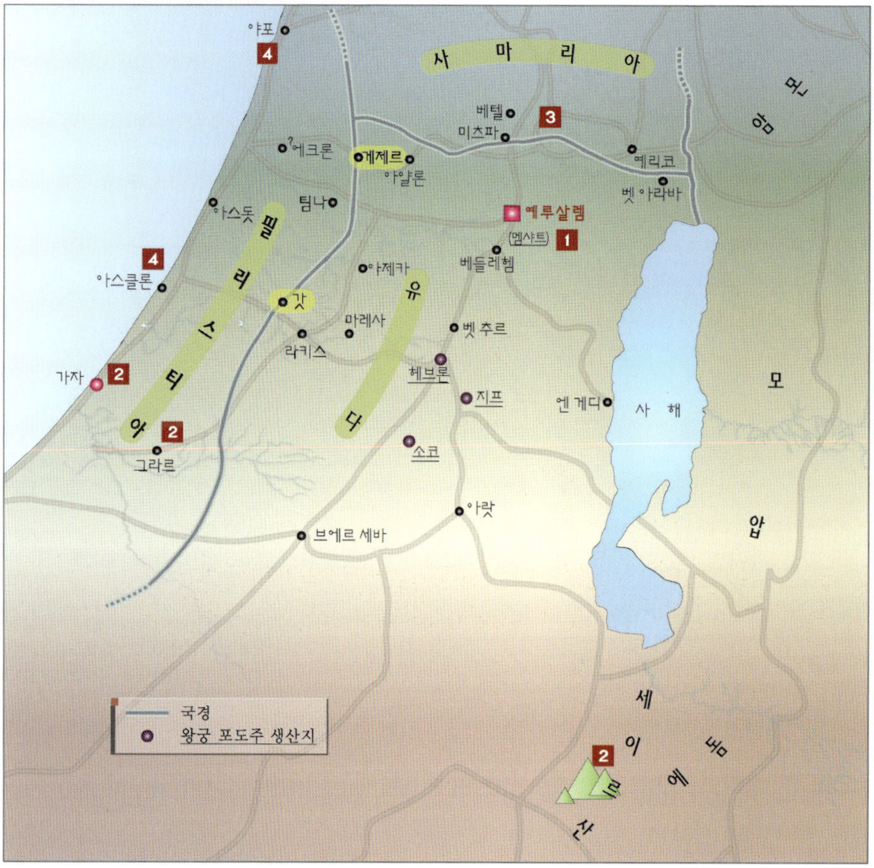

기원전 705–701

900 800 700 600 500 400 300 200 100 0 100

1 2역대 32,2－3: 히즈키야는 산헤립의 예루살렘 공격을 대비해 도성 밖에 있는 샘들의 물줄기를 막음
32,30: 기혼 샘

2 1역대 4,39－43: 세이르 산
2열왕 18,7－8: 히즈키야가 가자의 파수 탑에서 요새 성읍까지 쳐부수었다.

3 2역대 30,1: 히즈키야는 온 이스라엘과 유다에 사람을 보내고, 에프라임과 므나쎄에는 편지로 파스카 축제에 초대했다.

4 아스클론 임금이 야포에 대한 통치권 확보

히즈키야 수로

기혼 샘

기원전 8세기 성벽

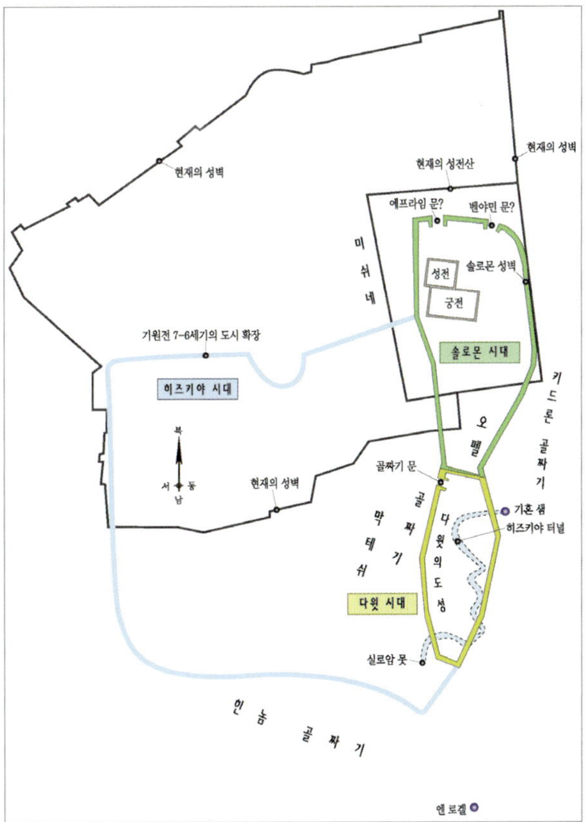

히즈키야 넓은 성벽 1

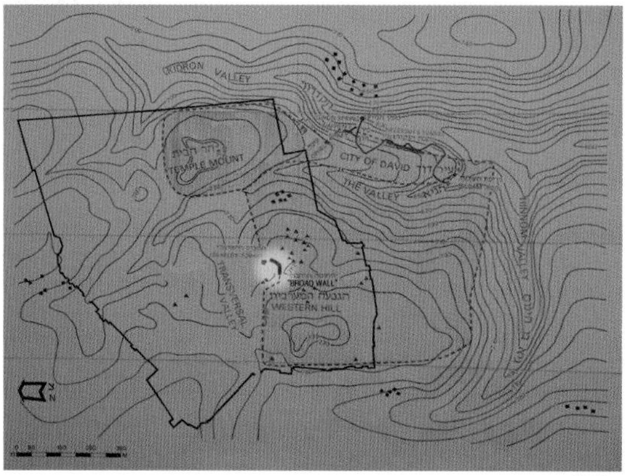

성벽 3

성벽 2

히즈키야 시대

가자 임금 실리 바알이 협력을 거부하였기에, 히즈키야는 네겝 서쪽에 있는 필리스티아의 강력한 요충지들을 점령하기 위해 군대를 파견했다. 시메온 지파는 아말렉족에게서 세이르 산을 빼앗아 그곳에 정착하도록 권고받았다(1역대 4,39-43). 히즈키야는 대상 무역을 통해 얻은 막대한 이익을 써서 마을들을 새로 요새화하고 새로운 병기들을 제작하여 유다 전역을 무장된 진영으로 만들었다. 아스클론 임금은 야포와 그 배후의 농경지에 대한 통치권을 확보했다. 에크론 백성은 반反 아시리아 계획을 지지했으나 그들의 임금 파디는 지지하지 않았다. 그는 폐위되어 히즈키야의 손에 넘겨져서 예루살렘 감옥에 갇히게 되었다. 갓과 게제르는 분명히 유다인의 요새가 되었으며 아제카도 그러하다. 라키스와 리브나는 남서쪽 평원의 주요 중심지였다. 왕국 도처의 요새에 양식들이 저장되었다(2역대 32,27-30). 유다 북쪽과 서쪽의 주요 군사 지역에서 손잡이 네 개가 달린 포도주 항아리들이 발굴되었다. 항아리들은 날개 넷을 지닌 풍뎅이나 또는 날개가 둘 달린 원반 형태의 공식 문양이 새겨진 인장으로 봉인되어, 왕실 양조장에서 나온 것이 분명하다.

성벽 4

히즈키야 못과 성무덤 성당

히즈키야 성벽

예루살렘 옛 도성에 있는 길이 약 65m, 넓이 7.5m, 높이 3m의 "넓은 성벽"(broad wall)은 제1성전 시대의 유적이다. 이 성벽은 히즈키야 시대에 확장된 도성 성벽의 흔적으로 보이며 높이가 대략 8m였을 것으로 추정한다. 히즈키야 이후부터 기원전 586년까지 이 위치에 있었을 것이다. 발견된 위치를 보면 예루살렘 도성 성벽의 변화 과정을 추정해 볼 수 있다. 히즈키야 성벽 1에서 우측이 성벽 안, 좌측이 성벽 밖이다. 성벽 2에서는 우측이 밖, 좌측이 안이다. 히즈키야 성벽이 어떻게 확장되었는지 넓은 성벽 유적의 위치를 성벽 3에서 확인할 수 있고 성벽 4에서 성벽 높이를 가늠해 볼 수 있다.

예루살렘을 책망하는 이사야의 신탁 부분에서 히즈키야의 터널에 관한 것과 넓은 성벽에 대한 부분을 추정해 볼 수 있다(22,8-11). 유다인들은 '넓은 성벽'에 이르기까지 성벽을 보수하였다(느헤 3,8; 참조 12,38). 그러나 느헤미야기에서 말하는 부분이 이곳과 일치하는지는 알 수 없다.

그 위에 "임금 소유"란 글자가 새겨 있고 아래에는 포도주를 생산한 헤브론, 지프, 소코 또는 멤샤트(*Memshath*) 같은 지명이 쓰여 있었다. 왕실 포도밭은 산악 지대에 있었는데(2역대 26,10ㄴ) 앞의 세 중심지는 모두 유다 산악 지대 남부에 있었다. 멤샤트는 마을 목록에서 확인되지 않고 알려져 있지도 않다. 아마도 그것은 베들레헴 구역이었든지 또는 히브리어로 '정부'를 뜻하면서 수도 예루살렘을 나타내는 멤셀(레)트의 축약형일 수 있다.

*** 왕궁 포도주 생산지와 곡물 저장소**

2역대 32,27-29: 히즈키야는 대단한 부와 영광을 누렸다. 그는 은과 금과 보석과 향료와 작은 방패와 온갖 값진 기물들을 보관할 창고들을 지었다. 또 수확한 곡식과 포도주와 기름을 저장할 곳집들과, 온갖 가축 우리와 양 우리들도 지었다. 그는 성읍들을 짓고 양과 소도 많이 가지고 있었다. 하느님께서 엄청나게 많은 재산을 그에게 주셨던 것이다.

지도 123 | 이사 36-37장; 2열왕 19,6-8.35-37 히즈키야의 기도

기원전 701

900 800 700 600 500 400 300 200 100 0 100

이사 36,1: 히즈키야 임금 제십사년에, 아시리아 임금 산헤립이 유다의 모든 요새 성읍 점령

37,14-20: 히즈키야 임금의 기도

2열왕 19,6-8: 이사야의 예언

19,35-37(이사 37,36-38): 아시리아 진영, 모두 죽어 주검뿐이었다. 아시리아 임금 산헤립 니네베로 퇴각

제3차 군사 출정에 나선 산헤립은 기원전 701년 군대와 함께 도착했다. 첫째 목적은 페니키아 해안 지역을 정복하는 것이었다.

1 모반의 지도자였던 시돈의 룰리(엘룰라이오스)가 키프로스로 도망가 죽었고 에토바알이 대신 임명되었다.

2 페니키아 도시들이 함락되자, 수많은 히즈키야의 옛 동맹국은 두려워서 조공을 바치고 산헤립과 새로운 동맹 관계를 맺고자 아코로 몰려왔다.

산헤립은 필리스티아와 유다를 상대로 진군하였다. 이 출정에서 가장 먼저 점령된 유다의 가장 큰 성읍은 라키스였고, 그다음이 리브나였다(이사 37,9; 2열왕 19,9).

산헤립은 마흔여섯 개의 성읍과 그 주변 마을을 점령했다고 주장하였다. 탐사 결과 이 시기에 라키스, 브에르 세바, 아랏, 드비르, 벳 세메스와 그 밖의 지역에서 심하게 파괴된 유적들이 발견되었다. 유다로서는 완전히 회복할 수 없는 타격이었다. 그러나 예루살렘은 구원되었다.

와디 페랏(와디 켈트 상부)

아나톳(지도 124)

지도 124 | 예레 36,9; 46-47장; 2열왕 24,1 이집트에 대한 예레미야의 경고

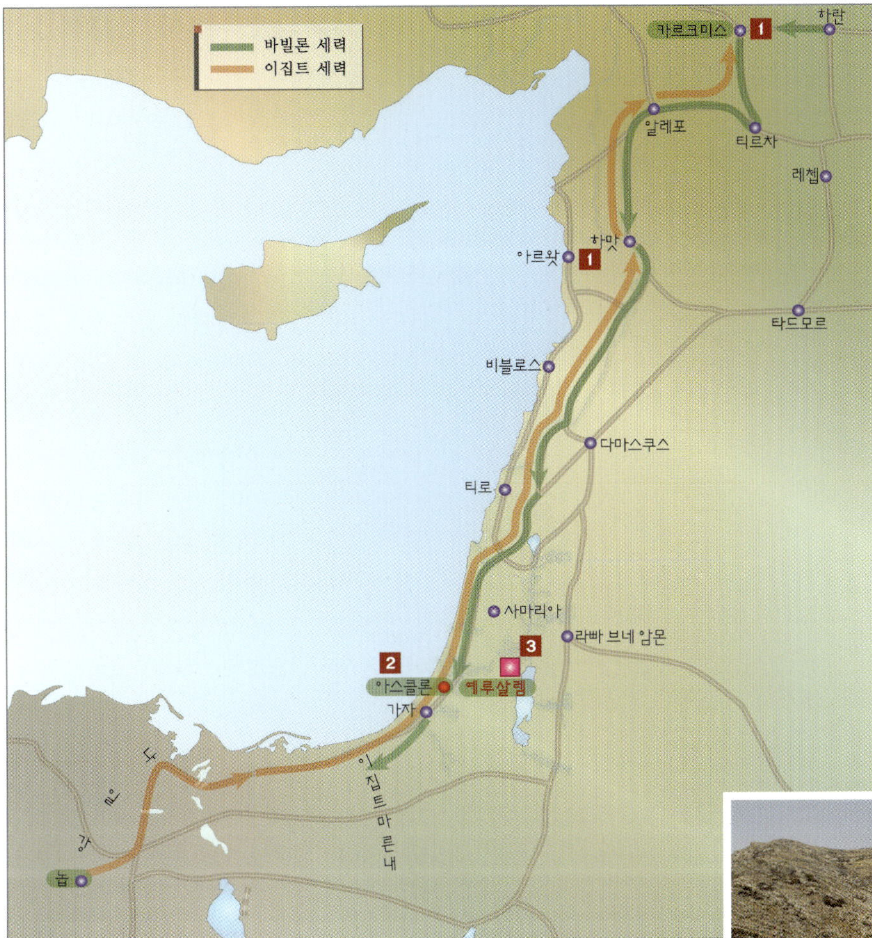

기원전 605–601

900 800 700 600 500 400 300 200 100 0 100

3 여호야킴은 그의 신하가 되었고 3년간 조공을 바치기로 하였다.

2열왕 24,1: 여호야킴 시대에 바빌론 임금 네부카드네자르가 쳐 올라와서, 여호야킴은 세 해 동안 그의 신하가 되었다. 그 뒤에 그는 돌아서서 네부카드네자르에게 반역하였다.

기원전 603년 바빌론은 또 다른 중요한 성읍, 가자 혹은 에크론을 점령했다.

아나톳 유적지

예레 46,2: 유다 임금 요시야의 아들 여호야킴 제사년에, 유프라테스 강 근처 카르크미스까지 갔다가 바빌론 임금 네부카드네자르에게 패배한, 이집트 임금 파라오 느코의 군대를 두고 하신 말씀이다.

1 이집트는 바빌론이 카르크미스를 정복할 때까지 4년간 레반트를 지배했다. 기원전 605년 네부카드네자르는 카르크미스에서 승리, 이집트군을 추격하였다.

2 기원전 604년에 네부카드네자르는 남으로 진군해 아스클론을 획득, 유다에 단식이 선포될 만큼 공포를 일으켰다(예레 36,9).

기원전 602년 조공을 받기 위해 세력을 과시한 전쟁이었다.

기원전 601년 파라오 느코가 나왔다. 헤로도토스에 의하면 느코는 믹돌에서 시리아 군대를 만나 패배시켰고 가자를 차지했다(예레 47,1: 파라오가 가자를 치기 전에 필리스티아인들을 두고, 예레미야 예언자에게 내린 주님의 말씀).

지도 125 | 에제 40,1; 47,13–48,29 에제키엘의 환시: 이스라엘 땅의 새 경계선과 분배

고향으로 귀환하는 것은 유배 공동체의 꿈이었다. 유배된 지 이십오 년 니산 달 초열흘날에 에제키엘은 성전 복구에 대한 환시(에제 40,1)와 이스라엘 지파들이 회복되는(에제 47,13–48,29) 추가 환시를 받는다. 나라 전역을 서쪽에서 동쪽으로 가로질러 경계를 지어 각 지파에게 분배하는 환시는 실제 지리적 구조에 부합된다. 북쪽 경계에 관한 전승은 "다마스쿠스 경계선과 하맛 경계선 사이"라는 구체적 표현에서 그 기원을 찾을 수 있다. 이 경계선을 기술하게 된 때는 이스라엘의 왕정 시대였다. 후기 청동기부터 헬레니즘 시기까지 그곳을 '가나안 땅'의 경계로 인식했다는 증거가 있다. 남쪽 경계는 유다 왕국에서 기원하였다. 민수 34장을 기술한 이는 여호수아 시대에 가상적인 상속 재산의 경계를 정하는 데 이 경계 기준을 사용하였다. 에제키엘은 그것을 환시로 나타난 미래에 투사하였다.

기원전 573

900 | 800 | 700 | 600 | 500 | 400 | 300 | 200 | 100 | 0 | 100

에제 40,1: 우리의 유배살이 제이십오년 연초 초열흘날, 곧 도성이 함락된 지 십사 년째 되는 해, 바로 그날에 주님의 손이 나에게 내리시어, 나를 그 도성으로 데리고 가셨다.

47,13 : 이스라엘의 열두 지파에 따라, 상속 재산으로 나누어 가질 땅의 경계선

그림 10 | 에제 48,30–34 에제키엘의 환시: '야훼 삼마' 성문들

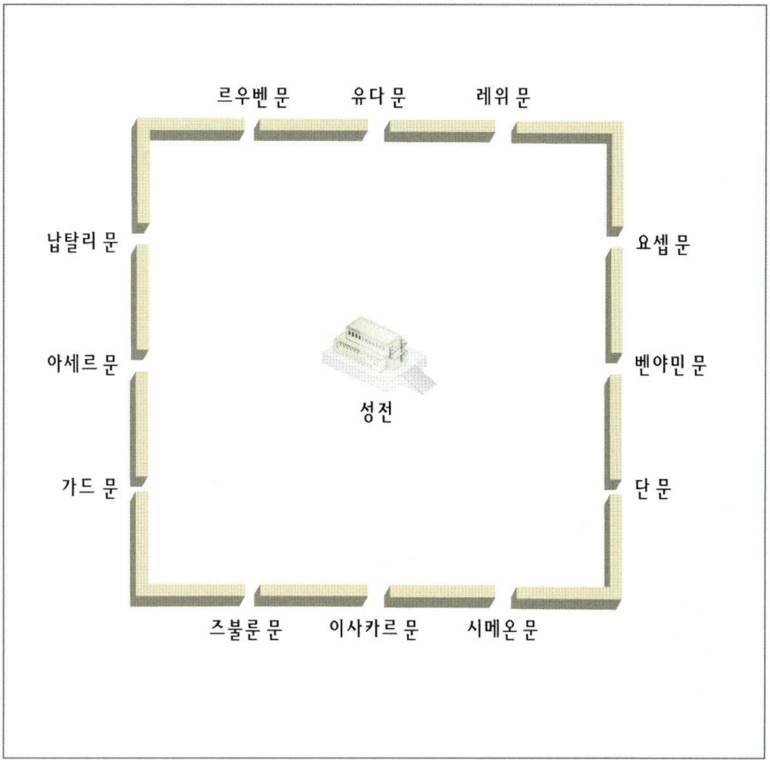

북 – 에제 47,15–16: 큰 바다에서 헤틀론 쪽으로 르보 하맛과 츠닷을 거쳐, 베로타, 다마스쿠스 경계선과 하맛 경계선 사이에 있는 시브라임, 그리고 하우란 경계선 쪽에 있는 하체르 티콘에 이른다.

동 – 47,18: 하우란과 다마스쿠스 사이에서 시작하여, 길앗과 이스라엘 땅 사이의 경계를 이루는 요르단을 따라, 동쪽 바다와 타마르까지 이른다. 이것이 동쪽 경계선이다.

남 – 47,19: 남쪽으로는, 타마르에서 시작하여 므리밧 카데스 샘까지, 그리고 거기에서 '이집트 마른내'를 거쳐 큰 바다까지 이른다. 이것이 남쪽 경계선이다.

서 – 47,20: 큰 바다가 경계를 이루어 르보 하맛 건너편까지 이른다. 이것이 서쪽 경계선이다.

지도 126 | 예언자들이 활동한 성읍들

기원전 9–7세기

1500 1400 1300 1200 1100 1000 900 800 700 600 500

수넴

여호사팟 언덕

예언자 하까이, 말라키의 무덤

예언자연대표

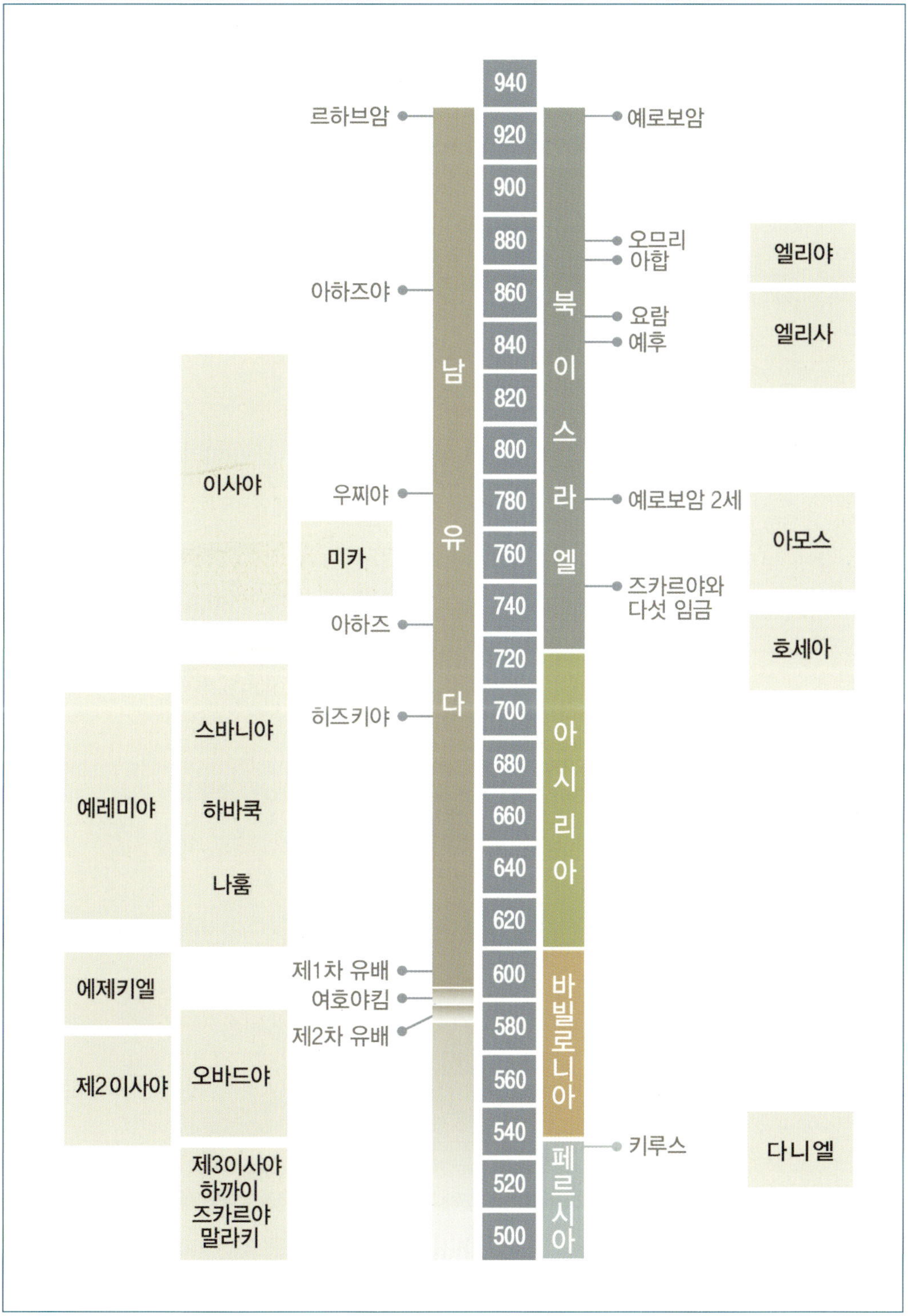
940
920
900
880
860
840
820
800
780
760
740
720
700
680
660
640
620
600
580
560
540
520
500
남유다
북이스라엘
아시리아
바빌로니아
페르시아
르하브암
아하즈야
우찌야
아하즈
히즈키야
제1차 유배
여호야킴
제2차 유배
예로보암
오므리
아합
요람
예후
예로보암 2세
즈카르야와
다섯 임금
키루스
엘리야
엘리사
아모스
호세아
다니엘
이사야
미카
예레미야
스바니야
하바쿡
나훔
에제키엘
제2이사야
오바드야
제3이사야
하까이
즈카르야
말라키

지도 127 | 아모 1,3–2,15 아모스 예언자의 환시: 이스라엘, 유다와 주변 민족들

기원전 8세기 중반

900 800 700 600 500 400 300 200 100 0

이스라엘과 유다 왕국은 기원전 8세기 중반에 번영과 권력의 정점에 도달했다. 그들은 다시 한 번 비옥한 초승달 지역을 지나는 세계적으로 중요한 상업의 동맥들을 지배할 수 있었다. 예로보암 2세의 성공은 갈릴래아의 갓 헤페르 출신 예언자요 아미타이의 아들 요나도 인정하였다(2열왕 14,25). 기원전 9세기에 있었던 예언자 학교는 기원전 8세기에도 계속 융성했다. 예언자들은 국내뿐 아니라 외국에 대해서도 윤리 문제를 비판하였다. 아모스의 예언을 예로 든다.

1 아모 1,3–5: 다마스쿠스의 죄
2 1,6–8: 가자의 죄
3 1,9–10: 티로의 죄
4 1,11–12: 에돔의 죄
5 1,13–15: 암몬 자손들의 죄
6 2,1–3: 모압의 죄
7 2,4–5: 유다의 죄
8 2,6–16: 이스라엘의 죄

지도 128 | 2열왕 13,10 – 14,29; 아모스서 북이스라엘과 예언자들

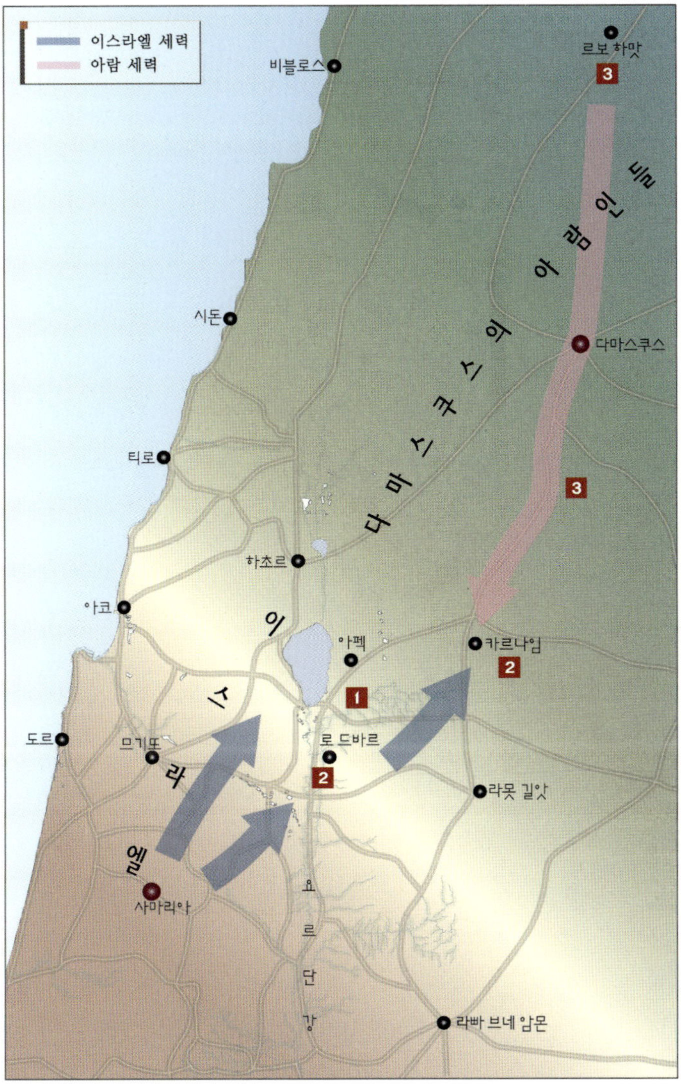

기원전 790–782

900 800 700 600 500 400 300 200 100 0 100

전승에 따르면 여호아스는 엘리사의 말에 따라 아람–다마스쿠스를 세 번 쳤다(2열왕 13,18–19). 다마스쿠스는 아시리아의 아닷 니라리와 잇따르는 하맛과 투쟁하느라 너무나 약해져서 요르단 동편을 거의 전부 지배하려는 여호아스와 예로보암 2세의 시도를 막지 못했다(1역대 5,17). 예로보암은 "르보 하맛 어귀에서 아라바 바다에 이르기까지 이스라엘 영토를 되찾았다"(2열왕 14,25).

1 2열왕 13,17: 엘리사가 "쏘십시오." 하고 말하였다. 임금이 활을 쏘니 엘리사가 말하였다. "주님께서 베푸실 승리의 화살입니다. 임금께서는 아펙에서 아람을 쳐서 그들을 전멸시키실 것입니다."

2 아모 6,13: 너희는 로 드바르에서 기뻐하며, "우리가 우리 힘만으로 카르나임을 차지하지 않았느냐?" 하는구나.

3 2열왕 14,25: 그가 하맛 어귀에서 아라바 바다에 이르기까지 이스라엘 영토를 되찾았다.

하맛은 다마스쿠스와 함께 이스라엘에 복귀되었지만(2열왕 14,28), 메드바의 고원은 분명히 모압인들의 손에 남아 있었다. 가드 지파와 르우벤 지파는 이제 바산과 유프라테스 강 앞의 동쪽 고원지대에서 거주하게 되었다(1역대 5,9–11).

이스라엘은 통일 왕국의 북쪽 지역까지 거의 지배했다. 바산 언덕(아모 4,1)부터 카르멜의 재배지에 이르는, 광범한 농업 지역은 곡물, 포도, 기름(호세 2,10)을 풍부하게 생산했다. 이즈르엘 계곡과 사론 평야뿐만 아니라 요르단 동편의 대상로 역시 이스라엘의 통제 아래 있었다.

지도 129 | 구약 시대의 거룩한 땅

3. 구약과 신약 사이(지도 130 - 133)

구약을 마무리하고 신약으로 넘어가는 그 사이의 일들을 자세히 살펴보고자 한다. 마카베오기 이후부터 신약의 예수님 시대가 이야기되기 전의 역사적 상황과 지리적 여건을 알면 신약성경의 말씀을 듣고 이해하는 데에 도움이 되기 때문이다. 사실 이 시대의 이스라엘에 관해서는 정보가 많지 않다.

1. 하스모네아 왕가와 로마

요세푸스는 안티오코스 에피파네스가 예루살렘을 점령한 때부터 헤로데 대왕이 죽을 때까지 167년의 기간을 《유다 전쟁사》 제1권 첫머리에 담고 있다고 밝힌다. 여기에는 안티오코스 에피파네스(기원전 175-164 재위)가 예루살렘을 점령한 1마카 1장부터 시작하여 마카베오기에서 다루고 있는 시기의 이야기가 담겨 있다. 또 예수님 탄생 시기를 말하는 '유다 임금 헤로데 시대'(루카 1,5), '아우구스투스 황제 시기'(2,1), '헤로데 임금 시기'(마태 2,1)가 포함되며, '헤로데가 죽기'(마태 2,19)까지의 정치적 배경이 묘사된다.

헤로데 왕국과 이스라엘 땅에 남아 있는 유적들의 사진을 바탕으로 신약 시대의 배경을 보자.

신약성경에 나타나는 두 헤로데를 언급하기 위해 먼저 그 시작이 되는 안티파테르부터 보자. 그는 마태 2,1-19에서 말하는 헤로데의 부친이 되는 사람이다. 그는 율리우스 카이사르(기원전 100-44) 시기, 폼페이우스가 다마스쿠스에 입성하고 예루살렘을 함락한(기원전 65년) 시기에 활약했다. 그는 두 아들 파사엘과 헤로데와 함께 전쟁터에서 싸웠다. 카이사르 이후 카시우스와 마르쿠스가 시리아에 원정 와 있을 때 안티파테르는 아라비아 임금 말리쿠스에 의해 독살된다. 헤로데는 기원전 44년 카이사르가 암살된 이후, 옥타비아누스와 안토니우스가 경합을 벌이던 기원전 43년부터 옥타비아누스가 아우구스투스 카이사르로 자리를 굳히는 기원전 27년 이후로도 계속 로마와 친분을 가지고 지내며 왕권을 굳혀 나가다가 기원전 4년에 사망했다. 마태 2,22에서 말하는 아르켈라오스는 헤로데 임금이 사마리아 여인 말타케에게서 낳은 아들이다. 로마의 아우구스투스 황제는 예수님 탄생 시기에도 여전히 재위하고 있었고 기원후 14년에 사망한다. 티베리우스가 14년에 로마 제2대 황제로 즉위하고 37년에 사망한다. 예수님의 공생활 당시 로마 황제는 티베리우스이다.

주변 정세

기원전 4년	로마 카이사르는 헤로데 임금 사망 이후 유다 왕국을 삼등분하여 세 아들(아르켈라오스, 필리포스, 헤로데 안티파스)에게 맡겼다.
기원후 6년	아르켈라오스가 다스리던 예루살렘을 포함한 유다 중부를 로마 속주로 편입한다. 필리포스와 헤로데 안티파스는 계속 그들의 분봉국을 다스렸다.
40년	로마의 가이우스(칼리쿨라) 황제는 시리아 총독 페트로니우스에게 예루살렘 성전에 유피테르 상을 세우라고 명령한다.
41년	로마의 클라우디우스 황제가 헤로데 아그리파스 1세에게 유다 통치를 맡긴다. 유다 중부가 35년 만에 왕정으로 돌아갔다.
44년	헤로데 아그리파스 1세 죽음 이후 유다는 로마의 직할 통치령이 된다.
50년	로마의 클라우디우스 황제가 아그리파스 2세를 다시 유다 왕위에 앉히고 예루살렘과 그 주변은 로마 직할 통치령으로 한다.

66년 유다 항쟁이 일어난다. 로마의 네로 황제는 베스파시아누스 장군에게 유다를 진압시킨다.

70년 로마 베스파시아누스 황제가 티투스를 통해 예루살렘을 함락시키고 성전을 불태운다.

106년 로마, 현재 요르단 지역인 아라비아를 합병하여 아라비아 나바태아 속주로 한다.

113년 하드리아누스가 시리아 총독이 된다.

116년 로마군은 티그리스 강까지 진격하여, 116년 파르티아 수도 크테시폰을 점령했으며 로마 제국의 패권이 최대에 이른다.

117년 하드리아누스가 로마 황제가 된다.

130년 하드리아누스는 유다를 시찰하고 유다인들의 할례를 금지한다.

131년 유다에서 바르 코크바와 라삐 아키바를 주축으로 한 바르 코크바 항쟁이 예루살렘을 중심으로 일어났다.

132년 바르 코크바 일행이 예루살렘을 장악하자 로마 황제 하드리아누스가 그리스에서 안티오키아로 와 반격을 시작했다. 할례가 예루살렘의 거주 조건이 되었다. 유다인들은 할례를 세례로 대신한 초기 유다계 그리스도교인들을 박해하기 시작했다. 70년 이후 유다인들과 그리스도교인들이 사이가 멀어지긴 했으나, 이때부터 서로 완전히 적대감을 지니게 되었다.

134년 로마군이 예루살렘을 함락함으로써 이스라엘의 항쟁이 끝난다. 항쟁에 참여한 유다인들은 예루살렘에서 추방당하게 된다. 유다인의 본격적인 '디아스포라'이다. 이때부터 유다 속주의 이름은 '팔레스티나'로 바뀌며 공식 명칭이 되었고 예루살렘도 아일리아 카피톨리나로 불리게 되었다.

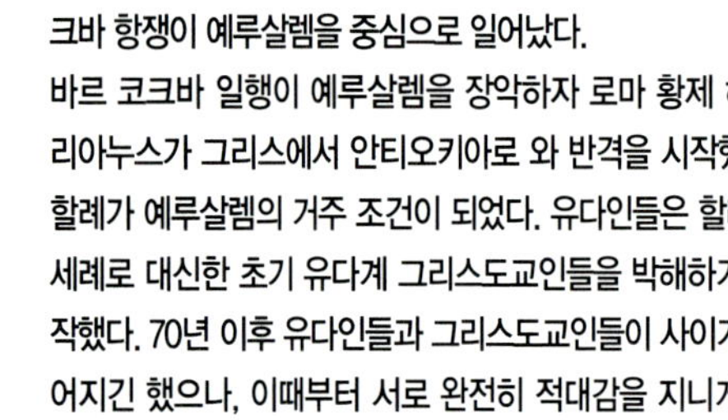

134-135년 예루살렘의 자유를 위하여 로마에 대항한 바르 코크바 항쟁 중에 예루살렘에서 주조된 은전(4드라크마)

2. 안티파테르와 로마

로마의 카이사르는 히르카노스를 대사제로 공표하고 헤로데 안티파테르를 유다의 행정관으로 임명한다. 안티파테르가 온몸을 바쳐 로마가 이집트를 정벌하도록 도왔기 때문이다. 그리고 유다의 성벽들을 재건해도 좋다는 허락을 주었다. 행정관(procurator)이 된 안티파테르는 제일 먼저 폼페이우스가 파괴한 예루살렘의 성벽을 재건하였다. 그러면서 그는 유다인들에게 하스모네아 왕가의 히르카노스가 대사제직에 합당하고 자신이 행정에 적합함을 밝히면서 협조를 요청한다. 그래야 자신이나 히르카노스가 행정관(procurator)과 임금(king)으로 있지, 그렇지 않으면 유다인들을 지배하는 지배자나 압제자를 발견하게 될 것이라고 말한다. 그러면서 장남 파사엘을 예루살렘의 영주로, 차남 헤로데를 갈릴래아의 영주로 임명한다(The New Complete Works of Josephus, Chap 10, 3-4항 in *The Jewish War* Book 1, 684쪽).

여기서 우리는 대사제 히르카노스가 마카베오 시대 이후 하스모네아 왕가로서 거듭나며 왕의 칭호를 지녔고 대사제직을 행했음을 파악할 수 있다. 또한 헤로데의 예루살렘 성전 모델에서 하스모네아 왕가의 궁과 헤로데 궁의 위치를 파악할 수 있고, 복음서에서 말하는 대사제와 헤로데 사이를 이해할 수 있는 실마리를 찾는다. 안티파테르의 아들 헤로데는 행정력이 뛰어나 업적을 인정받게 되고 유다인들 사이에서도 명성이 높아간다. 이에 히르카누스가 위협을 느껴 헤로데를 제거하기 위해 헤로데가 임금이 아닌 데도 사람들을 처형했다 하여 율법대로 심판하려고 했다. 그러나 로마의 시리아 총독

섹스투스 카이사르의 권유와 안티파테르, 파사엘의 만류로 헤로데는 히르카노스에게 보복하지 않는다. 이때 헤로데의 부친과 형은 히르카노스가 임금이라는 점을 강조했다(앞의 책, 10장, 5-10항, 684-685쪽).

3. 헤로데

로마의 변화에 따라 카이사르 대신 카시우스와 브루투스가 헤로데를 시리아의 행정관(procurator)으로 임명한다. 카시우스는 전쟁이 끝나면 헤로데를 유다의 임금으로 옹립하겠다고 약속하였다. 이런 약속 때문에 말리쿠스가 시기를 하여 안티파테르를 독살하였다. 헤로데는 결국 복수를 한다. 그리고 파사엘을 공격한 펠릭스와 티로의 독재자 마리온과 전쟁을 벌여 승리하고 예루살렘으로 돌아온다.

유다인들이 그를 아끼게 되었고 헤로데는 히르카노스의 손녀 마리암네와 결혼하여 위치를 공고히 한다. 그래서 적대자들이 카이사르 아우구스투스와 안토니우스에게 헤로데를 고발하였을 때 메살라(Messala)와 히르카노스는 헤로데를 편들며 천거한다. 안토니우스는 전에 안티파테르에게 후한 대접을 받은 적도 있고 해서 결국 파사엘과 헤로데를 분봉왕(tetrarch, 4분 영주)으로 임명하고 유다의 통치를 일임한다.

그러나 안티고노스가 파르티아의 힘을 빌어 파사엘과 히르카노스를 해치고 헤로데도 죽이려 하자, 헤로데는 로마로 도망을 간다. 로마에 가서 안토니우스와 카이사르 아우구스투스에게 호소한다. 로마 원로원 회의는 파르티아를 물리치는 데 유리하도록 헤로데를 유다의 임금으로 결정한다(앞의 책, 14장, 691-692쪽).

기원전 31년 악티움 해전 당시 헤로데는 처음에는 안토니우스를 도우려 했으나 안토니우스가 패전한 후 로도스 섬에 있는 카이사르를 찾아가 호의를 얻어내고, 카이사르는 그를 유다의 임금으로 인정한다. 헤로데는 카이사르가 이집트로 가기 위해 시리아를 통과할 때 후원을 아끼지 않았기 때문에, 클레오파트라가 안토니우스를 통해 빼앗았던 영토 가다라, 히푸스, 사마리아, 가자, 안테돈, 야포, 스트라토의 탑을 하사받는다. 또한 카이사르는 악티움 해전에서 승리한 후 트라코니티스, 바타네아, 아우라니티스를 헤로데에게 준다. 그리고 10년 후 다시 시리아를 방문하였을 때 그를 시리아 전체의 행정관(procuraor)으로 임명하였다. 시리아의 행정관들 대부분은 헤로데의 조언을 구하게 되었다(앞의 책, 20장, 701-702쪽).

헤로데는 재위 15년에 성전을 재건하고 성전 주위에 성벽을 쌓았다. 이때 성전산이 확장되어 성전 구역이 거의 2배가 되었다. 그가 막대한 경비를 들여 성채를 증축하고 안토니우스를 기려 안토니아 요새라고 불렀다(회랑은 신축하였다). 그는 또한 상부 도시에 굉장히 크고 아름다운 궁전 두 채를 지었다. 절친한 친구를 기념하여 하나는 카이사리움이라 하고 다른 하나는 아그리피움이라 하였다. 그리고 사마리아에 성벽을 쌓고 카이사르에게 바치는 거대한 신전을 지었으며 신전 주위를 세바스테라고 불렀다. 지금도 그 지역은 세바스테라고 불린다. 카이사르가 덤으로 준 땅 요르단 강 근원지라 부르는 바니아스에도 신전을 건축했다. 산 정상은 높고 산 기슭에는 어두컴컴한 동굴이 입을 벌리고 있는 그런 곳이라고 요세푸스는 묘사한다. 사진에서 확인해 볼 수 있다. 동굴은 깊이를 알 수 없을 정도로 한없이 깊고 흐르지 않는 물이 잔뜩 있었다고 묘사한다. 헤로데는 예리코와 스트라토의 탑을 비롯한 곳곳에 카이사르를 기리는 건축물을 지었다. 도르와 야포 사이에 쓸 만한 항구를 만들어 카이사리아라고 불렀다. 예루살렘에도 탑 하나를 건축하여 파사엘 탑이라 하였다. 예수님 시대에는 그것을 히피쿠스 탑이라 불렀고, 현재는 다윗 탑이라고 부른다. 아라비아 쪽 산 위에 요새를 건설하고 헤로디움이라 하였다. 그 밖의 도시에도 많은 건축물을 지었다(앞의 책, 21장, 702-704쪽).

그 후 헤로데는 부인 마리암네와 그녀의 두 아들을 살해하고, 도리스와의 사이에서 낳은 아들로 후계자로 지명했던 안티파테르도 처형한다. 이후 아르켈라오스를 후계자로 지목하고 안티파스는 분봉왕(tetrarch)으로 지명하는 것으로 유언장을 고쳐 작성했다. 헤로데는 아들 안티파테르를 처형하고 나서 5일을 더 산 후 왕위에 오른 지 34년, 로마로부터 임명된 지 37년 만에 세상을 뜬다. 헤로데의 유언장이 카이사르의 추인을 받아 공개되었다. 필리포스는 트라코니티스를 다스리고, 안티파스는 분봉왕에, 아르켈라오스를 임금에 임명한다는 내용이었다(앞의 책, 33장, 725-727쪽). 헤로데의 장례 행렬은 헤로디움까지 200퍼얼롱(40.234km: 1퍼얼롱=201.17m)을 행진하였다. 최근 헤로디움에서 헤로데의 무덤 자리가 발견되었다.

4. 로마의 속주: 총독들

카이사르는 아르켈라오스에게 통치자(ethnarch) 명칭과 함께 헤로데 왕국의 반을 준다. 나머지 반은 두 개의 분봉국(tetrarch)으로 나누어 헤로데의 두 아들 필리포스와 안티파스에게 나누어 주었다. 그래서 안티파스는 페레아와 갈릴래아를, 필리포스는 바타네아와 트라코니티스, 얌니아 지역을 다스리게 되었다. 아르켈라오스는 유다와 사마리아, 이두매아를 다스렸다. 카이사르는 아르켈라오스에게 스트라토의 탑과 세바스테, 예루살렘 도시는 주었으나 그리스 도시인 가자, 가다라, 히푸스 등은 시리아에 병합시켰다. 아르켈라오스는 그의 영토를 차지하고 폭정을 하여 결국 통치 제9년에 비엔나로 추방당하였다.

기원후 6년에 아르켈라오스가 다스리던 지역은 로마의 속주로 편입된다. 카이사르는 코포니우스를 총독으로 보냈다. 유다라는 갈릴래아 사람이 유다인을 선동해 반란을 일으킨(사도 5,37) 것도 그가 총독으로 있던 때이다(앞의 책, 제2권, 8장, 736쪽). 아르켈라오스의 영토는 로마의 속주(province)가 되었지만 필리포스와 안티파스는 계속 그들의 분봉국을 다스렸다. 당시 로마는 아우구스투스가 57년간의 통치를 마치고 사망한 후, 티베리우스가 황제 자리에 오른 때이다.

티베리우스 황제는 유다 총독으로 빌라도를 파견하였다. 빌라도는 밤에 카이사르의 형상이 그려진 군기를 예루살렘으로 들여 보내기도 하고 코르반으로 비축된 돈을 도수관 공사 비용으로 사용하기도 하는 등 유다인과

75년 로마 데나리온(로마 제국의 은화) : 앞면에는 월계관을 쓴 베스파시아누스 황제의 모습이 새겨져 있고 뒷면에는 평화의 여신이 오른손에 가지를 들고 앉아 있는 모습과 황제 베스파시아누스를 언급하는 칭호들이 새겨져 있다.

좋게 지내지 못하였다.

헤로데에게 처형을 당한 아리스토불로스의 아들 아그리파스가 로마의 티베리우스를 찾아갔다가, 감옥에서 고생했다. 그러나 뒤를 이어 로마 황제가 된 가이우스가 아그리파스를 죽은 필리포스의 분봉왕 자리에 앉혔다. 헤로데 안티파스는 이를 시샘하다가 로마에 의해 에스파냐로 추방되었다.

아그리파스는 가이우스(칼리굴라)가 3년 8개월의 통치를 마치고 암살된 후 클라우디우스 황제에 의해 자리를 확고히 하게 된다. 클라우디우스는 아그리파스에게 그의 부친의 왕국을 하사하고, 아우구스투스가 헤로데에게 주었던 트라코니티스, 리사니아스 왕국도 선물로 주었다. 아그리파스는 난공불락의 성벽을 예루살렘에 건설하기 시작하였다. 아그리파스의 동생 겸 사위인 헤로데에게 칼키스 왕국을 주었다.

그러나 아그리파스는 3년을 통치하고는 성벽을 완공하기 전에 카이사리아에서 숨을 거둔다. 클라우디우스는 그의 아들의 나이가 어렸으므로 아그리파스의 분봉국을 다시 로마의 속주로 편입시키고 쿠스피우스 파두스와 티베리우스 알렉산데르를 총독으로 파견하였는데, 이 둘은 유다의 율법을 존중하며 평온하게 나라를 다스렸다.

칼키스 왕 헤로데가 죽자 클라우디우스 황제는 아그리파스의 아들 아그리파스 2세가 그 영토를 물려받고 분봉국의 왕이 되게 하였고 로마 속주의 총독으로는 알렉산데르에 이어 쿠마누스를 임명하였다. 쿠마누스 치하에서 카이사르의 종 스테파누스가 벳 호론 길에서 약탈을 당했고, 강도를 잡으러 간 병사 중 하나가 율법서를 찢어 태우자 유다인들이 소요를 일으켰기 때문에 그 병사는 처형을 당했다. 그 후 초막절을 위해 예루살렘으로 가던 갈릴래아 사람이 사마리아인에게 피살되어 이를 계기로 두 무리 사이에 큰 소요가 일어났다. 쿠마누스는 세바스테 기병대를 투입하여 소요를 진압시키려 하였으나 잘 안 되어 티로에 있는 시리아 총독 콰드라투스가 개입하여 진압하였다. 로마 황제가 쿠마누스와 사마리아인 이야기를 듣게 되어 쿠마누스는 추방시키고 펠릭스를 갈릴래아와 사마리아와 페레아의 총독으로 임명한다. 그리고 아그리파스 2세에게는 필리포스의 지역이었던 바타네아, 트라코니티스, 가울라니티스, 리사니아스 왕국과 아빌레네 지역까지 주었다. 클라우디우스 카이사르는 13년을 통치하고 네로가 후계자로 황제의 자리에 올랐다(앞의 책, 제2권, 12장, 744-746쪽). 네로는 아그리파스에게 아빌라, 페레아의 율리아스, 타리케애, 갈릴래아의 티베리아스를 주었다. 그 외의 모든 유다 지역은 총독 펠릭스가 다스렸다. 펠릭스의 후임은 페스투스, 다음은 알비누스, 그다음은 게시우스 플로루스였다.

티투스 개선문

유다 성전 기물 약탈– 티투스 개선문 부조

지도 130 | 로마 시대

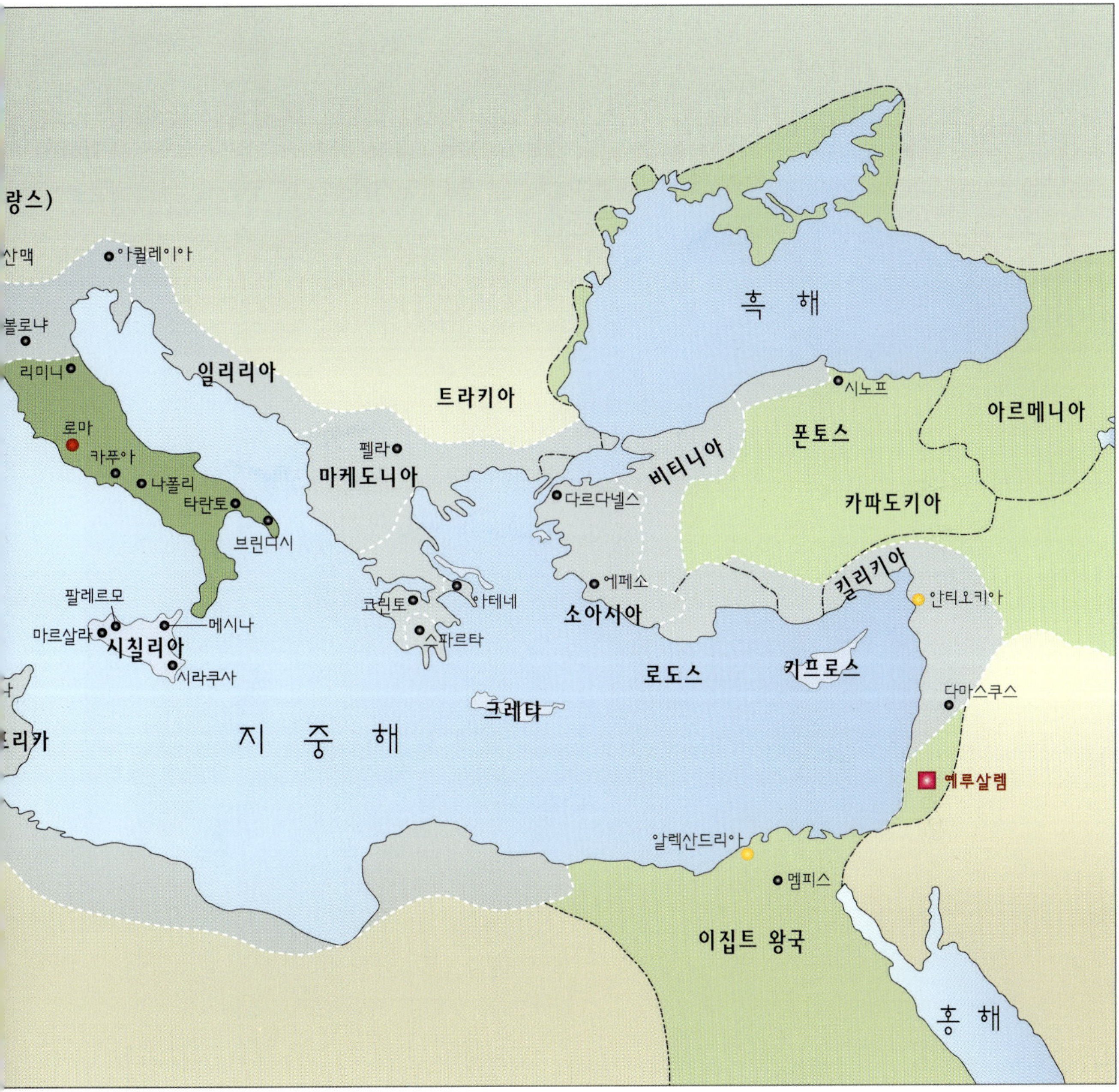

랑스)
산맥
아퀼레이아
볼로냐
리미니
일리리아
트라키아
흑 해
시노프
아르메니아
폰토스
로마
카푸아
나폴리
타란토
브린디시
펠라
마케도니아
비티니아
다르다넬스
카파도키아
에페소
킬리키아
안티오키아
팔레르모
메시나
마르살라
시칠리아
시라쿠사
코린토
아테네
스파르타
소아시아
로도스
키프로스
다마스쿠스
크레타
지 중 해
예루살렘
알렉산드리아
멤피스
이집트 왕국
홍 해

지도 131 | 로마의 영토 재배치

폼페이우스는 유다를 정복한 뒤 시리아 총독 가비니우스(기원전 57–55 재임)를 통해 유다 영토를 재조정하였다.

총독 관할의 자치 도시

1) 가자, 아스돗, 얌니아, 야포, 아폴로니아, 아레투사(아펙), 스트라토의 탑, 도르 등의 해안 도시와 내륙 쪽의 마리사, 세바스테, 스키토폴리스 등

2) 재건: 스키토폴리스, 사마리아, 안테돈, 아폴로니아, 얌니아, 라피아, 마리사, 아도레우스, 가다라, 아스돗, 아빌라, 디움, 펠라

3) 사마리아는 독립했고, 이즈르엘 평야는 갈릴래아에서 분리되었다. 에스부스는 나바태아에게 반환되었다. 이투래아인들은 세메코니티스 호수 지역, 파니아스, 가울라니티스를 차지하는 대신 지중해 연안에 대한 소유권을 잃었다.

4) 데카폴리스: 폼페이우스는 고립될 위험을 최소화하기 위하여, 요르단 서편 스키토폴리스를 포함하여 요르단 동편의 대다수 도시를 데카폴리스(10개 도시 동맹)에 가담시켰다.
- 데카폴리스: 스키토폴리스, 히푸스, 가다라, 라파나, 디움, 펠라, 게라사, 필라델피아, 카나타, 다마스쿠스
- 카르멜은 프톨레마이스에 반환되었다.

5) 유다

① 유다인들은 야포와 그 주변 지역 및 이즈르엘 평야 등을 잃었지만, 자기들이 밀집해 살았던 유다 본토, 이두매아 동부, 페레아, 갈릴래아를 지켰다.

② 가비니우스 총독은 통치 기간 중에 마케도니아에 적용했던 정책처럼, 유다를 세포리스(갈릴래아), 암마투스(페레아), 예리코, 예루살렘, 아도라(이두매아 동쪽) 등 다섯 행정구역으로 나누었다. 그러나 단일한 민족 공동체가 그러한 수단으로 파괴될 수 없기에, 그 구역들은 곧 해체되었다.

③ 카이사르는 히르카노스 2세를 유다인들의 통치자로, 안티파테르를 행정관으로 임명하였다. 유다인들의 지원에 대한 감사로 카이사르는 야포와 이즈르엘 평야를 돌려주었다.

지도 132 | 헤로데의 영토 확장

참조: 《전정판 역사서 2》, 190–192쪽.

기원전 40–4

헤로데는 로마에서 인정을 받았다. 옥타비아누스와 마르쿠스 안토니우스는 원로원을 설득하여 그를 유다 임금으로 임명하고 또한 서부 이두매아와 사마리아를 그의 왕국에 추가시켰다. 그러나 새 임금은 그 왕국을 차지하기로 되어 있었던 경쟁자 안티고노스와, 그를 '이두매아인 종'으로 증오했던 유다 백성 때문에 투쟁해야 했다. 심지어 로마인 협력자들마저 때때로 그를 버렸으나 헤로데는 이 모든 난관을 극복했다.

동남 성벽

1) 기원전 39년 로마에서 귀환할 때 항구 야포가 적대자들의 수중에 있어서 프톨레마이스로 들어왔다. 39년 겨울 갈릴래아를 지배하기 시작했고, 야포를 확보하기 위해 마사다까지 계속 진군하였다. 그는 마사다 요새에 도피해 있던 자기 가족을 되찾아 이두매아로 돌려보냈고, 오르헤사를 차지한 뒤 예루살렘으로 진격했다가 갈릴래아로 돌아가서, 눈보라 치는 기간 동안(기원전 39–38년) 세포리스를 차지하였다. 또 요르단 강까지 유다인들을 추격하여 아르벨라의 요새 동굴들을 습격하였는데, 유다인들은 완강히 저항했다.
2) 기원전 38년 여름 로마 장군 마케루스가 헤로데를 지원하기 위해 파견되었다. 막내 동생 페로라스가 요르단 계곡을 통해 진군하여 알렉산드리움 요새를 재건하는 동안, 헤로데는 엠마우스를 공격했다.
3) 예루살렘은 기원전 37년 여름에 무너졌으며 많은 시민이 살해되었다. 안토니우스의 명령에 의해 안티고노스도 처형되었다. 헤로데는 이제 명실상부한 유다의 지배자였다.

카이사리아 필리피

바니아스

신전 상상도

영토 확장

4) 기원전 32년 나바태아인들을 물리치고 에스부스를 병합한 뒤, 그곳에 퇴역군인들을 정착시켰다.
5) 30년 아우구스투스는 헤로데의 왕국에 가다라와 히푸스, 가자와 해안 도시(아스클론과 도르 제외)들을 덧보태 주면서 그를 승인하였다.
6) 23년 바타네아, 트라코니티스, 그리고 아우라니티스 등을 진압하라는 임무를 받았다.
7) 20년에는 파니아스와 가울라니티스까지 지배하게 되었다. 이때 헤로데 왕국의 영토가 가장 넓었다. 자신의 왕국을 차지하려고 싸운 것 외에 헤로데가 무력을 사용한 적은 단 한 번이다. 헤로데는 재위 제18년(기원전 20년)에 성전 건축을 시작하였다.

오펠과 올리브 산

■ **왕국 분배**

기원전 4년에 아우구스투스 황제가 내린 결정: 헤로데의 세 아들에게 분배

1 사마리아인 말타케의 아들인 아르켈라오스: 유다, 이두매아, 사마리아의 통치자로 임명되었다. 카이사리아와 세바스테의 도시들도 그의 영토에 포함되었는데, 거기에는 유다인들과 비유다인들이 비슷한 비율로 살고 있었다.

2 헤로데 안티파스: 갈릴래아와 페레아

3 헤로데 필리포스: 카이사리아 파니아스를 비롯한 새로운 정착지, 가울라니티스, 바타네아, 트라코니티스, 아우라니티스를 받았다. 그의 백성은 대부분 비유다인들이었겠지만, 그의 땅에 있던 유다인들은 헤로데 대왕에 의해 정착했기 때문에, 왕조에 충성스러웠다.

헤로데의 누이인 살로메: 얌니아와 아스돗, 요르단 계곡의 파사엘리스

4 시리아의 관구: 헤로데의 통치에 불만을 가지고 있던 가자, 가다라, 게바, 히푸스 같은 도시들

■ **도시 건설**

- 아르켈라오스: 자기 이름을 따서 새로운 정착지를 아르켈라이스라 불렀다.
- 안티파스: 티베리아스(티베리우스 황제를 기념하여), 세포리스, 리비아스(황제의 어머니 리비아를 기리며)를 건설했다.
- 필리포스: 이때부터 카이사리아 필리피라고 불린 카이사리아 파니아스를 추가했으며, 벳사이다 옆에 율리아스(역시 리비아를 기념하여)를 건설

■ **헤로데의 아들들**

- 아르켈라오스는 난폭한 통치를 하다가 기원후 6년에 쫓겨났고, 그의 영역은 로마 행정관(총독)에게 넘겨졌다.
- 필리포스는 자신의 영토를 통치하다 기원후 34년에 죽었다.
- 헤로데 안티파스는 기원후 39년에 추방되었다.

지도 133 | 헤로데 왕국의 분할

그림 11 | 헤로데 시대의 예루살렘

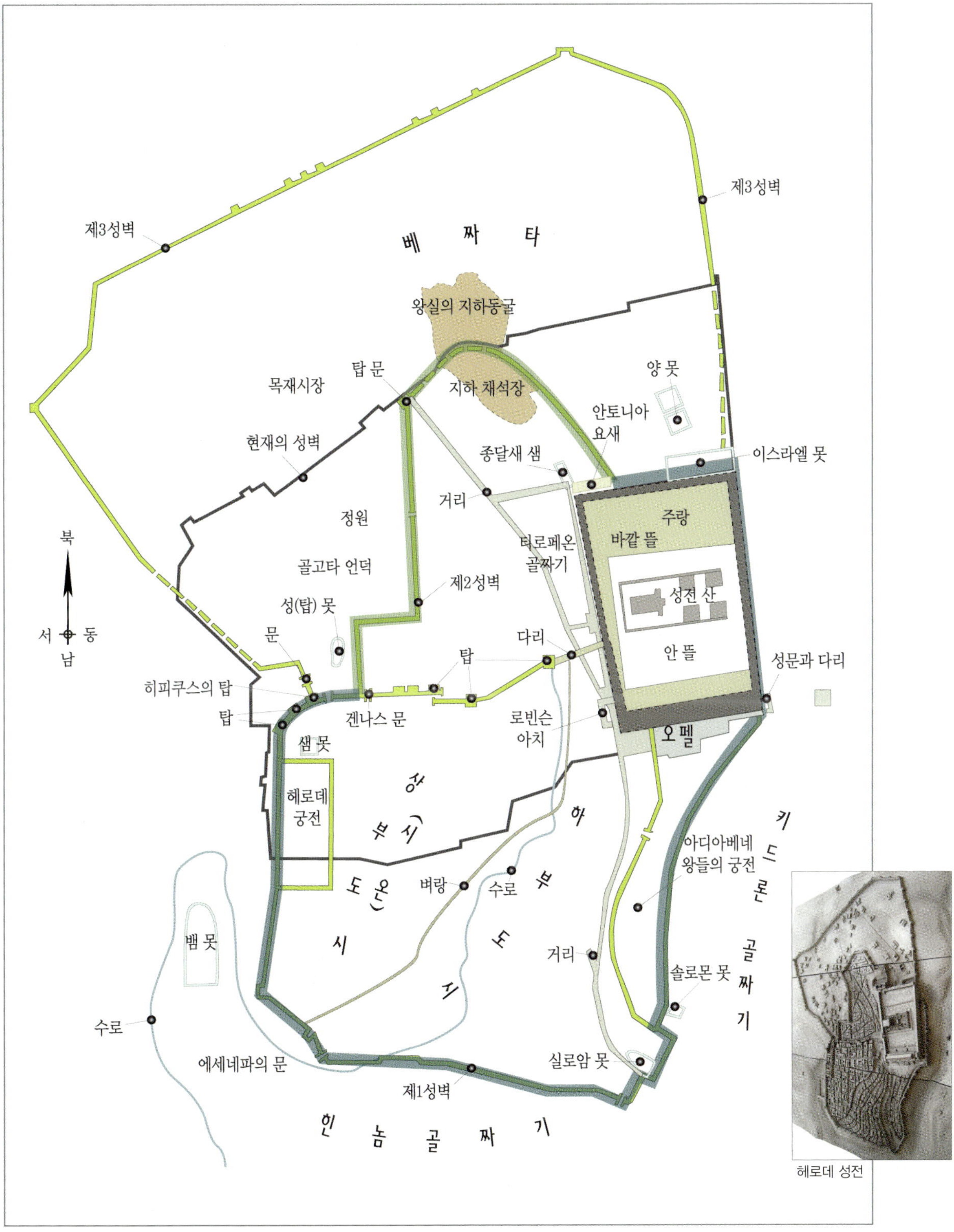

헤로데 성전

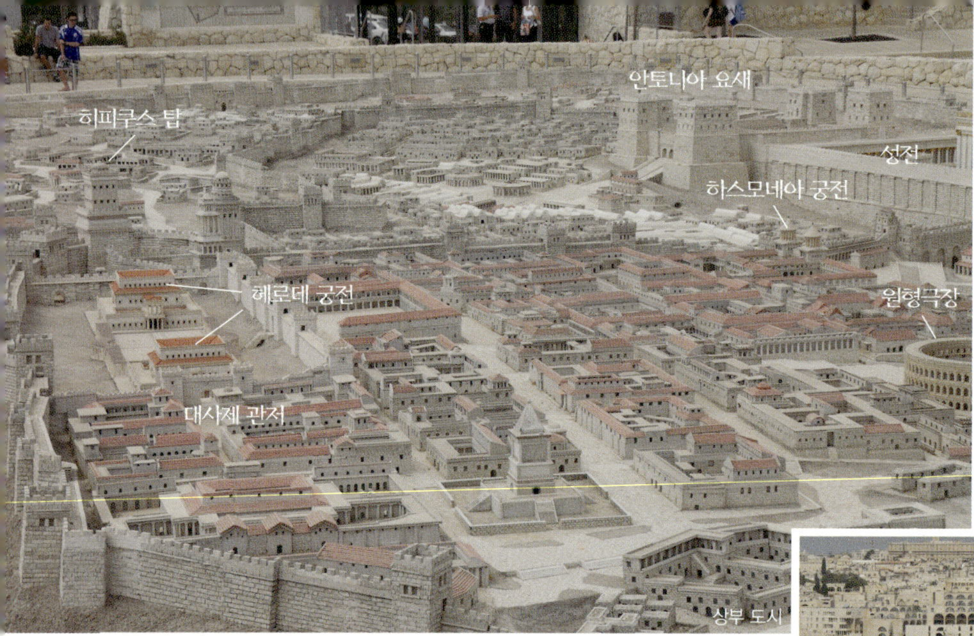

상부 도시

현대 상부 도시 자리

상부 도시 집 내부

불탄 집과 헤로데 시대의 저택을 방문해 보면 예루살렘의 상부 도시와 하부 도시의 생활상이 보인다. 서민들의 가옥 구조와 생활 수준, 그리고 상류층의 생활상을 볼 수 있다.

상부 도시 헤로데 부자 집 터

히피쿠스 탑(다윗 탑)

다윗 탑

헤로데 시대의 요새(citadel)이다.
헤로데가 왕좌에 올랐을 때 하스모네아 왕가에서 건축한 세 개의 탑을 포함하여 제1성벽을 보강했다. 하스모네아 시대의 성벽을 두껍게 하고, 가운데 탑은 확장하고 남쪽 탑은 더 높이 쌓았다. 북쪽 하스모네아 탑 자리에 일명 '다윗의 탑'이라 알려진 탑을 세웠다. 그것은 예수님 시대에 '히피쿠스 탑'으로 알려졌다.

다윗 탑과 하스모네아 궁전 유적

제2성전 시대 왕실 주랑 뒤 하스모네아 궁-뒷 담 윗 탑

다윗 성과 하부 도시

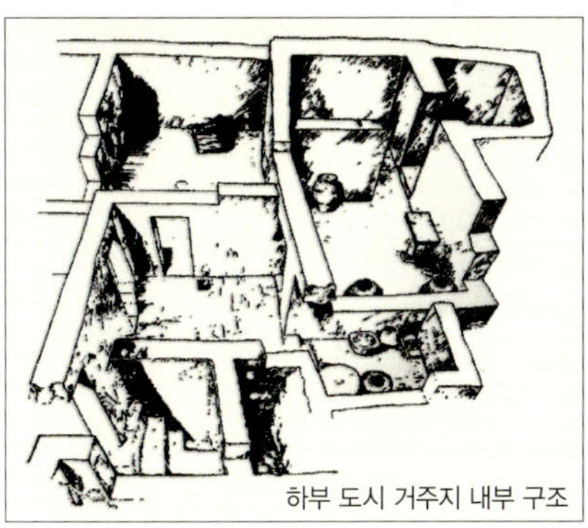

하부 도시 거주지 내부 구조

하부 도시 거주지 내부

카르도

다마스쿠스 문과 시온 문을 연결하는 비잔틴 시대의 중심 도로

기원전 1세기 헤로디움

헤로디움 남쪽 회랑

헤로디움 북쪽 주랑

아래 헤로디움(로만 가든)

헤로데 무덤

헤로디움

헤로디움은 여름 궁전, 요새, 기념물, 매장지, 지역 중심지로서 헤로데가 공들여 지은 건축물이다. 예루살렘 남쪽으로 15km, 베들레헴의 남서쪽으로 5km, 사해의 고대 길 가까이에 기원전 23-20년에 건축된 것이다. 헤로디움은 두 부분으로 구성되어 있는데 상부 헤로디움에는 원뿔 모양으로 만든 인공 산 위에 지은 원형 요새가 있었고, 산의 기슭인 하부 헤로디움에는 임금의 가족과 친구들의 궁전, 행정 중심지로서 주요 관공서들이 있었다.

헤로디움 수조

수조 내려가는 입구

헤로데의 성전 재건축

헤로데는 영토를 확장하고 왕위를 굳건히 한 후에 유다의 종교 전통을 유지하고, 다양한 건축 특히 성전을 재건축하여 유다인들의 지지를 받고자 했다. 그는 당시 세계에 흩어져 살면서 국제 감각을 익힌 디아스포라 유다인들의 눈에도 들고 자신의 국제적 지위를 돋보이게 하는 성전을 짓고자 했다.

헤로데 건축

– 조건: 성전 그 자체는 전 건물과 동일한 규모여야 했다.
  성전 산은 규모 면에서 별로 제한을 받지 않았으므로 이곳을 확장했다.
– 준비: 실제 작업과 제2성전을 부수기 전에 미리 오랫동안 세심한 준비를 하였다.
– 건축: 성전, 지대, 부속 구조물의 건축은 헤로데 통치 제18년(기원전 20년)에 시작
  새로운 성전 자체는 18개월만에 완성되었으나 전체 계획이 완성되는 데는 상당히 오랜 시간이 걸렸다. 성경에는 46년 걸렸다고 나온다(요한 2,20).
– 확장 부분
  · 성전 지대를 막대하게 확장하고 높임
  · 성소, 안뜰, 문들
  · 요새(안토니아)
  · 입구들
  · 주랑 현관들
  · 부속 건물들

안토니오 요새 북쪽 저수조

스트로티온 못 북서쪽

안토니아 요새–윌슨 아치

스트로티온 못

로빈슨 아치

그림 11-1 | 헤로데 시대의 성전 산

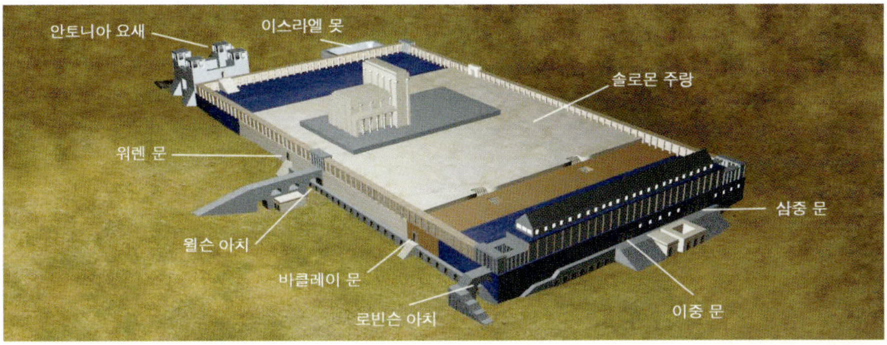

여기서 헤로데가 확장한
성전 산의 크기를 볼 수 있다.

바클레이 문

제2성전 남쪽 벽 3중 문 문설주

로빈슨 아치와 아래 상점 터

로빈슨 아치 교각

터널 통로(5.50m)

터널 헤로데 시대의 석조(2×13.45m)

미완성 작업 바위

바위 수로(The Rock-hewn Aqueduct)

전체적으로 암반을 잘라서 만든 이것은 터널(tunnel)이라기보다 수로(channel)이다. 이 바위 수로는 약 80m이고, 거대한 이중 저수조인 서쪽 못 스트로티온(Strouthion)에서 끝난다. 이는 요세푸스가 붙인 이름이다. 이 바위 수로 옆으로 헤로데 이전부터 쓰이던 수원水源들이 확장된 성전 산의 북쪽 면에 있는 것을 볼 수 있다.

수원 1은 타디 문과 바위 돔 사이에서 일직선을 이루고 훌다 문과도 일직선이라 한다. 오늘날 여기에서 물을 끌어올려 굵은 호스로 성전 산을 청소하는 것을 볼 수 있는데 수량이 풍부한 것을 확인할 수 있다.

바위 수로에 들어가면 처음에 하스모네아 석조 홀에 들어서고 길이 13.45m, 높이 3.19m, 무게 570톤짜리 헤로데 시대의 거대한 석조를 보게 된다.

서쪽 벽(코텔) 터널의 바윗덩어리

수로를 계속 가다 보면 미완성 작업 바위를 만나게 된다. 성전 산에 붙어 있으면서 위로는 끌로 파다가 만 자국이 있다. 왜 이 바위는 파다가 만 채로 남게 되었는지 알 수 없으나 당시 어떤 방식으로 바위를 파며 작업했는지 상상하도록 돕는다.

서쪽 벽 터널은 바위 자체를 잘라서 길을 낸 것이다. 바위 수로는 이 그림에서 보이는 바윗덩어리 뒤 모서리에서 이어진다. 이 덩어리는 움직인 적이 없다고 한다. 이 덩어리 가운데에 수직 네모꼴로 잘라진 골은 바윗덩어리들이 어떤 식으로 잘라지고 제거되었는지를 보여 준다. 이 바위는 시작되었지만 끝나지 않은 부분이다.

바위 수로 수조

하스모네아 홀

헤로데 시

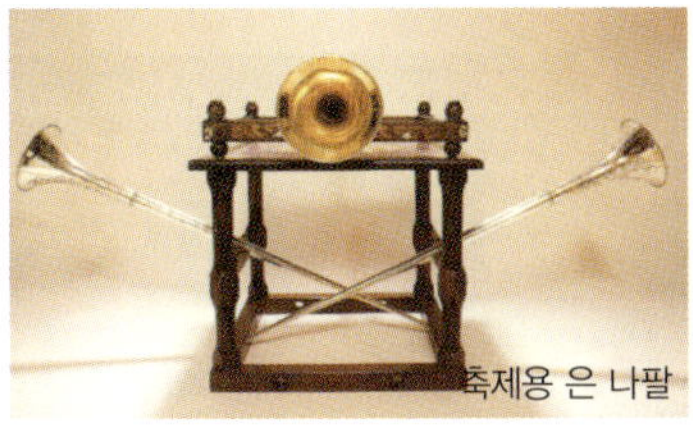
축제용 은 나팔

나팔 부는 모습

나팔 부는 장소의 돌

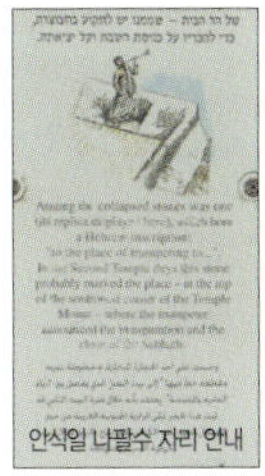
안식일 나팔수 자리 안내

성전 산 남쪽 성벽을 발굴할 때 북에서 남으로 난 길을 찾아냈다. 기원후 70년에 성전이 파괴될 때 성전 산 성벽들이 흔들거리며 거대한 돌들이 떨어졌다. 성전 산 남서쪽 모서리에서 큼직한 돌이 발견되었다. 거기에 “לבית התקיע חלחכ…”라는 글씨가 써 있는데, 그 가운데 마지막 글자를 חלחכדין으로 보면 '나팔 부는 자리'라는 뜻이다. 요세푸스에 의하면 거룩한 구역의 꼭대기에서 나팔을 불어 안식일을 알렸다고 하는데, 거기는 아마도 파괴되기 전 성벽의 남서쪽 위였을 것으로 본다.

나팔 부는 자를 위한 자리

헤로데 시대 석조

헤로데 시대의 돌계단

성전산 성전단 서북쪽 계단 제일 아래에 헤로데 시대 큰 돌바닥이 있다.

헤로데 시대의 돌계단(성전 산 북쪽)

훌다 문의 돌

대사제의 아들

그림 11-2 | 성전 산의 확장 과정

안토니아 요새

바리스(그리스어 *Baris*)

처음에는 군사적 목적 때문에 성전 산을 남쪽으로 확장하여 정사각형 형태를 이루었을 터인데, 후대에 이것이 성전 산 자체에 편입되었다. 이는 아마도 히르카노스 1세(기원전 134-104년)가 성전 산 북쪽에 바리스를 건설하였을 때 일일 것이고, 바리스가 군사 기능을 담당하게 되었을 것이다. 당시 정치 상황에서는 지역 주민들의 조절이 문제가 아니라 외적을 방어해서 성전 산을 보호해야 했다. 성전 산은 대부분 북쪽에서 공격을 받았다. 바리스는 여러 개의 탑으로 구성되었는데, 그중 하나가 스트라토의 탑이었다. 워렌(Warren)은 이것을 타디 문(Tadi gate)과 연결시켜 추측했다. 바리스 요새에서 타디 문을 편입하면서 스트라토의 탑은 성전 산 북쪽 벽에 기대어 건설되었을 것이라고 본다.

헤로데가 기원전 37년에 성전 산을 점령하고 여기를 재건축하여 안토니아 요새라고 불렀다.

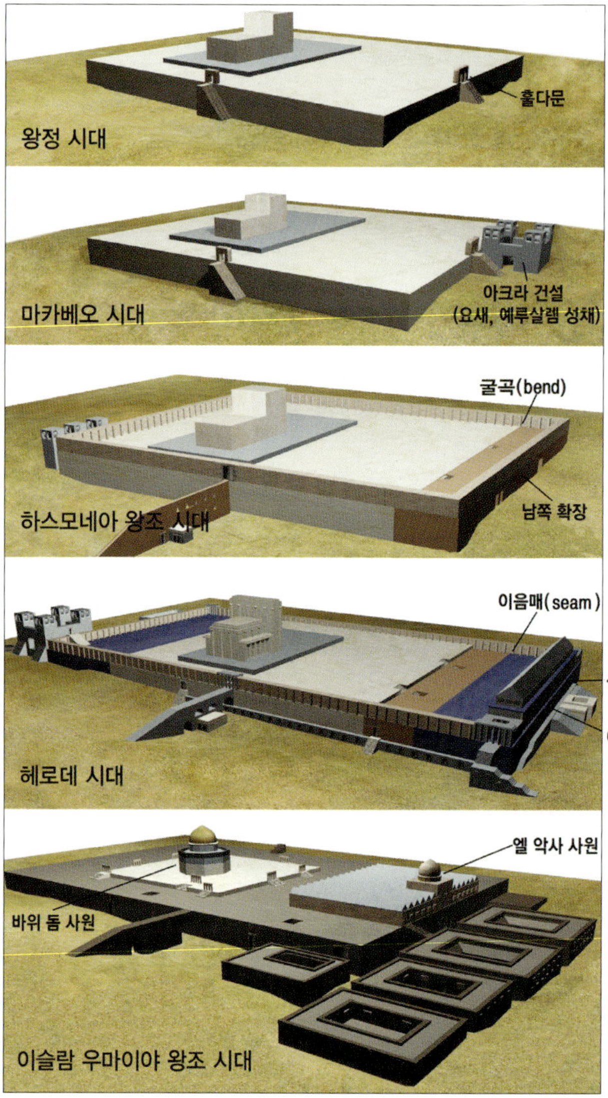

아크라(1마카 6,62-요새; 1마카 11,20-예루살렘 성채)

기원전 168년에 안티오코스 에피파네스가 아크라(Akra)를 건설했다. 그는 셀레우코스 왕국 제143년에 예루살렘에 무혈 입성한다. 그리고 2년 후 성전을 약탈하여 보물과 기물들을 가져가고 성벽을 헐어내고, 하부 도시(시온 산과 모리야 산 사이)에 성채(아크라)를 건설했다. 이 언덕은 시온 산 가장자리에 위치했으나 시온 산보다 낮고 모리야 산보다 높았던 것 같다. 그곳 지형이 높아 그 위에 성채를 지으면 성전을 내려다 볼 수 있었기에, 높은 성벽과 망대로 성채를 요새화하고 그곳에 마케도니아 수비대를 두었다. 그 성채에는 사악하고 불경건한 유다인 무리가 머물면서 예루살렘 주민들을 자주 심하게 괴롭혔다(요세푸스, 《요세푸스 II 유다 고대사: 키루스 원년부터 로마 총독 플로루스까지》, 김지찬 역, 97-98쪽). 이는 1마카 1,33-36의 내용과 부합된다.

엘 악사 사원

테오도토스 비문

훌다 문 헤로데 시대 상인방과 변화 주는 아치

성전 산 북동 성벽

솔로몬 자리

훌다 문과 삼중문

성전 산 남쪽 벽을 보면 여러 문의 흔적이 있다. 이중문(훌다 문)의 흔적에는 헤로데 시대의 상인방과 그 장식 일부분이 남아 있다. 일명 삼중문의 흔적도 있다. 왼쪽에 문설주가 남아 있는데 그 크기가 대단하다(215쪽 오른쪽 사진).

테오도토스 비문

회당장 베테노스의 아들인 테오도토스의 이름이 새겨진 비문으로, 제2성전 시대 말경에 제작된 것으로 추정하며 그로써 예루살렘에 있었던 회당의 존재와 기능을 확인해 준다. 제2성전이 파괴될 때 파괴된 다른 많은 유적과 함께 성전 산 내 수조에서 발견되었다.

황금 문 북쪽 탑

전에는 실수로 안토니아 요새라고도 불렸던 곳의 탑에서 북쪽 확장 부분을 볼 수 있다. 이 탑의 안쪽을 성전 산 북동 성벽 사진에서 볼 수 있다. 이 탑 주변과 황금 문 주변에서 헤로데 시대 이전 석조들을 볼 수 있다. 남쪽 이음매와 옵셋(벽면의 선단)에서 확장된 부분이 나타나고, 그 옵셋과 이음매에서 전에 아치 위로 났던 이중문의 흔적을 볼 수 있다.

황금문 북쪽 헤로데 이전 석조

옵셋

이방인 출입 금지 비문 (soreg)

이 그리스어 비문은 성전 산 Dark Gate(Bab el-Atm) 근처에서 발견된 것(1871년)인데, 사자문 근처에서 발견된 부분의 것과(1935년) 내용은 같다. 그리스어로 "비유다인은 성소에 들어올 수 없다. 붙잡히면 그로 인한 (자신의) 죽음에 대해 스스로 책임져야 한다." 고 기록된 이방인 성소 출입 금지 경고문의 일부분이다. 여기서 성소란 성전의 두 번째 뜰을 말한다. 헤로데 성전의 내부 벽(소렉soreg이라 불리는)은 성전 외부 구획을 분리한다. 이것은 요세푸스가 《유다 전쟁사》에서 묘사한 성전 부분에, 그리고 또 티투스가 말한 내용을 증명하는 석편이다. 70년 항쟁 때 유다인들이 오히려 성전에서 갖은 만행을 저지르자 티투스는 이 벽을 언급하면서 다음과 같이 외쳤다. "너희의 성소 앞에 이 분리벽을 세우지 않았는가? 너희는 이방인 출입 금지라는 경고문을 히브리어와 그리스어로 적은 기둥을 적당한 간격을 두고 설치하지 않았는가?"(앞의 책, 855쪽, 888쪽)

이음매

동쪽 성벽의 이음매(Seam)

일명 straight joint이다. 성전 산 동남쪽 벽 모서리에서 북쪽으로 32m에 있는 곳을, 헤로데가 성전 산을 남쪽으로 확장할 때 건축이 이어진 지점으로 본다. 하스모네아 왕가에서 건축한 곳에서 일직선으로 바로 이어 붙여 건축한 지점이다.

사진에서 우측이 하스모네아 시대의 석조이고 좌측이 헤로데 시대의 석조이다. 굴곡(bend) 부분에서 하스모네아 시대의 확장 부분을 볼 수 있고 이음매(seam) 부분이 헤로데 시대의 성전 산 확장 부분이다.

동쪽 벽의 황금문 주변에는 헤로데 시대 이전의 석조 유적이 남아 있다.

오펠

오펠은 히브리어이고, 요세푸스는 오플라스라고 부르는데, 성전 산과 다윗성 사이의 구역을 가리킨다.

성전 산 동북 모서리 탑 부분

서남 성벽 오펠

성전 산 남쪽 벽과 오펠

헤로데 시대 옹벽

거대한 돌

북쪽 벽

북동 탑의 북쪽 벽은 잘 알려져 있지 않다. 튀르키예 도성 벽이 이 각에 인접해 있다. 그런데 이 각은 모퉁이가 전혀 아니다. 월슨에 의하면 탑의 큰 돌들은 갑자기 끝났다고 하고, 월킨슨은 '잘못된 모퉁이'라고 한다. 왜냐하면 헤로데 시대 벽들과 전혀 일치하지 않기 때문이다.

옹벽들 자체는 그 둘레를 지나가는 길 위로 24m 높이로 우뚝 솟아 있었다. 이 벽들을 짓는데 쓰인 거대한 돌을 현재 남아 있는 서쪽 벽에서 볼 수 있다. 그중 가장 거대한 돌은 길이가 12m이고 무게가 100톤이 넘는다.

예루살렘 지형을 관찰하면 특별히 하부 도시, 상부 도시라든가 서쪽 벽의 아치와 다리 등 건축물의 구성에 대해 이해할 수 있다.

기중기

성전 산 동쪽 벽

동남쪽 확장 부분

동서쪽 성벽 끝

서쪽 벽과 서쪽 터널

성전 산 작은 서쪽 벽

터널 입구

서쪽 벽

서쪽 벽 터널 기도실

역사·고고학적 증거 자료들에 의하면 헤로데의 성전 산의 서쪽 벽에는 문이 네 개 있었다. 하나는 티로페온 계곡 위의 윌슨의 아치에서 시작된 다리에 의한 것으로 하스모네아 왕궁으로 들어간다. 다른 두 개는 더 낮은 위치에 있는 워렌(Warren)과 바클레이(Barclay)의 문으로 교외로 통한 문이다. 마지막은 로빈슨 아치 위에 난 문으로 도성의 다른 편으로 나 있는데 계단으로 내려가면 티로페온 골짜기 길에 내려서고, 벽을 따라 북쪽으로 가면 상부 도시로 다시 올라간다.

바클레이 문은 서쪽 벽 광장의 오른쪽 곧 여성들의 기도 구역 남쪽 끝에서 그 상인방(lintel)을 볼 수 있고, 윌슨 아치는 광장 바로 북쪽에 있는데 남성들의 기도 구역 북쪽 끝 터널을 통해 들어가면 볼 수 있다. 서쪽 벽 광장 현재 바닥에서 일곱 층이 헤로데 시대 돌이라고 한다.

헤로데 성벽 돌

서쪽 벽에서 헤로데 시대의 성벽으로 현재 지면에서 일곱 줄을 볼 수 있다. 윌슨 아치로 들어가면 그곳에 지하로 열일곱 줄의 헤로데 시대 석조가 보인다.

헤로데 시대 돌 7줄

티로페온 길 유적

티로페온 계곡: 티로페온 계곡은 예루살렘 옛 도성을 동서로 양분한다. 계곡은 현재의 이슬람 구역에서 시작하여 다마스쿠스 문으로 내려간다. 남쪽으로는 오물 문을 통하여 동쪽으로 기울어져 키드론 골짜기와 만난다. 이 계곡은 다윗 성의 서쪽 경계를 형성하고 성전 산의 서쪽 벽을 지난다. 안토니아 요새의 서쪽 날개도 계곡에 의지하여 성전 산을 유지하도록 건축되었다. 이스라엘 초기 역사에서 티로페온 계곡은 서쪽의 자연스런 요새였다.

그림 11-3 | 현재 예루살렘 지형도

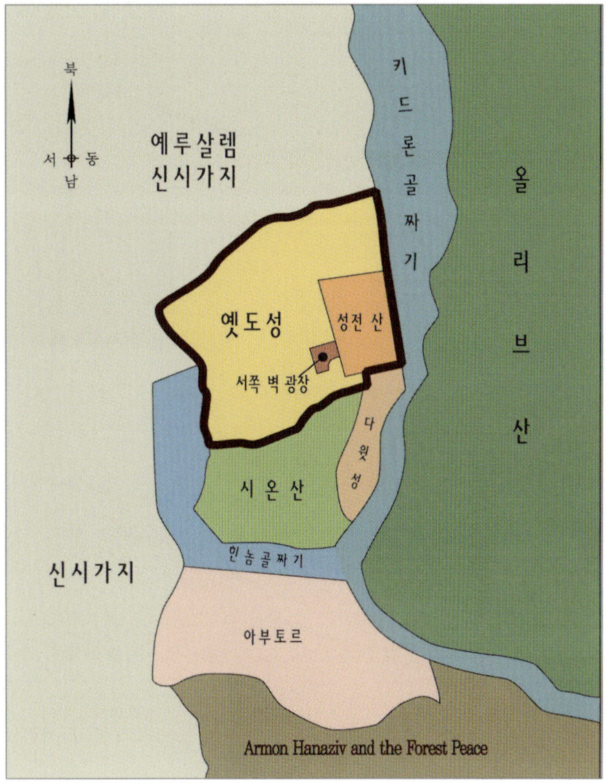

그림 11-4 | 예루살렘 지형 이해

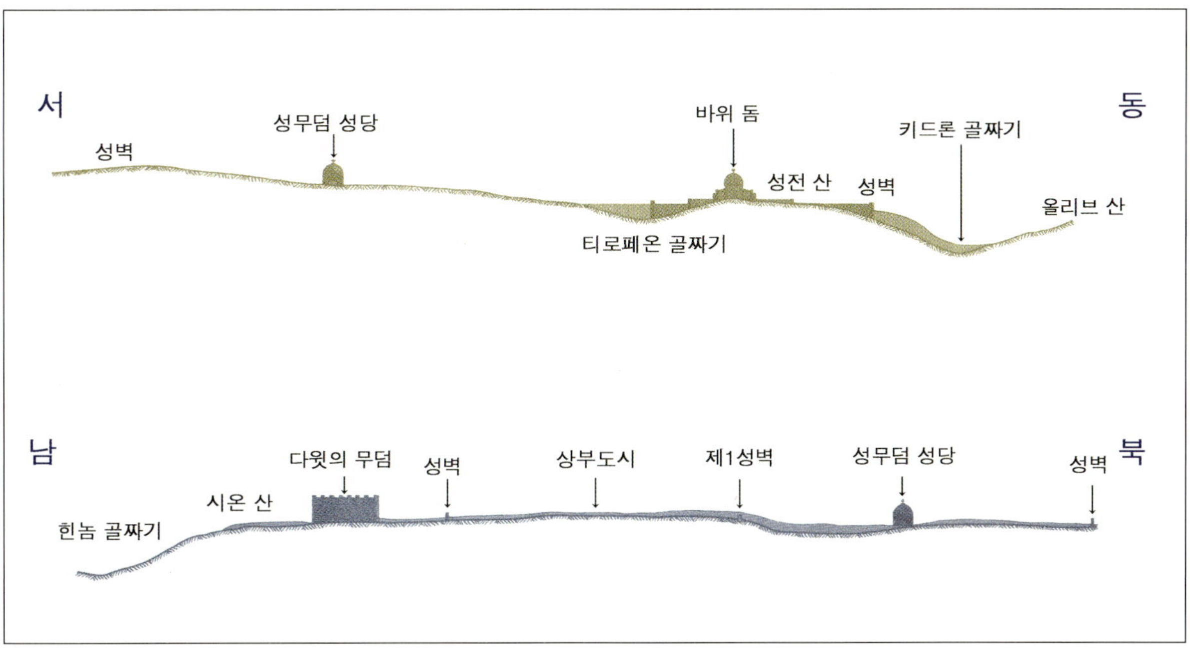

그림 11-5 | 현재 예루살렘 내의 옛 도성과 성전 산

현재 성전 산의 성벽에서 헤로데 시대 유적들을 찾아볼 수 있다.

바위 돔 내부

Dome of the Spirits: 바위 돔의 북쪽에 위치한다. 돔 아래 편편한 돌이 미쉬나의 요마(yoma)에서 언급된 제2성전의 지성소에서 나온 초석이라고 하는 설이 있다.

Dome of the Spirits

바위 돔 사원

무함마드(마호메트)의 후계자 아부 바크르 앗 시디크와 그의 뒤를 직접 이은 3명의 칼리프 이후, 칼리프 자리는 다마스쿠스에 위치했던 14명의 우마이야 왕조 칼리프와, 바그다드에 자리 잡은 38명의 아바스 왕조 칼리프에게 승계되었다. 아바스 왕조는 1258년 몽골족에 의해 붕괴되었다. 우마이야 왕조는 궁전과 주택을 건설하면서 경제를 조절하고 동시에 자신들을 과시하고자 했다. 우마이야 왕조 통치자들은 유다교와 그리스도교의 성지에 대해 애착을 가지고 있었다. 그들이 고유한 양식으로 대형 건축물을 짓기 시작한 것은 690년대 이후로, 바위 돔 사원(Dome of Rock: 하람 알 샤리프)은 이때 세워진 최초의 건축물이다. 성전 산은 이때부터 이슬람의 성역, 곧 하람이 되었다(앨버트 후라니, 아랍인의 역사, 65-66쪽).

저수조

성전 산 지하에 저수조들이 있다는 것은 이미 오래 전부터 알려진 것이고 마카베오기, 집회서, 필로의 묘사, 아리스테아스 서간, 미쉬나, 보르도인의 순례기에 기록이 있다. 지하 구조물의 전부가 본래 저수조가 아닌 것은 분명하다.

저수조 1은 바위 돔 내부의 바위와 일직선이라고 한다. 그리고 훌다 문과도 일직선이다(사진-저수조 두 개의 수원 : 돔 안에 바위와 일렬로 있다는 저수조 수원).

황금문 북쪽

서남 성벽

남쪽 성벽

동쪽 성벽 황금문

황금문 안쪽

제1성전 시대 옛 도성 성벽 하단

다윗 탑 부근 성벽

채석장 앞 성벽 북쪽 길

슐레이만의 성벽

분문

남쪽 성벽

그림 11-6 | **예루살렘 변천 과정**

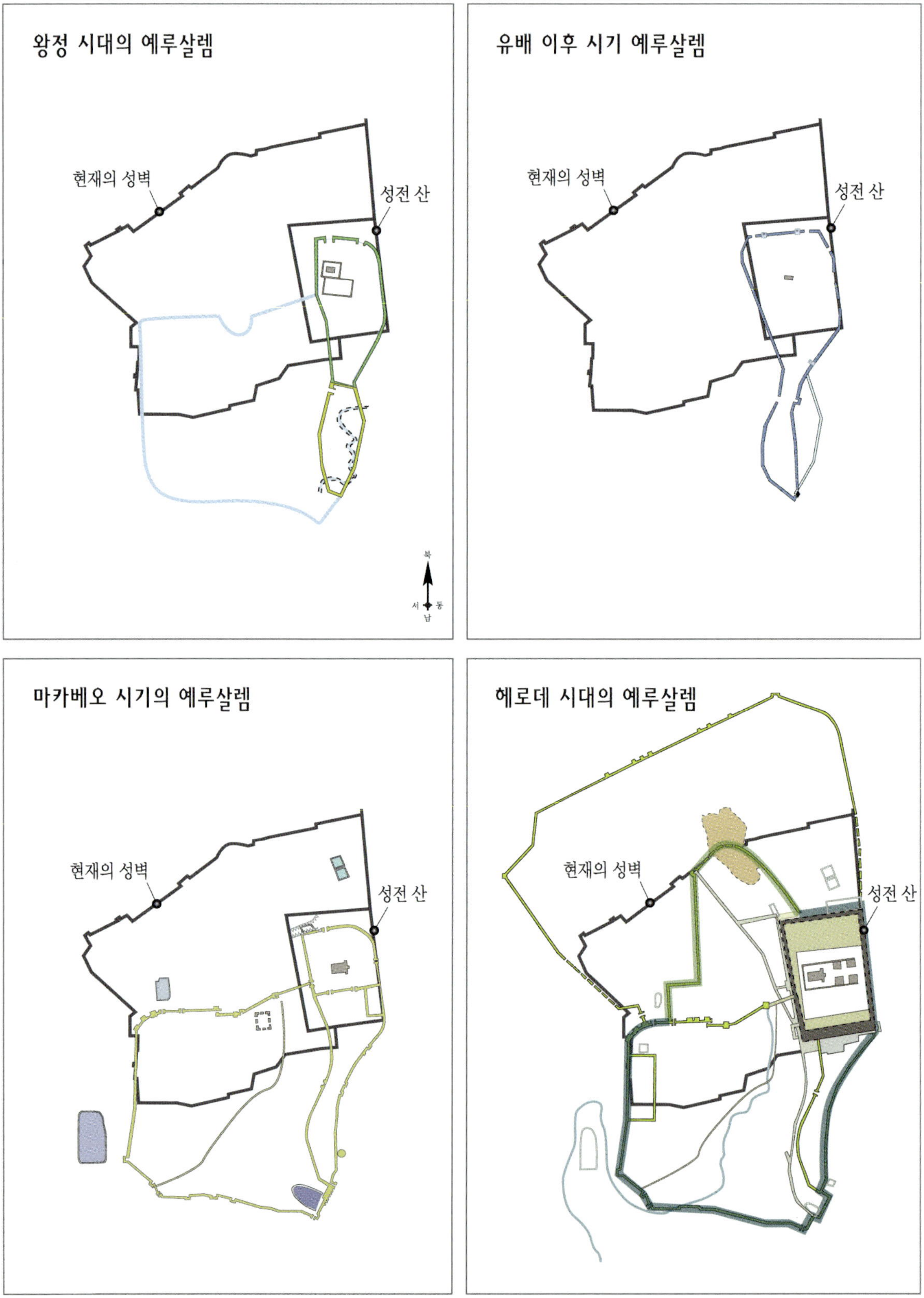

4. 마태오 복음서 –요한 묵시록 (지도 134–162)

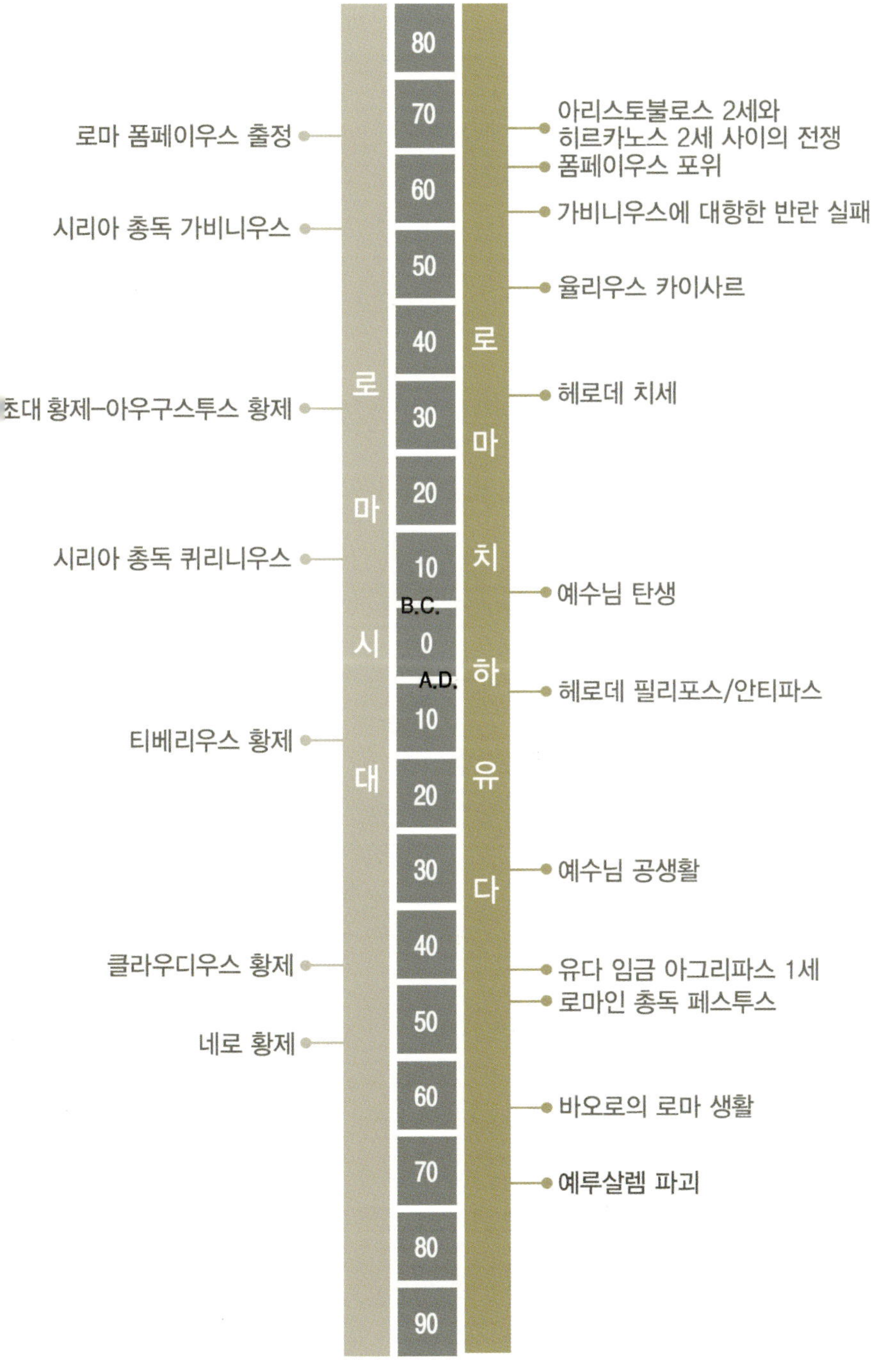

복음서(지도 134–150)

사도행전(지도 151–158)

서간(지도 159)

요한 묵시록(지도 160)

스키토폴리스

예수님께서 주로 갈릴래아 호수 근처에서 가르치실 때 주변의 갈릴래아, 유다와 예루살렘, 이두매아, 요르단 건너편, 티로와 시돈 근처에서 많은 사람이 모여 들었다고 복음서는 전한다. 언급된 지역과 도시 목록은 당시 팔레스티나에 있던 유다인 정착 영역들이다.

- 유다: 예루살렘 "도성"
- 이두매아: 알렉산드로스 얀네오스 시대에 합병된 이후 주민들이 유다인들과 점차 융합되었지만, 줄곧 독립된 행정 단위였다.
- "요르단 건너편"과 페레아: 토비야 시대부터 유다인들이 거주하였다.
- 데카폴리스: 이방인들이 주로 살았으나 유다인 공동체도 있었다.
- 티로와 시돈: 페니키아인들이 대다수이긴 하나 상당수의 유다인도 살았다.

지도 135 | 신약 시대의 거룩한 땅

마태오 복음서: 갈릴래아 호수 주변 곧 즈불룬과 납탈리 지역에서 이루어진 활동을 자세히 묘사

마르코 복음서: 요르단 서편에서 이루어진 활동을 많이 보고

루카 복음서: 예수님께서 공생활 이전 유아기와 소년기에 예루살렘과 이미 밀접한 관계를 가진 것으로 서술. 나자렛 주변을 부각

요한 복음서: 예수님의 장소 이동이 많이 드러나지 않는다. 공생활의 가르침은 거의 예루살렘 중심으로 펼쳐져 있다.

공관 복음서는 예수님의 모든 활동이 예루살렘이라는 정점을 향해 있음을 상징적으로 묘사하기 때문에 예수님께서 공생활 중에 한 번 예루살렘에 올라가신다고 서술한다. 반면에 요한 복음서에서는 공생활 중에 대략 세 번 정도 예루살렘에서 파스카를 지내신 것을 볼 수 있다. 물론 다른 축제일에도 다른 유다인 성인 남자처럼 예루살렘으로 올라가신 자취가 있고, 가셨을 것이다.

지도 136 | 신약 시대 유다의 경제

기원전 4 – 기원후 1

900 800 700 600 500 400 300 200 100 0 100

바빌론 유배 이후 제2성전 시기에, 특히 헬레니즘 시기부터 유다는 농산물이 풍부하게 생산되면서 번영하였다. 하스모네아 왕조의 얀네오스의 통치 기간에 좀 더 크게 발전하였다.

예루살렘에는 성전과 도시의 일상생활과 관련된 다양한 산업이 존재했다. 도기 제조는 원료의 공급처와 결합되어, 주요 국가 산업의 하나였을 것이며, 다른 산업들(주로 방적과 직조)은 가내 공업이었다.

- 밀: 경작지는 과히 많지 않았다. 이즈르엘 골짜기, 해안 평야 일부, 큰 산의 계곡 일부
- 보리: 남쪽에는 보리 농사가 우세
- 올리브 나무, 포도밭: 산
- 대추야자 열매: 요르단 계곡
- 발삼: 예리코 근처 왕실 재배지
- 양털: 남쪽 산악 지대
- 숲: 요르단 강 양편 산들, 참나무가 많다.
- 목초지: 사론 평야 지역, 양과 가축을 치기에 적합
- 고기잡이: 갈릴래아 호수와 지중해
- 뿔고둥 조개(자주색 염료): 아스돗, 도르
- 어류 보존 처리: 타리케애("생선 절이는 곳")
- 구리: 아라바
- 철: 길앗의 산지
- 역청: 사해
- 온천 지역: 펠라, 가다라, 티베리아스 근처, 칼리로에, 바아라스

카이사리아 해변

야포 항구

큰 바 다
페니키아평야
리타니강
레바논협곡
단
갈릴래아
고지대
하초르
평야
하초르
바 산
아코평야
갈릴래아
저지대
킨네렛
호수
티베리아스
키손천
야르묵강
나자렛
이즈르엘골짜기
도르평야
므기도
벳 스안
사론평야
해
안
평
야
길 앗
트
랜
스
요
르
단
요
르
단
대
협
곡
에
프
라
임
산
악
지
대
사마리아
스켐
게라사
야르콘강
야뽁강
암 몬
야포
아얄론강
소렉강
게제르
베텔
아이
예리코
아라바계곡
헤스본
지
역
시
스
요
르
단
예루살렘
유
다
베들레헴
산
악
지
대
사
해
경
사
지
가자
헤브론
엔 게디
아르논강
그라르개울
산
지
대
브소르개울
브에르 세바
모 압
제렛개천
네 겝
브에르 세바
양
구리
염소
낙타
구리
구리
올리브
무화과
포도
구리
도기
물고기
소
말
포도
견과류
온천
밀,숲,유리모래
밀
물고기
뿔고둥조개
(자주색염료)
항구
숲
견과류
대추야자
석류
온천
철
길
밀,숲,정원,올리브
포도
숲
무화과
콩
포도
도기
철,밀,올리브
올리브
감
대추야자
포도
구리
정원,밀
올리브,밀,숲
항구
물고기
감
대추야자
무화과
석류
포도
소
양
염소
구리
도기
대추야자
소
양
유리모래
숲
사냥개
낙타
당나귀
소
양
염소
온천
보리,숲
양
양
양
대추야자
염소
염소
염소

지도 137 | 예수님의 활동 지역: 네 복음서 함께 보기

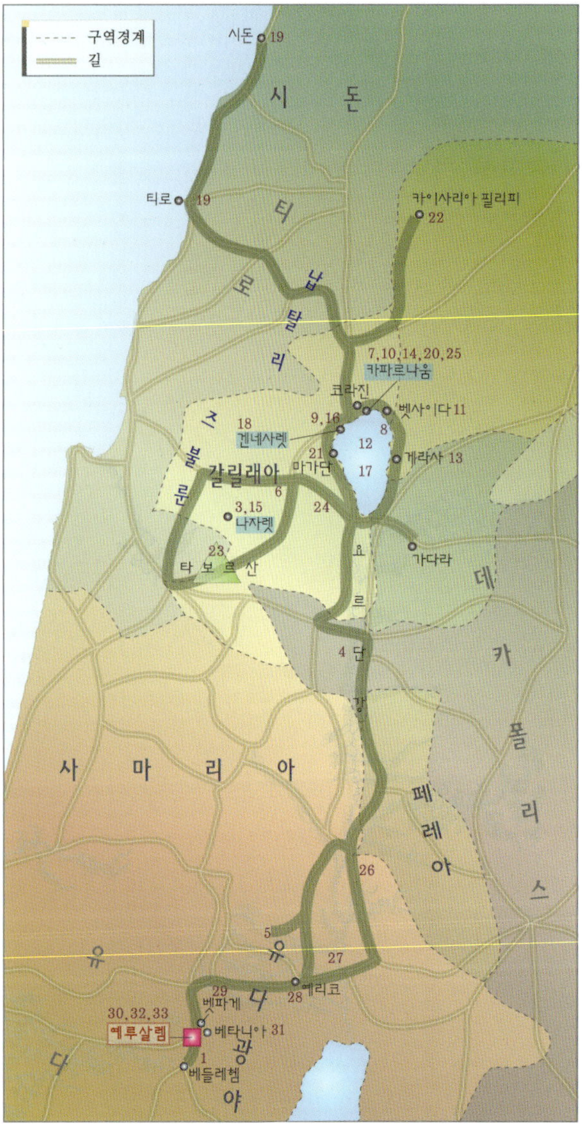

지도 138 | **마태오 복음서**

지도 146 | **마르코 복음서**

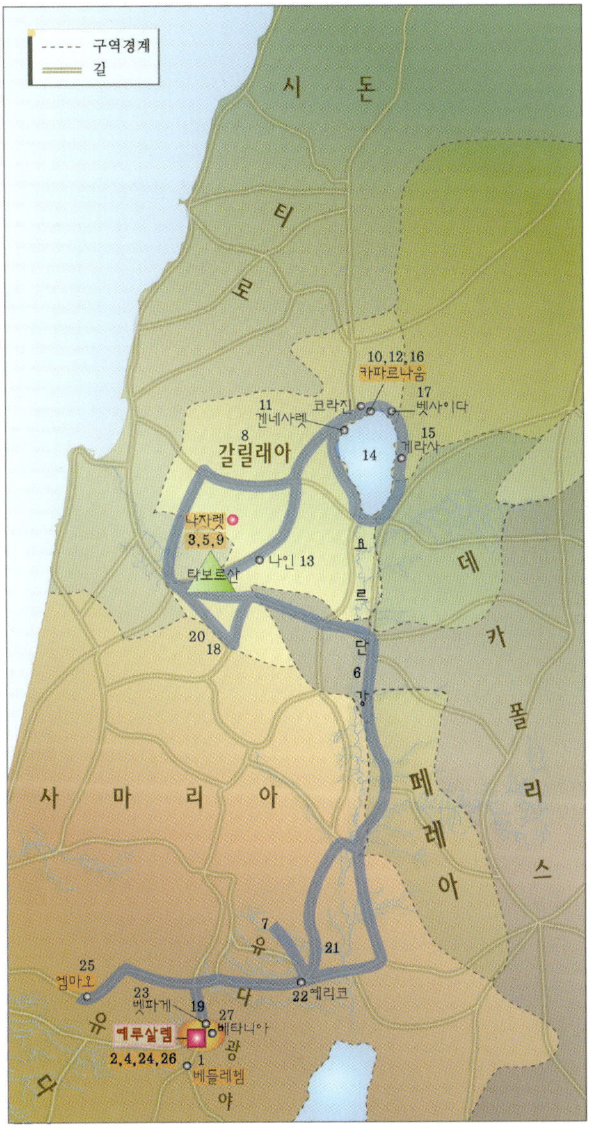

지도 147 | **루카 복음서**

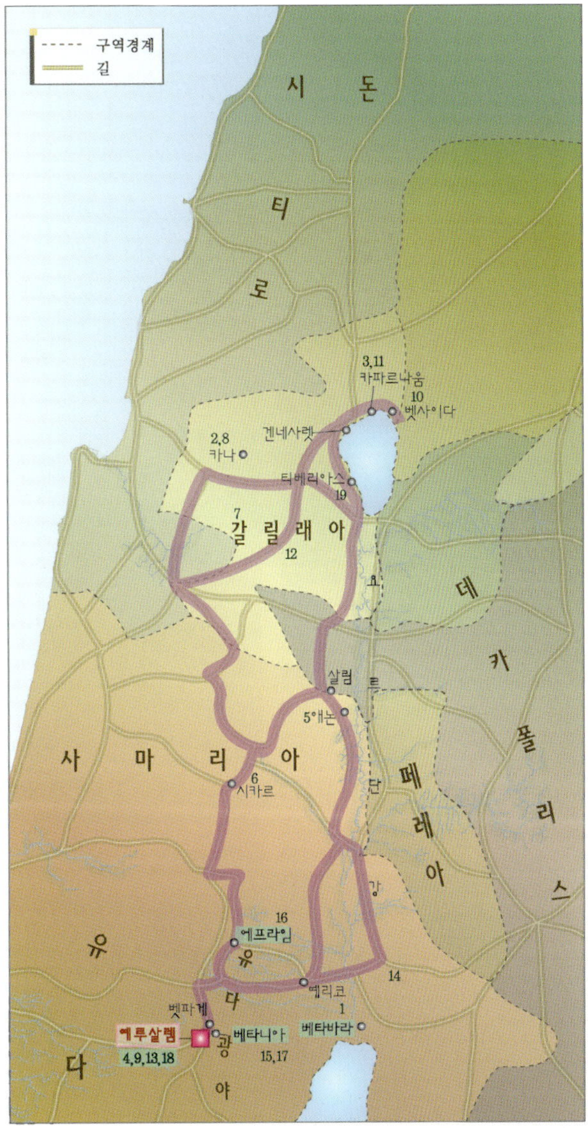

지도 148 | **요한 복음서**

지도 138 | 마태오 복음서

베들레헴 탄생 자리

베들레헴 들녘

코라진

올리브 분쇄기

코라진 회당 모세 자리

올리브 압착기

카파르나움

진복팔단-산상 설교

마태 16,18

동남 성벽 모서리

1. 베들레헴(2,1)
2. 이집트(2,13)
3. 갈릴래아 지방 나자렛(2,23)
4. 요르단(3,13)-세례
5. 광야(4,1)
6. 갈릴래아 전도 시작(4,12)
7. 즈불룬과 납탈리 지방 호숫가에 있는 카파르나움(4,13)
8. 갈릴래아 호숫가(4,18)
9. 산(5,1) - 카파르나움과 겐네사렛 사이 - 산상 설교
10. 카파르나움(8,5)-백인대장의 종 고치심
11. 베드로 장모 고치심(8,14)
12. 호수(8,24) - 큰 풍랑
13. 가다라인 지방(8,28)-마귀들과 돼지 떼
14. 호수 건너 당신께서 사시는 고을(9,1)
    - 카파르나움(마르 2,1)
    세관(9,9) - 마태오 부르심, 집(9,10)
    회당장 야이로의 딸과 하혈하는 여인 고치심(9,18)
    길(9,27) - 눈먼 두 사람 고치심, 모든 고을과 마을(9,35)
    열두 사도 파견 - 사마리아 제외(10,5 이하)
    유다인들의 여러 고을(11,1)
    코라진(11,21)
    벳사이다(11,21)
    밀밭(12,1)-안식일, 회당(12,9)
    - 안식일에 손이 오그라든 사람을 고치심
    호숫가(13,1) - 씨 뿌리는 사람의 비유
    집(13,36) - 가라지 비유 설명
15. 나자렛(13,54) - 고향에서 무시당함
16. 배 타고 외딴 곳(14,13)
    - 카파르나움과 겐네사렛 사이, 타브가, 오천 명 먹이심,
    제자들 배 타고 건너편으로(14,22)
17. 호수 위(14,25) - 물 위를 걸으심
18. 호수 건너 겐네사렛(14,34) - 전통 논쟁
19. 티로, 시돈 지방(15,21) - 가나안 여자의 믿음
20. 갈릴래아 호숫가(15,29) - 사천 명 먹이심
21. 배 타고 마가단 고장(15,39) - 표징, 누룩, 바리사이
22. 카이사리아 필리피 지방(16,13)
    -베드로가 예수님을 그리스도라 고백함
23. 높은 산(17,1) - 영광스러운 변모, 타보르 산으로 추정
24. 갈릴래아(17,22) - 수난과 부활 두 번째 예고
25. 카파르나움(17,24) - 성전 세 바침(물고기 입 속의 은전)
26. 요르단 강 건너 유다 지방(19,1)
27. 예루살렘으로 향함(20,17) - 수난과 부활 세 번째 예고
28. 예리코(20,29)-맹인 두 명 치유
29. 예루살렘 근처 올리브 산 벳파게(21,1) - 나귀 타고 입성
30. 예루살렘(21,12) - 성전 정화
    베타니아(21,17-31) 무화과 나무 저주, 논쟁 등
    - 성전 파괴 예고(24,1-2)
    올리브 산(24,3) - 무화과 나무의 교훈, 깨어 있어라.
31. 베타니아(26,17-31) - 향유 부은 여인
32. 겟세마니(26,36)
    카야파 대사제(26,57)
    빌라도 총독(27,2)
    유다 죽음(27,3 이하)
    골고타 - 해골터(27,33)
    바위를 깎아 만든 새 무덤(27,60) - 아리마태아 요셉
    갈릴래아 산(28,16)
33. 세상 끝날까지 언제나 너희와 함께 있겠다(28,20).

카파르나움 회당 4세기 담, 1세기 바닥

베드로 집 터

지도 139 | 마태 2,1-23; 루카 2,41-46 예수님의 이집트 피난과 귀환

1 마태 2,1: 예수님께서는 헤로데 임금 때에 유다 베들레헴에서 태어나셨다.
2,14-15: 요셉은 일어나 밤에 아기와 그 어머니를 데리고 이집트로 가서, 헤로데가 죽을 때까지 거기에 있었다.

2 2,19-21: "일어나 아기와 그 어머니를 데리고 이스라엘 땅으로 가거라. 아기의 목숨을 노리던 자들이 죽었다." 요셉은 일어나 아기와 그 어머니를 데리고 이스라엘 땅으로 들어갔다.

3 2,22-23: 나자렛이라고 하는 고을로 가서 자리를 잡았다.

4 루카 2,41-46: 예수님의 부모는 해마다 파스카 축제 때면 예루살렘으로 가곤 하였다.

나자렛 성 요셉 성당

이집트 피난

나자렛: 헤로데 안티파스의 지배하에 있었다(지도 133 참조). 나자렛은 갈릴래아의 중심지인 세포리스에서 남동쪽으로 약 6.4km 정도 떨어진 작은 유다인 마을이었다.

지도 140 | 마태 3,1-17; 4,1-12; 마르 1,9-14; 루카 3,21-4,14; 요한 3,23
예수님의 세례와 광야 생활

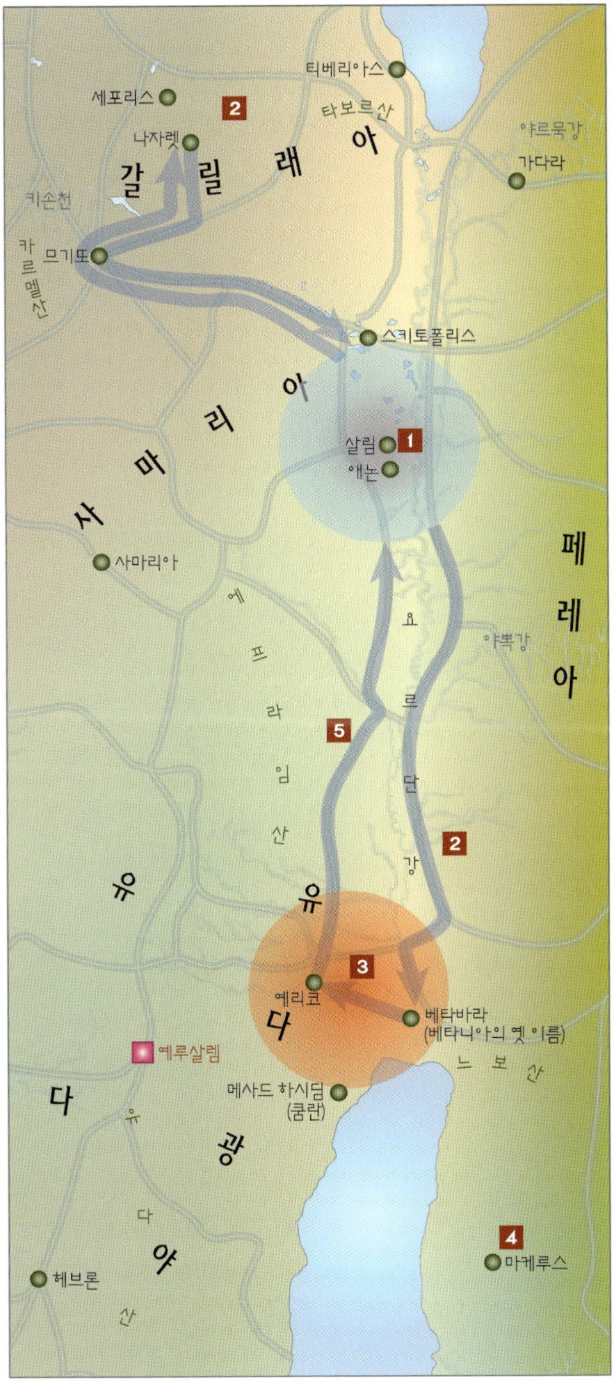

유다 광야

▶ 공생활 시작

1 마태 3,1-2: 세례자 요한의 선포 - "회개하여라. 하늘 나라가 가까이 왔다."
3,5-6: 예루살렘과 온 유다와 요르단 부근 지방의 모든 사람이, 요르단 강에서 그에게 세례를 받았다.
요한 3,23: 요한도 살림에 가까운 애논에 물이 많아, 거기에서 세례를 주고 있었다.

2 마태 3,13; 마르 1,9: 예수님께서는 요한에게 세례를 받으시려고 갈릴래아에서 요르단으로 그를 찾아가셨다.

3 마르 1,12; 마태 4,1; 루카 4,1: 그 뒤에 성령께서는 곧 예수님을 광야로 내보내셨다.

4 루카 14,3: 헤로데는 자기 동생 필리포스의 아내 헤로디아의 일로, 요한을 붙잡아 묶어 감옥에 가둔 일이 있었다.

5 루카 4,14; 마르 1,14; 마태 4,12: 예수님께서 성령의 힘을 지니고 갈릴래아로 돌아가시니, 그분의 소문이 그 주변 모든 지방에 퍼졌다.

예수님께서는 티베리우스 황제 제십오년(기원후 27-28), 세례자 요한이 죄의 용서를 위한 회개의 세례를 선포하던 때에 공생활을 시작하셨다.
유다 광야: 에세네인들이 머물던 메차드 하시딤(키르벳 쿰란=쿰란) 근처로 본다.

지도 141 | 마태 4,12 – 23; 11,21; 마르 1,14 – 15; 6,45; 8,22; 루카 4,14 – 15; 9,10; 요한 1,44; 2,1 – 11 즈불룬과 납탈리 지방

마태 4,13: 나자렛, 즈불룬과 납탈리 지방 호숫가에 있는 카파르나움

4,23: 예수님께서는 온 갈릴래아를 두루 다니시며 회당에서 가르치시고 하늘 나라의 복음을 선포하시며, 백성 가운데에서 병자와 허약한 이들을 모두 고쳐 주셨다.

호수 주변

나자렛 벼랑

벳사이다 주변

카파르나움

1 요한 2,1–11: 갈릴래아 카나의 혼인 잔치

2 마태 11,20: 예수님께서 당신이 기적을 가장 많이 일으키신 고을들을…

– 마르 6,45: 예수님께서는… 제자들을 건너편 벳사이다로 먼저 가게 하시고,

– 마르 8,22–26: 벳사이다의 눈먼 이를 …

– 루카 9,10: 사도들이 돌아와 자기들이 한 일을 예수님께 보고하였다. 예수님께서 그들을 따로 데리고 벳사이다라는 고을로 물러가셨다.

– 요한 1,44: 필립보, 안드레아와 베드로의 고향인 벳사이다 출신

벳사이다-포도주의 집

벳사이다-어부의 집

타브가

코라진

갈릴래아 저지대

게라사 올리브 틀

게라사 윗맷돌

야자 나무

지도 142 | 마태 4,13-5,3 ; 마르 2,1; 5,1-2; 8,10; 루카 5,1-11; 6,12; 요한 6,22-23; 21,1 갈릴래아 호수 주변

겐네사렛 고대 배

3 겐네사렛
마태 14,34-35: 사람들이 그분을 알아보고 그 주변 모든 지방으로 사람들을 보내어, 병든 이들을 모두 그분께 데려왔다.

4 진복팔단
마태 5,1-3: 예수님께서는 그 군중을 보시고 산으로 오르셨다.
루카 6,12: 예수님께서는 산으로 나가시어, 밤을 새우며 하느님께 기도하셨다. 날이 새자 제자들을 부르시어 열둘을 뽑으셨다.

진복팔단 성당

2 타브가, 벳사이다
루카 9,12: 황량한 곳
9,13: "너희가 그들에게 먹을 것을 주어라." … "저희에게는 빵 다섯 개와 물고기 두 마리밖에 없습니다."

막달라

베드로 수위권

5 막달라
마리아 막달레나의 고향
마태 15,39: 마가단 고장
마르 8,10: 달마누타 지방

티베리아스 호숫가의 저녁

6 티베리아스
요한 6,22-23: 주님께서 감사를 드리신 다음 빵을 나누어 먹이신 곳
21,1: 예수님께서는 티베리아스 호숫가에서 제자들에게 당신 자신을 드러내심

카파르나움 회당

1 카파르나움

마태 4,13

마르 2,1: 예수님께서 카파르나움으로 들어가셨다. 그분께서 집에 계시다는 소문이 퍼지자,

엔 게브

마르 9,33

마태 9,1–2: 사람들이 어떤 중풍 병자를 평상에 뉘어 그분께 데려왔다.

쿠르시

7 게라사

마르 5,1–2: 더러운 영이 들린 사람이 무덤에서 나와 그분께 마주 왔다.

'게라사의 마귀 들렸던 이와 돼지 떼' 사건이 벌어진 장소에 대해서는 논란이 많다. 호숫가에는 게라사 땅이 없었기 때문에, "게라사인들의 지방"이라는 설명은 전혀 개연성이 없다. 두 가지 가능성이 있다. 하나는 그 장소를 호숫가 동편의 히푸스 지역에 있는 '게르게사'(현재의 쿠르시)로 볼 수 있다. 다른 하나는 요르단 강과 케파르–세마 사이의 호숫가까지 뻗어 있었던 것 같은 '가다라'로 볼 수 있다. 그 호수 기슭에는 절벽이 있기 때문에 돼지 떼가 호수 물 속으로 뛰어들 법하다. 가다라 주민들은 이방인으로, 유다인들처럼 돼지 치는 일을 꺼리지 않았다.

어느 경우든, 게르게사라는 이름은 유다인들의 고대 자료에서 요르단 강 동편의 마을 이름으로 나오므로, 이 이름을 가진 마을이 존재했다는 증거로 삼을 수 있다. 6세기에 이곳에 커다란 수도원이 설립되었다.

갈릴래아 호수

갈릴래아 호수에는 폭풍이 잦다. 한낮에는 잔잔하다가도 일교차가 심한 날이나 기온이 내려가는 일몰 때는 풍랑이 거세진다. 호수 북동쪽의 골란 고원에서 불어오는 바람이 퇸 현상을 일으켜 금방이라도 집어 삼킬 듯한 큰 파도를 만들어 낸다고 한다. 그러한 폭풍 중 하나가 부는 동안, 배를 타고 호수를 가로질러 가다라(또는 게라사)인들의 지방으로(마르 4,35-41; 마태 8,23-27; 루카 8,22-24) 가시던 예수님께서는 주무셨다. 잠이 들었던 그분이 깨어나 꾸짖자 호수(바다)는 갑자기 잠잠해졌다.

갈릴래아 호수 남쪽

갈릴래아 호수와 요르단 강 상류

요르단 강

아르데넛

티로 시돈 지역

겨자씨

카파르나움 시대별 유적

Ⅰ. 로마 – 비잔틴 시대
Ⅱ. 십자군 시대
Ⅲ. 아유비드 왕조 시대
Ⅳ. 오스만 제국
Ⅴ. 현대 시리아 시대

지도 143 | 마르 7,24-31; 8,27-30; 티로와 시돈, 카이사리아 필리피 근처 방문

1 마르 6,53-56: 겐네사렛
마르 7,24-25: 티로

2 7,31: 티로, 시돈, 데카폴리스, 갈릴래아 호수

3 8,22: 벳사이다, 사람들이 눈먼 이를 예수님께 데리고 와 손을 대어 주십사고 청함

4 8,27: 카이사리아 필리피 근처 마을, "사람들이 나를 누구라고 하느냐?"

▶ **티로와 시돈**

티로와 시돈 두 지역 모두 매우 넓어, 시돈 지방은 멀리 내륙지역인 다마스쿠스의 국경과 맞닿아 있었다. 티로 지역은 훌레 계곡이 내려다보이는 산악 지대의 카다사까지 뻗어 있었다. 마르코에 따르면(7,31), 예수님께서는 갈릴래아 호수로 돌아오는 길에 데카폴리스 지역을 통과하셨다. 아마도 가울라니티스를 통하여 아빌라, 디움, 히푸스, 그리고 가다라 지역으로 내륙을 우회했을 가능성이 있다.

▶ **카이사리아 필리피**

그리스어로 파니아스(히브리어로 바니아스)라 불렸던 카이사리아 필리피 지역. 헤로데 임금이 아우구스투스 신전을 세웠고 그의 아들 필리포스가 세운 그 도시 근처에는 높은 절벽이 있어 남다른 모습을 보였다. 그 절벽에는 판(Pan) 신에게 봉헌된 동굴이 있었으며, 바위를 깎아 만든 벽감에 많은 님프 조각상을 세워 놓았다. 이 거대한 바위 절벽을 보고 시몬의 이름을, 그 위에 교회를 세우게 된 "베드로(반석)"라고 짓는 데 영감을 받았을지 모른다(마태 16,13-18 참조).

카이사리아 필리피

지도 144 | 마태 17,1 – 9.24 – 25 예수님의 거룩한 변모

1 마태 17,1: 예수님께서 베드로와 야고보와 요한만 따로 데리고 높은 산에 오르셨다.
타보르 산: 구약 시대에 납탈리, 이사카르, 즈불룬 세 지파의 경계였다. 헬레니즘 시대에는 그 산에 그리스 요새가 있었는데, 후에 유다 요새가 되었다. 높지 않아도 이 산만 주변에서 홀로 솟아 있기 때문에, 실제로 갈릴래아 저지대 일부와 이즈르엘 계곡 어디서나 보인다.

2 17,24–25: 카파르나움, 베드로에게, "여러분의 스승님은 성전 세를 내지 않으십니까?" 하고 물었다.

타보르 산

엘리야

거룩한 변모

모세

지도 145 | 요한 2-5장; 10-11장; 마르 10,46.51 예수님의 예루살렘 여정

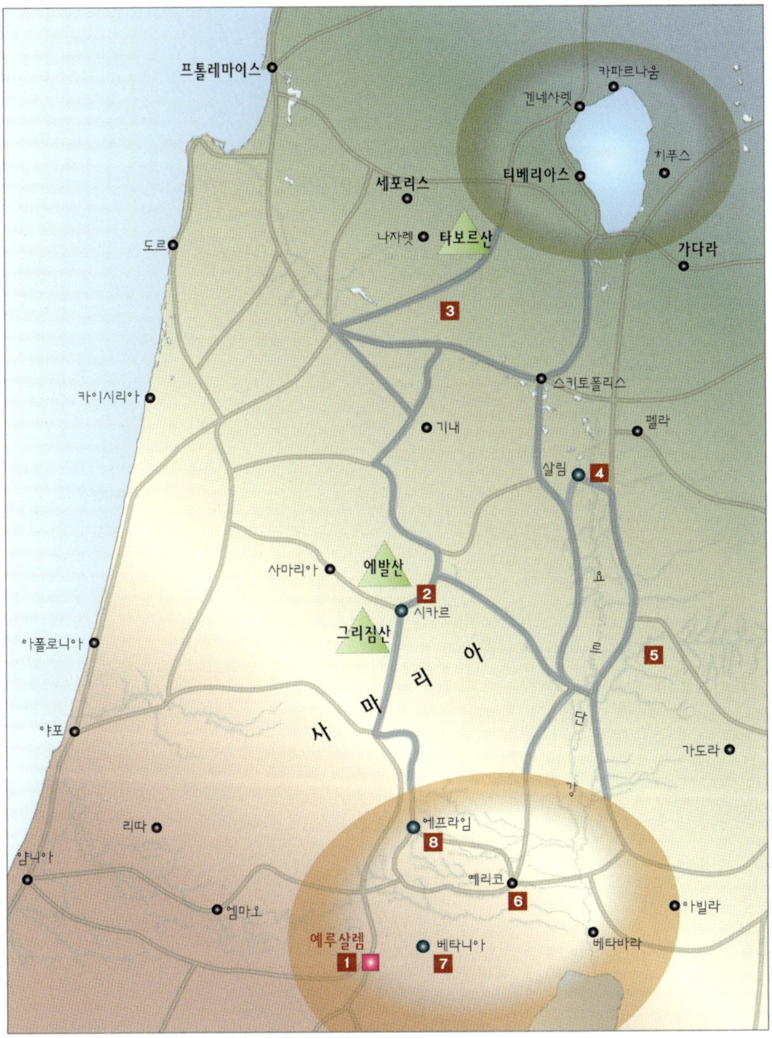

1 요한 2,13: 파스카 축제가 가까워지자 예수님께서는 예루살렘에 올라가셨다. 5,1-2.5: 예루살렘의 '양 문'곁에는 히브리 말로 벳자타라고 불리는 못이 있었다. 10,22: 그때에 성전 봉헌 축제가 벌어지고 있었다. 때는 겨울이었다.

2 4,3-4: 유다, 갈릴래아, 사마리아

3 4,43: 이틀 뒤에 갈릴래아로

4 10,40: 다시 요르단 강 건너편, 요한이 전에 세례를 주던 곳에 머무르셨다.

5 11,6-7: 라자로가 병을 앓고 있다는 말을 들으시고도, 계시던 곳에 이틀을 더 머무르셨다.

6 마르 10,46.51: 예리코

7 요한 11,17-19: 예수님께서 가서 보시니, 라자로가 무덤에 묻힌 지 벌써 나흘이나 지나 있었다. 베타니아는 예루살렘에서 열다섯 스타디온쯤 되는 가까운 곳이다.

8 11,53-54: 예수님께서는 더 이상 유다인들 가운데로 드러나게 다니지 않으시고, 광야에 가까운 에프라임에 가시어, 제자들과 함께 그곳에 머무르셨다.

와디 켈트

와디 켈트 양 떼

예수님 시대 예루살렘의 중심가

전례용 욕실(미크베)

훌다 문 앞 미크베

사자문 앞 길과 올리브 산

메노라가 새겨진 기둥

마르 2,23-28

마을 표석

마르 13,1-2

그리스도의 식탁(멘사 크리스티)

코르반

카파르나움 회당 유적

베타니아 맷돌

게라사 세례장

타브가 경당

지도 146 | 마르코 복음서

1. 갈릴래아 나자렛(1,9)
2. 요르단(1,9) – 세례
3. 광야(1,12) – 유혹
4. 갈릴래아 호숫가(1,16)
   – 어부 네 사람을 제자로 부르시다(벳사이다)
5. 카파르나움(1,21)
6. 시몬과 안드레아의 집(1,29) – 시몬의 장모 고치심
   외딴곳(1,35)
   온 갈릴래아(1,39)
   바깥의 외딴곳(1,45)–나병 치유
7. 카파르나움(2,1) – 중풍 병자 고치심
   호숫가(2,13)밀밭(2,23) – 안식일 논쟁
   호숫가(3,7)
   산(3,13) – 열두 사도 뽑으심
   호숫가(4,1) – 씨 뿌리는 사람의 비유
8. 호수(4,35) – 풍랑을 가라앉히심
9. 게라사인들의 지방(5,1) – 마귀들과 돼지 떼
10. 배 타고 호수 건너편(5,21) 회당장의 집(5,39) – 탈리다 쿰
11. 고향 나자렛(6,1) – 무시 당하심
12. 빵의 기적(6,35 이하) – 오천 명 먹이심
13. 호수 위(6,49) – 물 위를 걸으심
14. 호수 건너 겐네사렛(6,53) 집(7,17)
15. 티로(7,24) – 시리아 페니키아 여자의 믿음
16. 시돈
17. 데카폴리스를 지나 갈릴래아 호수(7,31)
18. 배 타고 달마누타 지방(8,10), 배 타고 건너편으로(8,13)
19. 벳사이다(8,22)
20. 카이사리아 필리피(8,27)
21. 높은 산(9,2) – 영광스러운 변모 – 갈릴래아 가로질러(9,30)
22. 카파르나움(9,33)
23. 유다 지방과 요르단 강 건너편(10,1)
24. 예루살렘으로(10,32)
25. 예리코(10,46)
26. 예루살렘 곧 올리브산 근처
    벳파게와 베타니아(11,1)
    베타니아(11,12)
27. 예루살렘 성전(11,11)
28. 예루살렘 성전
29. 예루살렘(11,15)
30. 성전 밖(11,19)
31. 예루살렘 성전 안(11,27)
32. 성전 맞은쪽 올리브 산(13,3)
33. 베타니아 시몬의 집(14,3)–향유 부은 여인
34. 도성 안(14,17)– 예루살렘 올리브 산(14,26)

데카폴리스

요르단 서편 – 스키토폴리스

요르단 동편 – 히포스, 가다라, 라파나, 디온(디움), 펠라, 게라사, 필라델피아(지금의 암만), 카나타, 다마스쿠스

지도 147 | 루카 복음서

1. 유다 지방 베들레헴(2,4) – 호적 등록
2. 예루살렘(2,22) – 아기 예수님 봉헌
3. 갈릴래아에 있는 고향 나자렛(2,39)
4. 예루살렘(2,41) – 소년 시절
5. 나자렛(2,51)
6. 요르단 강(3,21) – 세례
7. 광야(4,1) – 유혹
8. 갈릴래아(4,14) – 전도 시작
9. 나자렛(4,16) – 이사야 예언자 두루마리
10. 카파르나움(4,31) – 더러운 영 쫓아냄
    시몬의 집(4,38) – 시몬의 장모 치유
    외딴곳(4,42)
11. 겐네사렛 호숫가(5,1) – 고기 잡이 기적
    한 고을(5,12) – 나병 환자 치유
    외딴곳(5,16) – 중풍 병자 치유
    세관(5,27) – 세리 레위
    밀밭(6,1) – 안식일의 주인
    회당(6,6) – 손이 오그라든 사람 치유
    산(6,12) – 열두 사도 뽑으심
    산에서 내려가 평지(6,17) – 설교: 참행복과 불행 선언
12. 카파르나움(7,1) – 백인 대장의 종 치유
13. 나인(7,11) – 과부의 외아들 살리심
    고을과 마을(8,1) – 하느님 나라 선포와 복음 전함
14. 호수(8,23) – 풍랑
15. 갈릴래아 건너 게라사인들 지방(8,26) – 마귀들과 돼지 떼
16. 회당장 야이로의 집(8,49)
17. 벳사이다(9,10) – 빵의 기적(오천 명)
    산(9,28) – 영광스러운 변모
18. 사마리아인들의 한 마을(9,52)
    예루살렘으로 가는 길(9,53)
19. 다른 마을(9,56)
    길(9,57) – 예수님을 따르려면
    고을과 고장(10,1) – 일흔두 제자 파견
    어떤 마을(10,38)–마리아, 마르타
    어떤 곳(11,1) – 주님의 기도
    바리사이의 집(11,37)
    어떤 회당(13,10) – 안식일에 등 굽은 여자 고치심
    여러 고을과 마을(13,22) – 예루살렘을 여행하는 동안
    바리사이의 집(14,1) – 수종 환자 고치심
    길(14,25) – 버림과 따름
20. 사마리아와 갈릴래아 사이(17,11) – 나병 치유
21. 예리코 근처(18,35)–예리코 맹인 치유
22. 예리코(19,1) – 자캐오
23. 올리브 산 근처 벳파게와 베타니아(19,29) – 예루살렘 입성
24. 올리브 산 내리막 근처(19,37)
    예루살렘 성전(19,45) – 성전 정화
    성전 안(21,1) – 과부의 헌금
    낮엔 성전, 밤엔 올리브 산(21,37)
    도성 안(22,14) – 무교절, 파스카 양, 성찬례
    올리브 산(22,39) – 겟세마니, 예수님께서 잡히심
    대사제의 집(22,54) – 베드로의 배반
    빌라도 앞(23,1)
    헤로데 앞(23,7)
    해골이라는 곳(23,33) – 다른 두 죄수
    바위로 깎아 만든 무덤(23,53) – 아리마태아 요셉
25. 엠마오(24,15)–엠마오로 가는 두 제자
    그 집(24,29) – 저희와 함께 묵으십시오
26. 예루살렘(24,36) – 평화가 너희와 함께
27. 베타니아 근처(24,50) – 강복, 승천(24,51)

카파르나움 백색 회당

이 회당은 오랜 역사를 가지고 있다. 기도실이 가장 오래된 것으로 1세기 것이다. 붙여 지은 작은 방이 4세기 후반에 생겼고, 동쪽 안뜰이 더 늦게 첨가되고, 5세기 중반 이후에 발코니가 생겼다. 이후 비잔틴 시대에 적어도 7세기까지 예배에 사용되었다. 고고학자 윌슨(Wilson)과 오팔리(Orfali)는 이 회당의 초기 건물을 로마 백인대장이(루카 7,5) 세웠다고 본다.

카파르나움 회당의 그리스어 비문: "모니모스의 아들 헤로데와 그의 아들 유스토와 아들들이 이 기둥을 세웠다."

카파르나움 회당 기도실

회당 기둥

주님의 눈물 성전에서 바라본 성전 산

성전 산에서 바라본 눈물 성전

나자렛 주변 유적지

나자렛 벼랑 아래

나인 마을

나자렛 회당

누룩 없는 빵(마짜)

1세기 세례 동굴 아인카렘

지도 148 | 요한 복음서

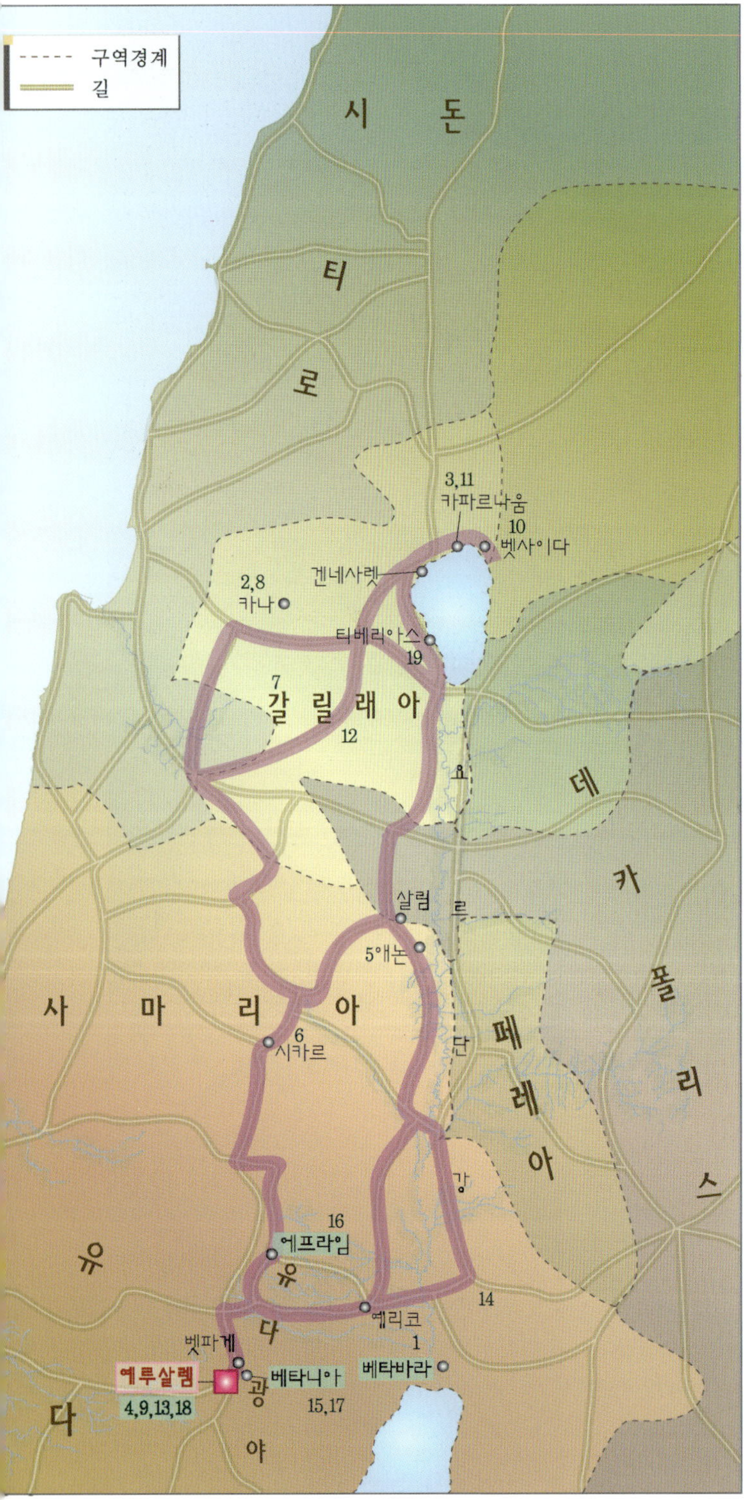

1. 요르단 강 건너편 베타니아(1,28)
   묵으시는 곳(1,39) – 와서 보아라
2. 갈릴래아 카나(2,1)
   – 예수님의 처음 표징(물을 포도주로 만드심)
3. 카파르나움(2,12)
4. 예루살렘(2,13) – 파스카 축제 유다 땅(3,22) – 세례
5. 살림에 가까운 애논, 갈릴래아(4,3)
6. 사마리아의 시카르(4,5) 야곱의 우물가(4,6) – 사마리아 여인
7. 갈릴래아(4,43)
8. 갈릴래아 카나(4,46) – 왕실 관리 아들 살리심
9. 예루살렘(5,1), 벳자타 못 – 병자 치유
10. 갈릴래아 호수 곧 티베리아스 호수 건너편(6,1)
    – 빵의 기적(오천 명 먹이심)
11. 산(6,15) 카파르나움(6,16) – 물 위를 걸으심
12. 갈릴래아(7,1) – 예수님의 형제들이 믿지 않음
13. 예루살렘(7,10) – 초막절에 가르치심
    예루살렘 성전(7,14)
    올리브 산(8,1) – 간음하다 잡힌 여자
    성전(8,2)
    성전 밖(8,59)
    길(9,1) – 태생 맹인 고치심
    성전 안 솔로몬 주랑(10,23)
    – 유다인들의 배척
14. 요르단 강 건너편(10,40)
    – 요한이 전에 세례 주던 곳
15. 베타니아 라자로의 집(11,18)
    – 예루살렘에서 열다섯 스타디온 떨어진 곳, 라자로 무덤(11,38)
16. 광야 근처 에프라임(11,54)
17. 베타니아(12,1)
18. 예루살렘(12,12)
    떠나 몸 숨김(12,36)
    세족례(13,5)
    최후의 만찬(13,12)
    키드론 골짜기 건너편(18,1) – 정원에서 잡히심
    한나스(18,13)
    카야파(18,24)
    총독 관저 – 빌라도(18,28)
    해골 터 – 골고타(19,17)
    못 박히신 곳
    정원의 새 무덤(19,41)
    제자들이 숨어 있던 곳(20,19)
19. 티베리아스 호수(21,1)
    물가(21,4)

길 잃은 양

실로암 못

안토니아 요새, 이스라엘 못, 벳자타 못

야곱의 우물

벳자타 못 물탱크 욕실 동굴

요한 21,5

갈릴래아 주변

무화과

지도 149 | 루카 9,51-56; 19,1-2.29-30: 마르 11,11-12.19; 14,3.16-17 예수님의 마지막 여행

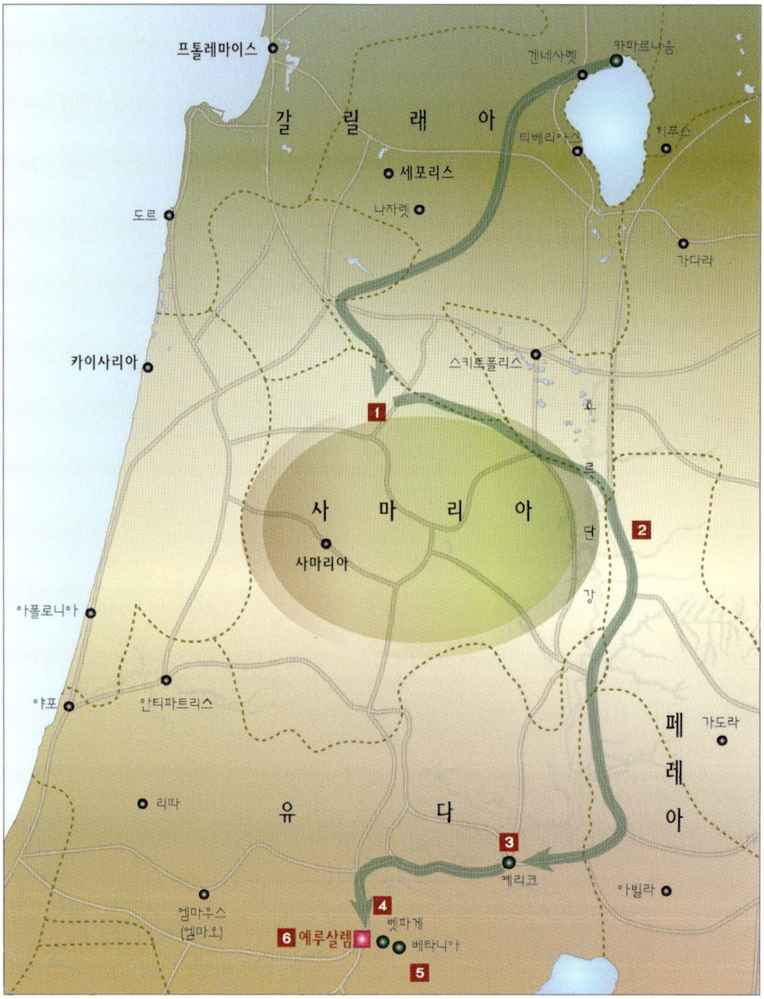

갈릴래아에서 머무르시던 마지막 무렵, "하늘에 올라가실"(루카 9,51) 날이 가까이 다가오자, 예수님께서는 예루살렘에서 겪으실 당신의 죽음에 대해 사도들에게 미리 말씀하시기 시작하셨는데, "그러자 그들은 몹시 슬퍼하였다"(마태 17,23).

1 루카 9,51-53: 하늘에 올라가실 때가 차자, 예수님께서는 예루살렘으로 가시려고 마음을 굳히셨다. 그래서 당신에 앞서 심부름꾼들을 보내셨다. 그들은 예수님을 모실 준비를 하려고 길을 떠나 사마리아인들의 한 마을로 들어갔다. 그러나 사마리아인들은 예수님을 맞아들이지 않았다.

2 루카 9,56: 그리하여 다른 마을로 갔다.

3 19,1-2: 예리코 거리를 지나가고 계셨다.

4 19,29-30: 올리브 산 근처 벳파게와 베타니아에 가까이 이르셨을 때, 제자 둘을 보내어 "맞은쪽 동네로 가서 아직 아무도 탄 적이 없는 어린 나귀 한 마리를 풀어 끌고 오너라."

5 마르 11,11: 예루살렘 성전에 들어가셔서 모든 것을 둘러보신 다음, 날이 이미 저물었으므로 열두 제자와 함께 베타니아로 나가셨다.

11,12: 이튿날 그들이 베타니아에서 나올 때에 예수님께서는 시장하셨다.

11,19: 날이 저물자 예수님과 제자들은 성 밖으로 나갔다.

14,3: 예수님께서 베타니아에 있는 나병 환자 시몬의 집 식탁에 앉아 계시는데, 어떤 여자가 값비싼 순 나르드 향유가 든 옥합을 가지고 와서, 그 옥합을 깨뜨려 그분 머리에 향유를 부었다.

6 14,16-17: 제자들이 떠나 도성 안으로 가서 보니, 예수님께서 일러 주신 그대로였다. 그리하여 그들은 파스카 음식을 차렸다. 저녁때가 되자 예수님께서 제자들과 함께 그곳으로 가셨다.

그림 12 | 마태 26,47–61; 마르 14,43–15,47; 루카 22,47–23,56
예수님의 수난과 죽음

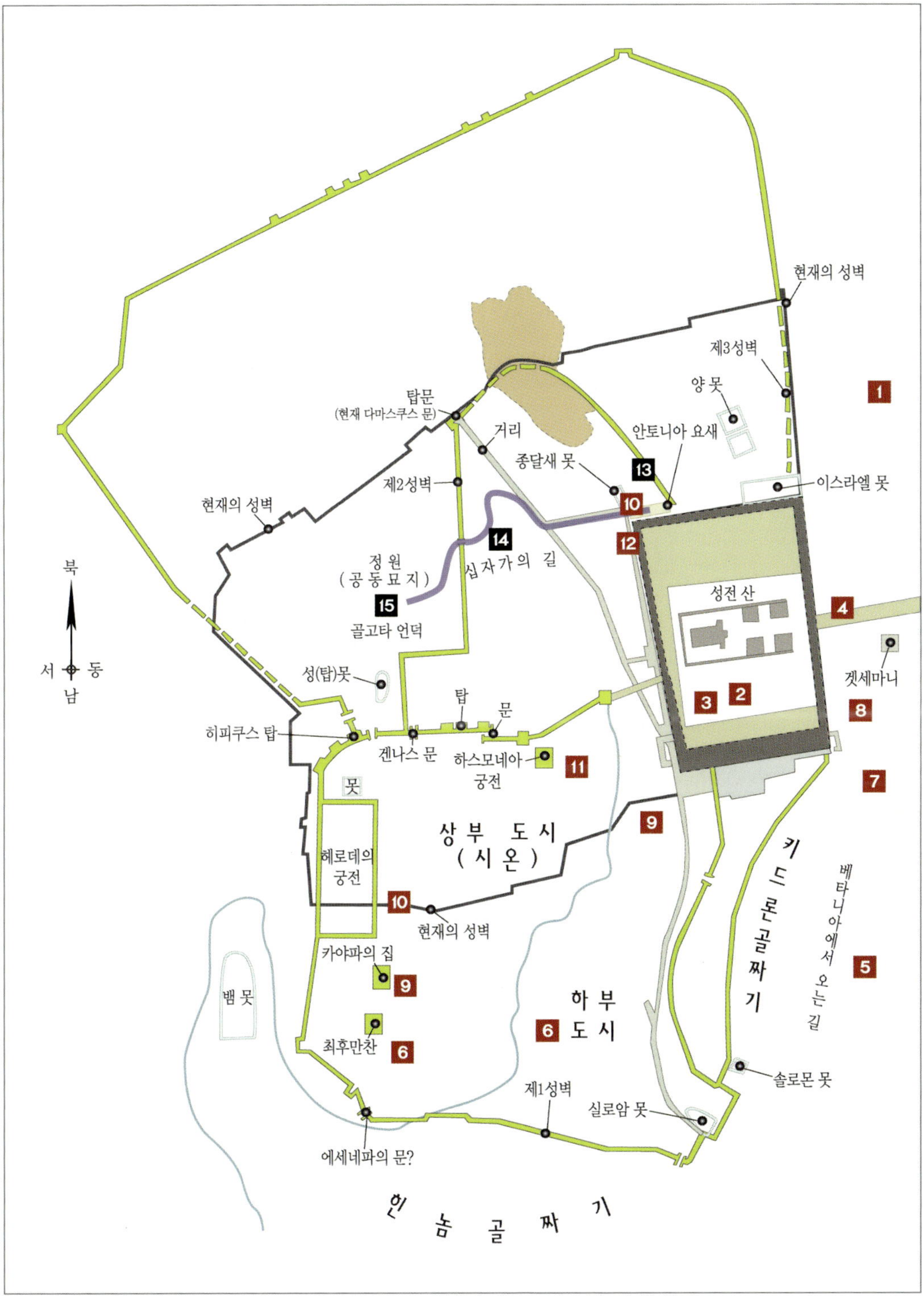

겟세마니 동산 올리브 나무

키드론 골짜기

리토스트로토스

본시오 빌라도 석편
본시오 빌라도(라틴어 Pontius Pilatus)의 이름이 직함(라틴어 Praefectus Iudaeae, 유다 총독)과 함께 새겨져 있다.

1 마태 21,1–2
2 마태 21,12
3 마태 21,23
4 마르 11,19; 마태 21,17
5 마태 21,18–19
6 마태 26,18–19
7 마태 14,32; 26,36
8 마태 26,39; 루카 22,44; 마르 14,42.43
9 마태 26,57
10 마태 27,1–2
11 루카 23,6–7
12 루카 23,11
13 마태 27,26.27
14 마태 27,32–33
15 마르 15,24.37

▷ 헤로데 안티파스: 하스모네아 궁전에 머물렀을 것이다.
▷ 빌라도 총독: 안토니아 요새에 머물렀을 가능성이 크다. 파스카 순례 기간 동안에 성전을 감독하기 위해 예루살렘에 머물렀기 때문이다.
▷ 비아 돌로로사: 예수님은 안토니아 요새의 총독 관저에서 재판을 받고 예루살렘 제2성벽 바깥에 있던 골고타로 이송되었고 로마 관례에 따라 십자가에 못 박히셨다.

재판에서부터 십자가의 길(via dolorosa)이라고 부르나 좀 더 넓히면 겟세마니의 체포 순간부터, 더 크게는 공생활 시작부터 그 길이 시작되었다고 볼 수 있다.

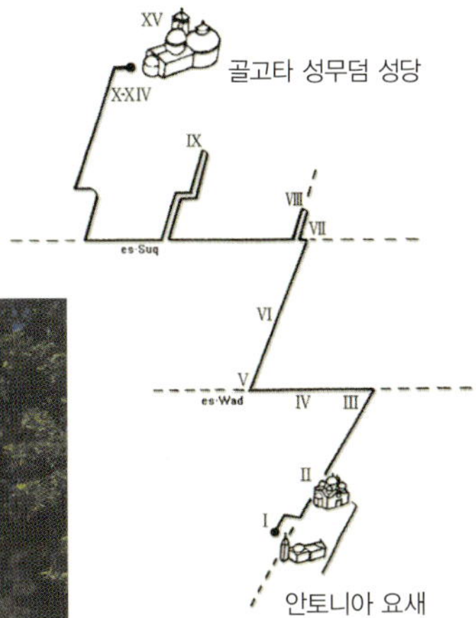

비아 돌로로사 제2처 바닥 연장(사형선고 성당)

대사제의 집으로 끌려가신 돌계단

Ecce Homo 옆 아치

대사제 집의 지하 감옥

Ecce Homo 아치

Ecce Homo : "자, 이 사람이오"
(요한 19,5)라는 구절의 라틴어 표현

비아 돌로로사 제2처

지도 150 | 사도 2,5 – 11 오순절

사도 2,8 – 11: “그런데 우리가 저마다 자기가 태어난 지방 말로 듣고 있으니 어찌 된 일인가? 파르티아 사람, 메디아 사람, 엘람 사람, 또 메소포타미아와 유다와 카파도키아와 폰토스와 아시아 주민, 프리기아와 팜필리아와 이집트 주민, 키레네 부근 리비아의 여러 지방 주민, 여기에 머무르는 로마인, 유다인과 유다교로 개종한 이들, 그리고 크레타 사람과 아라비아 사람인 우리가 저들이 하느님의 위업을 말하는 것을 자기 언어로 듣고 있지 않는가?”

지도 151 | 사도 8,4-40 봉사자 필리포스의 선교 여행

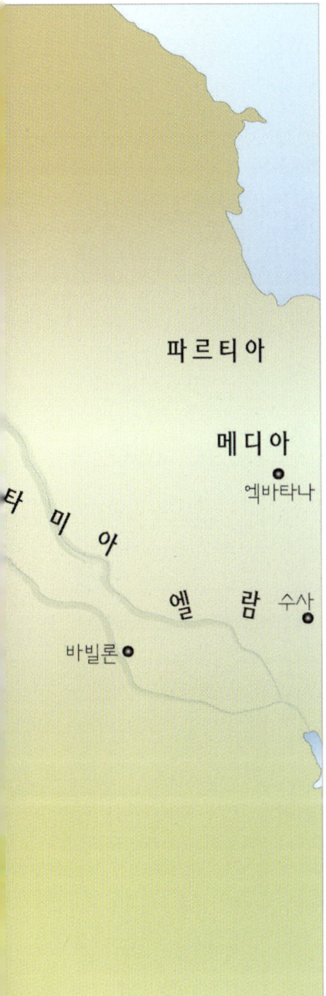

히에라폴리스, 사도 필립보의 순교지(전승)

1 사도 8,5: 사마리아의 고을로 내려가 그리스도를 선포하였다.

2 8,26: 주님의 천사가 필리포스에게 말하였다. "일어나 예루살렘에서 가자로 내려가는 길을 따라 남쪽으로 가거라. 그것은 외딴길이다."

3 4 8,40: 아스돗에서, 카이사리아에 이르기까지 두루 다니며 복음을 전하였다.

지도 152 | 사도 8-11장 베드로와 요한의 선교 여행

카이사리아

카이사리아에서 본 야포

지중해

1 사도 8,14-15: 예루살렘에 있는 사도들은 사마리아 사람들이 하느님의 말씀을 받아들였다는 소식을 듣고, 베드로와 요한을 그들에게 보냈다. 베드로와 요한은 내려가서 그들이 성령을 받도록 기도하였다.

2 8,25: 베드로와 요한은 주님의 말씀을 증언하고 전파한 뒤, 예루살렘으로 돌아가면서 사마리아의 많은 마을에 복음을 전하였다.

3 9,32: 베드로는 리따에 사는 성도들에게도 내려가게 되었다.

4 9,36.43: 야포에 타비타라는 여제자가 있었다. … 베드로는 한동안 야포에서 무두장이 시몬의 집에 머물렀다.

5 10,24: 그는 카이사리아에 들어갔다. 코르넬리우스는 자기 친척과 가까운 친구들을 불러 놓고 그들을 기다리고 있었다.

6 11,1-2: 사도들과 유다 지방에 있는 형제들이 다른 민족들도 하느님의 말씀을 받아들였다는 소문을 들었다. 그래서 베드로가 예루살렘에 올라갔을 때에….

지도 153 | 사도 11,19-30 바오로와 안티오키아 교회

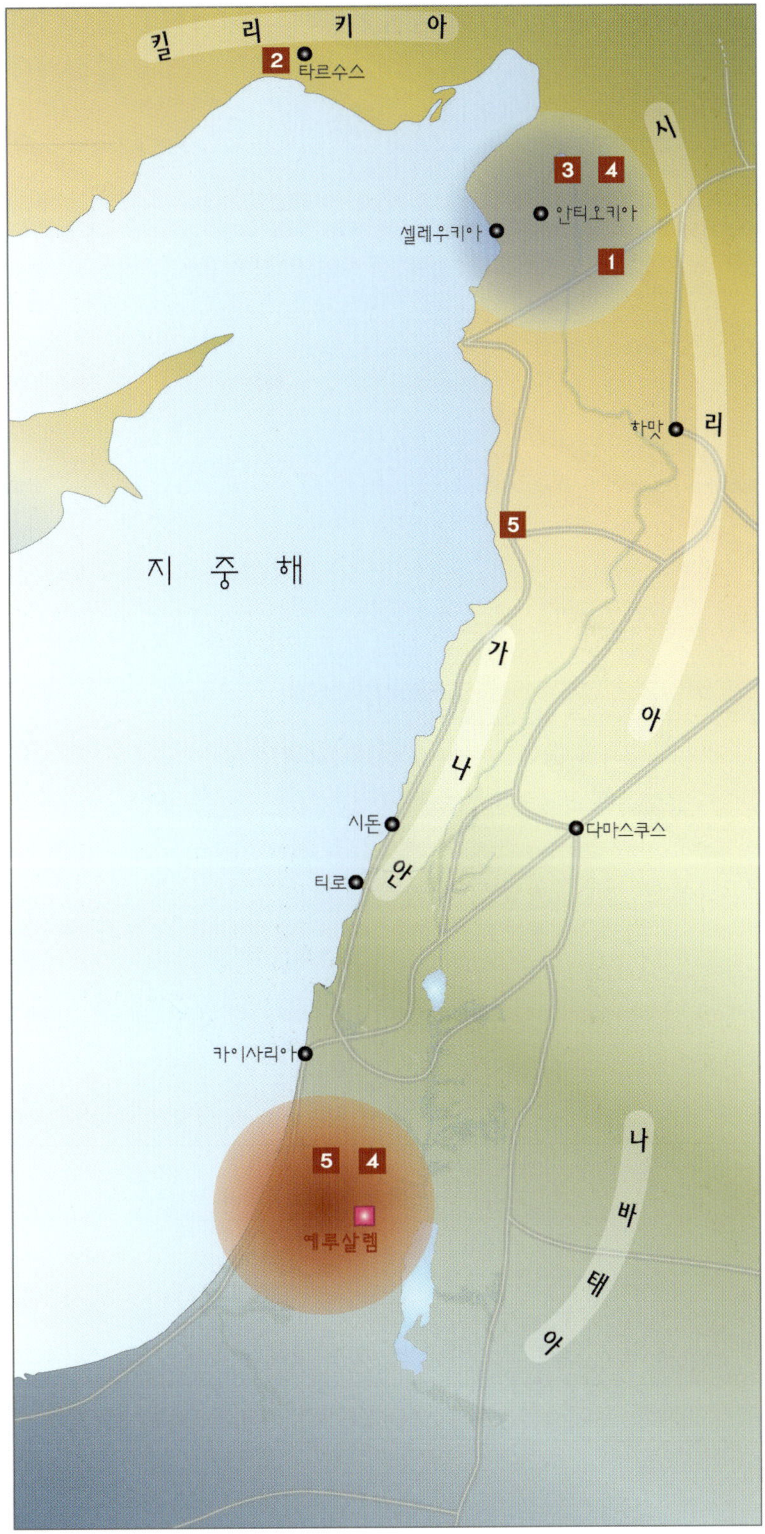

1 사도 11,22: 예루살렘에 있는 교회는 그들에 대한 소문을 듣고, 바르나바를 안티오키아로 보냈다.

2 11,25-26: 바르나바는 사울을 찾으려고 타르수스로 가서, 그를 만나 안티오키아로 데려왔다.

3 11,26: 그들은 만 일 년 동안 그곳 교회 신자들을 만나며 수많은 사람을 가르쳤다. 이 안티오키아에서 제자들이 처음으로 '그리스도인'이라고 불리게 되었다.

4 11,27: 그 무렵 예언자들이 예루살렘에서 안티오키아로 내려왔다.

5 11,29-30: 제자들은 유다에 사는 형제들에게 구호 헌금을 보내기로 결의하였고 그대로 실행하여 그것을 바르나바와 사울 편에 원로들에게 보냈다.

지도 154 | 사도 13,1－15,4 바오로의 제1차 선교 여행

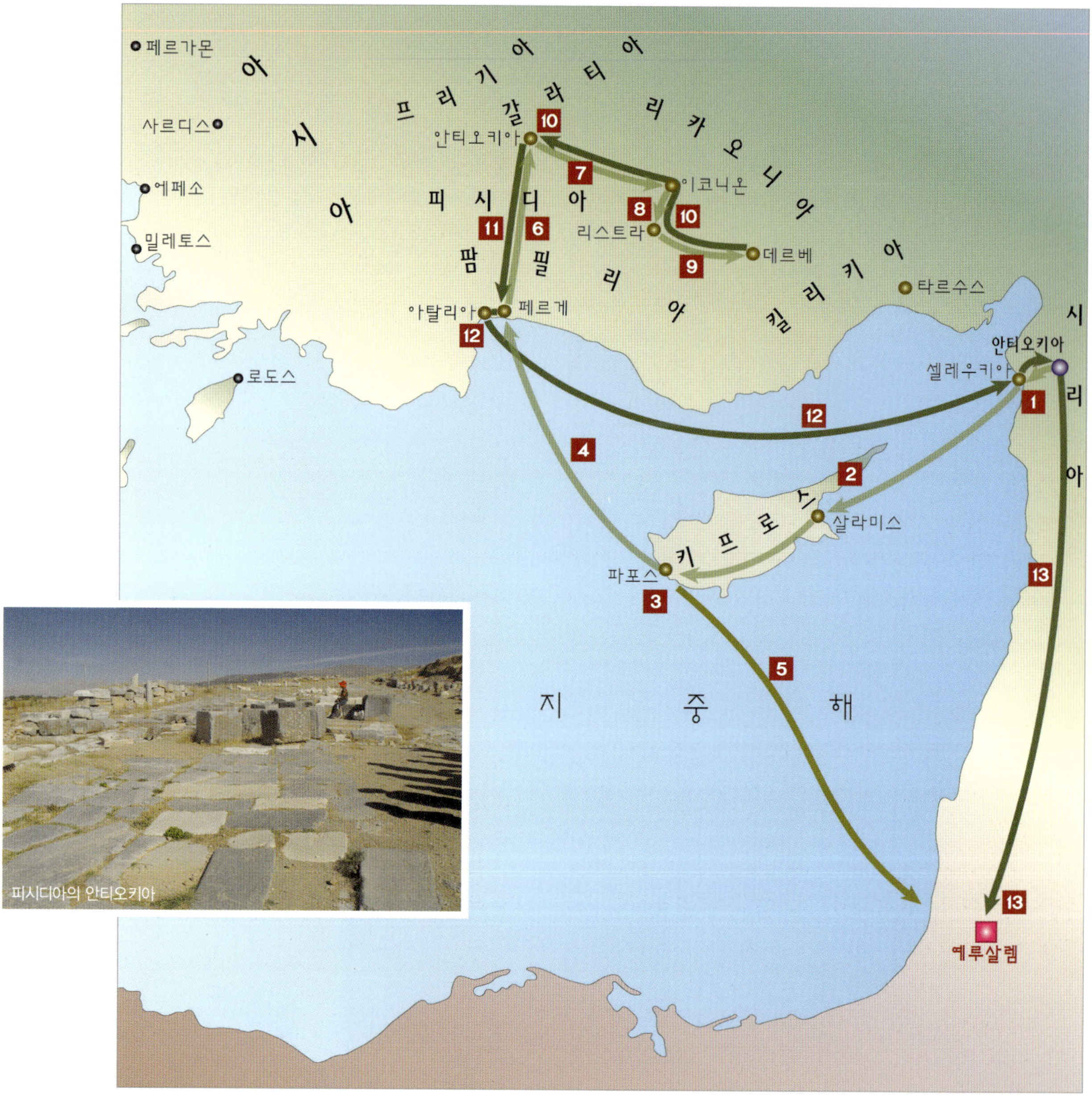

피시디아의 안티오키아

사도 13,1－2: 안티오키아 교회에는 예언자들과 교사들이 있었는데, 그들은 바르나바, 니게르라고 하는 시메온, 키레네 사람 루키오스, 헤로데 영주의 어린 시절 친구 마나엔, 그리고 사울이었다. 그들이 주님께 예배를 드리며 단식하고 있을 때에 성령께서 이르셨다. "내가 일을 맡기려고 바르나바와 사울을 불렀으니, 나를 위하여 그 일을 하게 그 사람들을 따로 세워라."

기원후 46–48

900 800 700 600 500 400 300 200 100 0 100

1 사도 13,3: 그래서 그들은 단식하며 기도한 뒤 그 두 사람에게 안수하고 떠나보냈다.

2 13,4: 성령께서 파견하신 바르나바와 사울은 셀레우키아로 가서, 배를 타고 키프로스로 건너갔다.

3 13,6: 온 섬을 가로질러 파포스에 다다랐을 때에 마술사 한 사람을 만났는데,

4 13,13: 바오로 일행은 파포스에서 배를 타고 팜필리아의 페르게로 가고,

5 13,13: 요한은 그들과 헤어져 예루살렘으로 돌아갔다.

6 13,14: 그들은 페르게에서 더 나아가 피시디아의 안티오키아에 이르러, 안식일에 회당에 들어가 앉았다.

7 13,51: 그들은 발의 먼지를 털어 버리고 나서 이코니온으로 갔다.

8 14,6: 바오로와 바르나바는 그 일을 알아채고 리카오니아 지방의 도시 리스트라와 데르베와 그 근방으로 피해 갔다. 14,8: 리스트라에는 두 발을 쓰지 못하는 사람이 하나 있었는데,

9 14,20: 제자들이 둘러싸자 그는 일어나 도시 안으로 들어갔다. 이튿날 그는 바르나바와 함께 데르베로 떠나갔다.

10 14,21: 바오로와 바르나바는 그 도시에서 복음을 전하고 수많은 사람을 제자로 삼은 다음, 리스트라와 이코니온으로 갔다가 이어서 안티오키아로 돌아갔다.

11 14,24–25: 바오로와 바르나바는 피시디아를 가로질러 팜필리아에 다다라, 페르게에서 말씀을 전하고서

12 14,25–26: 아탈리아로 내려갔다. 거기에서 배를 타고 안티오키아로 갔다. 바로 그곳에서 그들은 선교 활동을 위하여 하느님의 은총에 맡겨졌었는데, 이제 그들이 그 일을 완수한 것이다.

13 15,4: 그들은 예루살렘에 도착하여 교회와 사도들과 원로들의 영접을 받고, 하느님께서 자기들과 함께 해 주신 모든 일을 보고하였다.

베드로 암굴

피시디아

피시디아의 안티오키아

이코니온 평야

안티오키아,
베드로 암굴의 성모님 형상의 바위

지도 155 | 사도 15,1-18,22 바오로의 제2차 선교 여행

기원후 49–52

900 800 700 600 500 400 300 200 100 0 100

사도 15,1-21: 예루살렘에서 사도 회의가 열려 다른 민족들 가운데에서 하느님께 돌아선 이들을 받아들이며 그들에게 할례나 모세의 율법 문제로 어려움을 주지 말고 우상 숭배와 관련된 몇 가지 주의 사항을 전하기로 하였다.

1 사도 15,22: 사도들과 원로들은 온 교회와 더불어, 자기들 가운데에서 사람들을 뽑아 바오로와 바르나바와 함께 안티오키아에 보내기로 결정하였다. 뽑힌 사람들은 바르사빠스라고 하는 유다와 실라스였다.
15,35: 바오로와 바르나바는 안티오키아에 머물면서, 주님의 말씀을 가르치고 선포하였다.

2 15,39: 바르나바는 마르코를 데리고서 배를 타고 키프로스로 떠나갔다.

3 15,40-41: 바오로는 실라스를 선택하여 … 시리아와 킬리키아를 두루 다니며 그곳 교회들을 굳건하게 만들었다.

데란쿠유

카파도키아

바오로 도착 기념 성당

필리피 리디아 기념 성당 내 세례터

코린토 운하

트로아스

4 16,1: 데르베를 거쳐 리스트라에 당도하였다. 그곳에 티모테오라는 제자가 있었는데,

5 16,6: 성령께서 아시아에 말씀을 전하는 것을 막으셨으므로, 그들은 프리기아와 갈라티아 지방을 가로질러 갔다.
16,7: 미시아를 지나 트로아스로 내려갔다.

6 16,10: 바오로가 그 환시를 보고 난 뒤, 우리는 곧 마케도니아로 떠날 방도를 찾았다.
16,11: 우리는 배를 타고 트로아스를 떠나 사모트라케로 직행하여 이튿날 네아폴리스로 갔다.

7 16,12: 거기에서 또 필리피로 갔는데, 그곳은 마케도니아 지역에서 첫째가는 도시로 로마 식민지였다.

8 17,1: 바오로 일행은 암피폴리스와 아폴로니아를 거쳐 테살로니카에 이르렀다. 그곳에는 유다인들의 회당이 있었다.

9 17,10: 형제들은 바로 그 밤에 바오로와 실라스를 베로이아로 떠나보냈다. 그들은 그곳에 이르러 유다인들의 회당으로 갔다.

10 17,15: 바오로를 안내하던 이들은 그를 아테네까지 인도하고 나서,
17,16: 바오로는 아테네에서 그들을 기다리는 동안, 그 도시가 우상으로 가득 찬 것을 보고 격분하였다.

11 18,1: 그 뒤에 바오로는 아테네를 떠나 코린토로 갔다.

12 18,18ㄴ: 바오로는 서원한 일이 있었으므로, 떠나기 전에 켕크레애에서 머리를 깎았다.

13 18,19: 그들은 에페소에 도착하였다. 바오로는 그 두 사람을 그곳에 따로 남겨 두고 혼자 회당으로 가서 유다인들과 토론하였다.

14 18,18ㄱ: 바오로는 한동안 그곳에 더 머물렀다가, 형제들과 작별하고 프리스킬라와 아퀼라와 함께 배를 타고 시리아로 갔다.
18,21-22: 배를 타고 에페소를 떠났다. 바오로는 카이사리아에 내려

15 18,22: 예루살렘으로 올라가 교회에 인사한 다음, 안티오키아로 내려갔다.

이레네 성당

코린토 비마 터

아테네 헤로데 음악당

아테네 아레오파고스

에페소 성모님 경당

지도 156 | 사도 18,22 – 21,18 바오로의 제3차 선교 여행

기원후 53–57

900 800 700 600 500 400 300 200 100 0 100

1 사도 18,23: 바오로는 다시 길을 떠나, 갈라티아 지방과 프리기아를 거쳐 가면서

2 19,1: 바오로는 여러 내륙 지방을 거쳐 에페소로 내려갔다.

3 20,1: 바오로는 작별 인사를 하고 마케도니아로 가려고 길을 떠났다.

20,2: 바오로는 그곳 지방들을 거쳐 가는 동안에 신자들을 여러 가지 말로 격려하면서 그리스까지 갔다.

4 20,3: 마케도니아

20,6: 필리피, 트로아스

5 20,14: 아쏘스, 미틸레네

에페소 원형 극장

에페소 로마 시대 유적

에게 해

성 요한 성당

쌍둥이 성당 내부

성 요한 비문

에페소- 켈 수스 도서관

6 20,15: 이튿날 키오스 섬 앞바다, 사모스 섬, 밀레토스
20,17: 바오로는 밀레토스에서 에페소로 사람을 보내어 그 교회의 원로들을 불러오게 하였다.

7 21,1: 코스, 로도스, 파타라

8 21,2: 페니키아로 건너가는 배를 만나 떠났다.

9 21,3: 시리아로 항진하여 티로에 닿았다.

10 21,7: 항해를 마치고 프톨레마이스에 다다랐다. 거기에서 형제들에게 인사하고 그들과 함께 하루를 지냈다.

11 21,8: 카이사리아, 필리포스의 집

12 21,17-18: 예루살렘에 다다르자 형제들이 반가이 맞아주었다. 이튿날 바오로는 우리와 함께 야고보를 찾아갔는데 원로들도 모두 와 있었다.

지도 157 | 사도 22,1–28,16 바오로의 로마 여정

기원후 59–62

1 사도 22,24: 천인대장이 바오로를 끌고 가라고 명령하였다.
23,31: 바오로를 밤에 안티파트리스로 데려갔다.
23,33: 기병들은 카이사리아로 들어가 총독에게 바오로를 인도하였다.

2 27,1–2: 이탈리아에 가기로 결정되자, 아드라미티움 배를 타고 떠났다.

3 27,3: 시돈에 닿았다.

4 27,4–5: 그곳을 떠난 우리는 역풍이 불었기 때문에 바람이 가려진 쪽으로 키프로스 섬을 돌아, 킬리키아와 팜필리아 앞바다를 가로질러 리키아의 미라에 이르렀다.

5 27,6–7: 백인대장은 이탈리아로 가는 알렉산드리아 배를 만나, 우리를 그 배에 태웠다. 우리는 여러 날 동안 느리게 항해하여 간신히 크니도스 앞까지 다다랐다. 그러나 맞바람 때문에 더 다가가지 못하고, 바람이 가려진 살모네 쪽을 향하여 크레타 섬으로 갔다.

6 27,8: 간신히 살모네를 지나 라새아 시에서 가까운 '좋은 항구들'이라는 곳에 닿았다.

7 27,12: 그 항구는 겨울을 나기에 적합하지 않았으므로, 페닉스에 도착하여 겨울을 나기로 의견을 모았다.

27,14: 얼마 되지 않아 크레타 쪽에서 '에우라킬론'이라는 폭풍이 몰아쳤다.

27,16: 카우다라는 작은 섬으로 바람이 가려진 쪽을 지날 때, 간신히 보조선을 붙잡을 수 있었다.

8 27,27: 우리가 아드리아 바다에서 떠밀려 다닌 지 열나흘째 밤이 되었을 때였다.

9 28,1: 우리는 목숨을 구한 뒤에야 그 섬이 몰타라고 한다는 것을 알았다.

10 28,11-12: 석 달 뒤에 우리는 그 섬에서 겨울을 난 알렉산드리아 배를 타고 떠났다. 우리는 시라쿠사에 상륙하여 사흘을 머물렀다가,

11 28,13: 그곳에서 다시 닻을 올려 레기움에 닿았다. 하루 뒤에 남풍이 불어 우리는 이틀 만에 푸테올리에 이르러,

12 28,14: 형제들을 만났는데, 그들의 청을 받고 이레 동안 그곳에 머물렀다.

그렇게 하여 우리는 로마에 도착하였다.

고대 아피아 길

테살로니카 신자들에게 보낸 서간
코린토 신자들에게 보낸 서간
필리피 신자들에게 보낸 서간
갈라티아 신자들에게 보낸 서간
로마 신자들에게 보낸 서간
콜로새 신자들에게 보낸 서간
에페소 신자들에게 보낸 서간

지도 158 | 바오로 서간의 수신지

지도 159 | 묵시 1,1-3,22 묵시록의 일곱 교회

묵시 1,4: 요한이 아시아에 있는 일곱 교회에 이 글을 씁니다.

1 2,1: "에페소 교회의 천사에게 써 보내라. '오른손에 일곱 별을 쥐고 일곱 황금 등잔대 사이를 거니는 이가 이렇게 말한다.'"

2 2,8: "스미르나 교회의 천사에게 써 보내라. '처음이며 마지막이고 죽었다가 살아난 이가 이렇게 말한다.'"

3 2,12: "페르가몬 교회의 천사에게 써 보내라. '날카로운 쌍날칼을 가진 이가 이렇게 말한다.'"

5 3,1: "사르디스 교회의 천사에게 써 보내라. '하느님의 일곱 영과 일곱 별을 가진 이가 말한다.'"

4 2,18: "티아티라 교회의 천사에게 써 보내라. '불꽃 같은 눈과 놋쇠 같은 발을 가진 이, 곧 하느님의 아들이 이렇게 말한다.'"

6 3,7: "필라델피아 교회의 천사에게 써 보내라. '거룩한 이, 진실한 이, 다윗의 열쇠를 가진 이, 열면 닫을 자 없고… 이가 이렇게 말한다.'"

7 3,14: "라오디케이아 교회의 천사에게 써 보내라. '아멘 그 자체이고 성실하고 참된 증인이며 하느님 창조의 근원인 이가 말한다.'"

지도 160 | 바르 코크바 항쟁

헤로디움, 바르 코크바 시대의 벽

▷ 유다인들 1차 항쟁

기원후 66년부터 70년까지 갈릴래아와 유다, 특히 예루살렘에서 치러진 전쟁은 무척 격렬했다.

▷ 유다인들 2차 항쟁: 바르 코크바 항쟁

바르 코크바 항쟁은 2세기 초엽에 유다인들이 유다 땅에 정착해 있었음을 보여 주는 충분한 증거다.

1 예루살렘: 로마 황제 하드리아누스가 예루살렘 도성에 로마군 주둔지 아빌리아를 건설하고 유피테르 카피톨리누스 신전을 세운다는 계획을 발표하자, 유다인들은 이에 격분하여 로마에 대항하는 투쟁을 도발하였다. 바르 코크바('별의 아들'이란 뜻, 본명은 시메온 바르 코시바)는 항쟁 시기의 유다 동전에 새겨진 "이스라엘 군주 시메온"과 동일인이다. 그의 정식 칭호는 "이스라엘의 군주 코시바의 아들 시메온"이었다. 이 시메온은 '메시아'로 여겨졌으며, 다윗 가문의 후손으로 추정된다.

2 카파르 하룹: 항쟁은 131년 가을 모데인 근처 카파르 하룹에서 일어났다. 유다인들은 로마 제10군단이 주둔하고 있었던 예루살렘 주변으로 모였다. 항쟁은 유다 전 지역과 해안 평야까지 확산되었다. 사마리아인 일부와 이방인들도 참여했다.

최고 의회와 라삐 아키바의 지원을 받았던 새 지도자는, 자기 정부를 그 땅에서 유일한 합법적 권한을 가진 지배 체제로 간주하였다. 바르 코크바를 '메시아'로 명백하게 인정할 수 없었던 유다계 그리스도인들처럼, 그를 반대했던 사람들은 항쟁군에게 처형되었다.

바르 코크바 시대의 동전

헤로디움의 바르 코크바 시대의 수조

3 로마 총독 티니우스 루푸스는 예루살렘 철군을 지시하는 것밖에 달리 대안이 없었다. 제10군단과 비유다계 거주민들은 카이사리아로 떠났고, 유다인들은 다시 한 번 자신들의 옛 수도를 장악했다.

새로운 연호가 제정되었다. 항쟁의 첫 해(기원후 131–132)는 "이스라엘 구원 제1년", 그다음 해들은, "구원 제…년" 또는 "이스라엘 해방 제…년"으로 선포되었다. 독자적으로 주화도 발행하였다.

유다에서 항쟁에 성공한 바르 코크바는 갈릴래아까지 항쟁을 확대하고자 했다. 로마는 이를 매우 위험한 반란으로 간주하여 진압하려고 갖은 애를 썼다. 브리타니아 총독 가이우스 율리우스 세베루스를 팔레스티나로 불러들였고, 하드리아누스가 직접 전장을 방문하였다. 이미 유다에 주둔하고 있었던 2개 군단(제6군단과 제10군단) 외에, 시리아와 아라비아, 다누베의 미시아, 이집트에서 병력이 수송되었고, 파노니아, 레티아와 다른 지역에서 소수의 기병과 보병대들이 보태졌다. 사방에서 바르 코크바와 그의 추종자들에게 압력을 가했다. 바르 코크바가 135년 베텔에서 자살하여 항쟁은 끝났다. 유다 지역은 파괴되었고 예루살렘은 그 후 유다인 접근이 금지되었다.

37–44년	아그리파스 1세의 통치
44–66년	아그리파스 2세의 통치
67년	로마 장군 베스파시아누스 갈릴래아 전투 유다 전투
68년	1차 항쟁 계속
69–70년	1차 항쟁의 막바지
70년	로마군의 예루살렘 포위 공격 로마군의 마케루스 포위 공격
73년	마사다 함락–1차 항쟁 종료
131–132년	바르 코크바 항쟁의 시작
133–134년	로마 장군 율리우스 세베루스의 진압
135년	베텔 함락 유다 광야 동굴에서 바르 코크바 전사들의 죽음으로 항쟁 끝

지도 161 | 사도행전; 로마서; 코린토서; 갈라티아

▷ **기원후 1세기 동안 로마 제국에 생긴 그리스도교 공동체의 지정학적 분포**

바오로와 동료 사도들은 유다인 디아스포라에 있던 회당들을 기반으로 선교하였다. 유다인이기에 자유롭게 회당을 출입하였으나, 그들의 가르침은 종종 유다인들과 갈등을 일으켰다. 사도들이 추방되거나 떠난 뒤에도, 거의 항상 소규모의 그리스도인 집단이 지속적으로 교회를 유지하였다. 바오로와 그의 대리인들은, 사도들의 서간에서 볼 수 있듯이 흩어져 있던 교회 공동체들을 꾸준히 돌보았다. 주님의 가르침이 이방인들의 마음을 끌어당겨 점차 그리스도인들은 증가하였고, 유다계 그리스도교인들이 점차 그들 안으로 흡수되었다.

초기 단계에 서방에서는 로마와 인접 지역, 그리고 아마도 히스파니아(에스파냐, 스페인, 로마 15,28)에만 그리스도교 공동체가 있었다. 네로 치하에서 겪은 첫 번째 박해는 짧았고 교회의 성장을 방해하지 않았다.

1세기 유다계 그리스도인 무덤

에페소서; 필리피서; 콜로새서; 테살로니카서; 요한 묵시록 1세기 교회

지도 162 | 2세기 교회

그리스도교는 2세기, 특히 바르 코크바 항쟁 기간에 유다교와 결정적으로 갈라졌다. 바르 코크바 항쟁 이후 예루살렘이 파괴되고 유다인들이 유다에서 추방되면서 분열은 더욱 심화되었다. 당시 그리스도인의 대부분은 이방인 출신이었고 이러한 상황에서 그리스도교는 더욱 성장하였다.

- 2세기에 그리스도교 공동체들은 서쪽과 북쪽으로, 갈리아로 확산되었다.
- 아프리카에도 그리스도교 공동체가 많이 세워져, 그 기반 위에 3세기의 아프리카 교회는 강력해졌다.
- 이집트에서도 그리스도교가 알렉산드리아를 넘어 시골로 확장되기 시작했다.
- 메소포타미아에도 더욱 많은 그리스도교 공동체가 세워졌고
- 소아시아에서도 교회가 반도의 북쪽과 동쪽 지역으로 뻗어 나갔다.

로마 황제 안토니누스 피우스(138–161 재위)
마르쿠스 아우렐리우스(161–180 재위)
공동 황제였던 루키우스 베루스(161–169 재위)
코모두스(176–192 재위)의 치하

그리스도교인들은 평화를 누렸고 더 이상 당국의 박해를 받지 않았다. 그리하여 그리스도교는 제국 전체를 통해 크게 성장하였다.

안니아 갈레리아 파우스티나 2세(마르쿠스 아우렐리우스의 아내, 175년경 사망)의 주화. 앞면에는 파우스티나 2세의 오른쪽 측면 흉상, 뒷면에는 튀케 여신(도시, 운명의 여신) 이 오른발은 뱃머리에 왼발은 강의 신의 앞부분에 두고 서 있으며 오른손에는 파우스티나 황후의 흉상을 들고 왼손은 깃발 위에 놓고 있다.

다키아
흑 해
모이시아
시노프
이아노폴리스
아미수스
아마스트리스
앙키아루스
디벨리움
비잔티움
폰토스
비티니아
아르메니아
마케도니아
트라케
니코메디아
갈라티아
아폴로니아
필리피
에데사
베로이아
테살로니카
트로아스
미시아
프리기아
리카오니아
카파도키아
카이사리아
멜리테네
사모사타
니시비스
에데사
티아티라
사르디스
페르가몬
필라델피아
안티오키아
이코니온
킬리키아
셀레우키아
스미르나
아시아
리스트라
타르수스
에페소
골로새
데르베
안티오키아
두라
에우로포스
밀레토스
페르개
셀레우키아
라오디케이아
미라
라오디케이아
아파메아
파트모스
히에라폴리스
키프로스
살라미스
시리아
파포스
트리폴리스
베리투스
다마스쿠스
크노수스
크레타
마그네시아
시돈
티로
카파르나움
고르티나
프톨레마이스
보스트라
카이사리아
펠라
사마리아
필라델피아
야포
마이우마스
리따
예루살렘
아라비아
알렉산드리아
나우크라티스
멤피스
키레네
키레나이카
리비아
이집트
안티노우폴리스
리코폴리스
홍 해
지 중 해
아카이아
니코폴리스
사데
파트라레
아테네
아이기나
코린토
켕크레애
로마
오스티아
안티움
푸테올리
이탈리아
일리리쿰
판노니아
달마티아
시칠리아
시라쿠사
카르타고
우티나
아프리카
몰타

참고 문헌

게오르크 포오러, 《이스라엘 역사》, 방석종 옮김, 성광문화사, 1999.

라이너 알베르츠, 《이스라엘 종교사 I》, 강성렬 옮김, 크리스찬 다이제스트, 2003.

시오노 나나미, 《로마인 이야기 3·4·5·6》, 김석희 옮김, 한길사, 1994·1996·1997.

안토니우스 군네벡, 《이스라엘 역사》, 문희석 옮김, 한국신학연구소, 2000.

요하힘 예레미아스, 《예수 시대의 예루살렘》, 한국신학연구소 번역실, 한국신학연구소, 1994.

판데어캄 J. C., 《초기 유다이즘 입문》, 박요한 영식 옮김, 성서와함께, 2004.

핑컬스타인 이스라엘·실버먼 닐 애셔, 《성경: 고고학인가 전설인가》, 오성환 옮김, 까치, 2002.

홍미정, 《팔레스타인 땅, 이스라엘 정착촌》, 서경, 2004.

Aharoni Yohanan, etc., The Carta Bible Atlas, Carta Jerusalem, [4]2002.

Aharoni, etc., *Historical Atlas of the Jewish People*, Continuum, 2003.

Ahituv Shmuel, *Echoes from the past*, A Carta handbook, 2008.

Bahat Dan, *Carta's Historical Atlas of Jerusalem*, Carta Jerusalem.

Bahat Dan & Rubinstein T. Chaim, *The Illustrated Atlas of Jerusalem*, Carta Jerusalem, [3]1996.

Banks Diane, *Writing the History of Israel*, T&T Clark, 2006.

Bible Lands Museum Jerusalem Guide to the Collection, Bible Lands Museum Jerusalem, 2002.

Bowker John, *The Complete Bible Handbook*, Dk Publishing Inc, 1987.

Bienkowski Piotr and Millard Alan, ed., *Dictionary of the Ancient Near East*, University of Pennsylvania Press, 2000.

Charlesworth H. James, ed., *Jesus And Archaeology*, Eerdmans, 2006.

Coogan D. Michael, *The Oxford History of the Biblical World*, Oxford, 1998.

El-Shahawy Abeer & Atiya Farid, *The Egyptian Museum in Cairo*, Farid Atiya Press, [2]2009.

Eshel Hanan, *Qumran* (Tr. Ada Yardeni), Carta Jerusalem, 2009.

Finkelstein Israel and Silberman Neil Asher, *The Bible Unearthed*, The Free Press, 2002.

Garbini Giovanni, *Storia e Ideologia Nell'Israele Antico*, Paideia Editrice.

Gilbert Martin, *The Routledge Atlas of the Arab-Israeli Conflict*, Routledge, [9]2008.

Gitin Seymour·Wright J. Edward·Dessel J. P., *Confronting the Past*, Eisenbrauns, 2006.

Gumbert Ludwig, *The Basilica in Nazareth*, Commissariat of the Holy Land, 1986.

Har-El Menashe, *Landscape, Nature and Man in the Bible*, Carta, 2003.

Israel Ariel & Chaim Richman, *Carta's Illustrated Encyclopedia of the Holy Temple in Jerusalem*, The Temple Institute Carta, Jerusalem, 2005.

Japhet Sara, *From the Rivers of Babylon to the Highlands of Judah*, Eisenbrauns, 2006.

Kitchen K.A., *On the Reliability of the Old Testament*, Eerdmans, 2003.

Klein Ernest, *A Comprehensive Etymological Dictionary of the Hebrew Language*, Carta, Jerusalem, 1987.

Lawrence Paul, *The Lion Atlas of Bible History*, Lion Books; UK ed. 2006.

Leen & Ritmeyer Kathleen, *Jerusalem in the Time of Nehemiah*, Carta Jerusalem, 2005.

Lewin Ariel, *The Archaeology of Ancient Judea and Palestine*, The J. Paul Getty Museum, 2005.

Loffreda Stanislao, ofm, *Ceramica del Tempo di Gesù: Vasi della Terra Santa nel periodo romano antico 63 a.C.- 70 d.C.*, Franciscan Printing Press, Jerusalem, 2000.

-------, *Cafarnao*, F. P. P. Jerusalem, Ristampa 2001.

Mazar Amihai, *Archaeology of the Land of the Bible·10000~586 B.C.E.*, Doubleday, 1992.

Mazar Eilat, *The complete Guide to the Temple Mount Excavations*, Shoham Academic Research and Publication, 2002.

-------, *Preliminary Report on The City of David Excavations 2005 at the Visitors Center Area, Shalem Press*, Jerusalem and New York. 2007.

Mieroop Marc Van de, *A History of the Ancient Near East*, Blackwell, [2]2007.

Papahatzis, N. Niconanos N., *Monuments of Thessalaniki*, Molho Publications, [11]1913.

Rainey F. Anson · Notley R. Steven, *The Sacred Bridge*, Carta Jerusalem, 2006.

Rasmussen G. Carl, *Zondervan NIV Atlas of the Bible*, Zondervan Publishing House, Grand Rapids, Michigan, 1989.

Rhodes F. Erroll, *Bible Atlas*, American Bible Society, 1998.

Richard Suzanne, eds., *Near Eastern Archaeology*, Eisenbrauns, 2003.

Ritmeyer Kathleen, *Jerusalem in the year 30 AD*, Carta, Jerusalem, 2004.

Ritmeyer Leen, *The Quest revealing the Temple Mount in Jerusalem*, Carta & Lamb, Jerusalem, 2006.

Rogerson John, *The Oxford Illustrated History of the Bible*, Oxford, 2001.

Sasson M. Jack, *Civilizations of the Ancient Near East*, vol. 1-2.3-4, Hendrickson Publishers, 1995.

Shanks Hershel, *Jerusalem's Temple Mount*, Continuum New York·London, 2007.

Soden Wolfram von, *The Ancient Orient*, Eerdmans, 1994.

Stern Ephraim, *The New Encyclopedia of Archaeological Excavations in the Holy Land*, vol.1-4, The Israel Exploration Society & Carta, 1993.

-------, *The Archaeology of the Land of the Bible*, vol. Ⅱ, Doubleday, 2001.

Tal Duby · Haramati Moni, *Unrevealed Beauty Skyline–The Dead Sea*, Albatross, 2006.

Walker Peter, *In the Steps of Jesus,* Lion Hudson, 2006.

-------, *In the Steps of Saint Paul*, Lion Hudson, 2008.

Wilkinson Toby, *Dictionary of Ancient Egypt*, Thames & Hudson Ltd., 2005.

William Whiston & Paul L. Maier, *The New Complete Works of Josephus*, Kregel, Grand Rapids, 1999.

Wolff Adrian, *A Chronology of Israels*, Israel, 2008.

성경지도

성서사십주간 전정판

서울대교구 인가: 2010년 8월 24일
초판 1쇄 펴낸날: 2010년 9월 8일
11쇄 펴낸날: 2024년 12월 8일
편저자: 영원한도움 성서연구소
펴낸이: 나현오
펴낸곳: 성서와함께
06910 서울시 동작구 흑석로13길 7
Tel: (02) 822-0125~7 / Fax: (02) 822-0128
http://www.withbible.com
e-mail: order@withbible.com
등록번호 14-44(1987년 11월 25일)

지도 ⓒ 2010 성서와함께
사진 ⓒ 2010 영원한도움 성서연구소
성경 ⓒ 한국천주교중앙협의회

ISBN 978-89-7635-260-6 94230
978-89-7635-914-8(세트)

* 이 책에 실린 내용은 펴낸이의 허가 없이 전재 및 복제할 수 없습니다.